UNIVERSAL DESIGN FOR LEARNING IN THE CLASSROOM

보편적 학습설계 기반 수업

Tracey E. Hall · Anne Meyer · David H. Rose 편저

김남진 · 김용욱 공역

학지사

이 저서는 2016년 대한민국 교육부와 한국연구재단의 지원을 받아 수행된 연구임.
(NRF-2016S1A5B8913807)

역자 서문

한겨울, 하늘에서 내리는 눈송이를 본 적이 있는가? 함박눈의 경우를 보면, 함박눈은 모두 동일한 것처럼 보이지만 기실은 하나도 같은 것이 존재하지 않는다고 한다. 우리가 함박눈이라고 총칭하고 있을 뿐이며 더불어 모두 동일한 모양을 하고 있다고 생각하는 것이다.

시선을 학교의 일반적인 장면으로 돌려 보자. 학교는 학생이라는 동일한 지위로, 그리고 생활연령에 맞춰 초등학교 1학년부터 고등학교 3학년까지 학교급간을 구분하여 동일한 교육 서비스를 제공하며, 평등이라는 명목하에 특정 기준에 맞춰 동일한 방식으로 이들을 평가하고 있다. 그리고 선발이라는 학교의 기능에 충실하려는 듯 학생들을 줄 세우고 우수-평균-열등으로 구분한다. 이와 같은 교육 시스템에서 자유로운 학생은 아마도 거의 없을 것이다. 최근에는 다문화가정 출신 학생, 탈북민 출신 학생 등의 구성 비율이 증가하였을 뿐만 아니라 장애학생(혹은 특수교육 대상자)까지도 일반학급에 배치되어 있다. 학생들의 다양성이 과거와는 비교 불가할 정도로 증가하였고 이에 따른 교육적 요구도 다양해졌음에도 학생은 그저 학생일 뿐이며 평균을 기반으로 획일적인 교육을 시행하고 있다. 하늘에서 내리는 눈송이처럼 학생 개개인의 교육적 요구는 모두 상이함에도 말이다.

앞서 살펴본 우리 교육 장면의 문제를 해결하기 위해 누군가는 많은 노력을 기울이고 있다는 것을 의심하지 않는다. 그럼에도 지금까지 이루어진 많은 시도에 대해 '학생들의 학습권을 얼마나 보장하고 있는가?' 그리고 이를 통해 '개별 학생의 교육적 요구를 충족시켜 주었는가?'라는 근본적인 질문을 제기할 수밖에 없다. 더 나아가 '학령기 이후에도 자기주도적으로 학습할 수 있는 역량을 길러 주고 있는가?'라는 질문도 추가할 수 있다. 보편적 학습설계(Universal Design for Learning: 이하 UDL)는 이상의 질문 혹은 누군가의 고민에 대한 대안으로 제시될 수 있다.

UDL을 언급하면 누군가는 장애학생 혹은 특수교육 대상자들의 통합교육을 위한 접근법이 아니냐고 반문한다. 혹자는 테크놀로지를 적용하여 다양하게 정보를 제시하는 수준 혹은 지금은 너무나 추상적인 개념이거나 철학이라고 치부하는 경우도 있다. UDL이 철학적 개념에 한정된다는 의견은 분명 개념의 도입기에 존재하였다. 그러나 단언컨대 UDL은 장애학생 혹은 특수교육 대상자만을 위한 것도 아니며, 테크놀로지에 전적으로 의존해야 하는 수업도 아니다. 그리고 철학적 수준에 머물러 있는 개념이란 관점은 현재에 와서는 더더욱 아니다. 철학적 개념으로 등장한 정상화가 통합교육으로 이어져 현재는 실제가 되고 양적으로 상당한 팽창을 이룬 것과 같이, UDL 역시 구체적인 실체를 갖추고 정교화되고 있기 때문이다. 따라서 UDL은 실제적 개념으로, 모든 학생은 아닐지라도 대부분 학생의 학습권을 보장함으로써 교육적 요구를 충족시켜 줄 수 있는 접근법이라고 할 수 있다.

역자들은 그간 출판된 UDL 관련 책들이 개념을 중심으로 설명된 데 반해 이 책은 UDL의 실제를 보여 줄 수 있을 것으로 판단하였다. 그리고 이와 같은 이유에서 다른 책들에 우선한 번역의 필요성을 공유하였다.

1장과 2장은 UDL에 대한 이론적 배경을 다룸으로써 독자들의 UDL에 대한 이해를 돕고 있다. 그리고 3장부터 8장까지는 읽기, 쓰기, 과학, 수학, 역사, 음악과 미술 수업에서의 과목별 실제 적용 사례를 UDL의 원리, 지침 그리고 체크포인트에 맞추어 설명하고 있다. 적용 절차 및 방법 등에 대해 상세히 설명되고 있는 만큼 일반교육 교사의 현장 적용 욕구를 상승시켜 줄 수 있을 것이다. 9장은 많은 이가 궁금해하는 UDL과 테크놀로지와의 관계에 대한 설명을 통해 궁금증을 해결해 주며, 마지막 10장은 교사 양성과정에 적용된 UDL 사례를 내용으로 다루고 있다. 따라서 이 책은 UDL의 이론과 실제 그리고 과거, 현재, 미래를 포함하고 있는 것이다.

 UDL을 설명하는 저서 그리고 논문들이 지속적으로 증가하고 있는 상황에서 역자들은 원문을 번역하는 과정에 두 가지 욕심을 내 보기로 했다. 첫째, 가장 기본적인 것으로 원문을 기반으로 하여 충실히 UDL을 설명하는 것이다. 둘째, 누구라도 쉽고 편하게 읽을 수 있는, 즉 UDL의 원리를 적용한 번역서를 만드는 것이다. 실질적으로 첫 번째 욕심은 번역의 전 과정을 통해 충족시켰으나 두 번째 욕심에 대한 충족 여부는 오롯이 이 책을 읽는 독자들의 몫인 만큼 판단을 유보하기로 한다. 변화하고자 하는 시도가 없으면 변화하지 않는 것이 세상의 이치이다. 교육도 예외일 수 없다. 이 책이 교육의 변화를 이끌어 모든 학생이 수업을 '많은 것을 배울 수 있는 시간' '내 생각을 맘껏 표현할 수 있는 시간' '흥미진진한 시간'으로 생각하게 하는 데 도움이 되길 바란다.

 매번 느끼는 것이지만 저서든 역서든 한 권의 책이 출판되기 전까지 개인적으로는 상당한 창작의 고통을 감내해야 하고 많은 시간을 투자해야 한다. 동시에 많은 이의 이해와 헌신이 있어야 한다. 여기에 나의 아내 그리고 두 딸(지윤, 채은)이 빠질 수 없다. 다시 한 번 이름을 언급해 주는 소소함으로 가족에 대한 그간의 미안함과 고마움을 대신하고자 한다. 마지막으로, 세상을 그리고 교육을 바꾸고자 하는 역자들의 보잘것없는 시도를 높게 평가해 준 학지사 김진환 사장님 그리고 역자들의 거친 번역 실력을 옥고로 만들어 준 편집부 박수민 선생님께도 감사의 말씀을 전한다.

2018년 8월
역자 대표
김남진

저자 서문

우리가 이와 같은 시리즈를 위한 도서 개발을 요청받았을 때, 시리즈 편집자들과 우리는 우선 테크놀로지와 특수교육을 중심으로 논의하였다. 우리는 이와 같은 접근 방식이 실무자들에게는 도움이 되지 않겠지만, 보편적 학습설계(Universal Design for Learning: 이하 UDL)에 관한 책은 교육자들이 다양한 수단과 방법을 사용하여 모든 학습자의 요구를 충족시키는 데 도움이 될 것이라는 사실을 재빨리 깨달았고 편집자들도 동의하였다. 테크놀로지와 학습자의 특별한 요구는 이 책의 중요한 주제이지만, 더 큰 주제는 처음부터 모든 학습자에게 충분히 유연한 학습 환경을 설계함으로써 모두의 교육을 개선하는 것이다. 테크놀로지만을 사용하거나 특정 학생 집단의 요구를 제한적으로 다루는 것을 통해서는 이를 달성할 수 없다.

일반적으로는 새로운 테크놀로지와 디지털 미디어가 모든 학생, 특히 특별한 도움이 필요한 학생들을 위한 교육 기회를 향상시킬 수 있는 엄청난 가능성을 지니고 있다는 것을 알고 있다. 잘 설계되면, 디지털 미디어는 인쇄매체와는 대조적으로 개별 학습자의 요구를 충족시키고 교실 실무자의 교육 팔레트를 확장할 수 있도록 변형, 네트워크화 및 맞춤화할 수 있다.

그러나 교육에서의 테크놀로지에 대한 회의론자들이 지적하듯이, 교육을 변화시키겠다는 새로운 테크놀로지의 약속과 잠재력은 아직 실현되지 않았다. 왜? 부분적으로, 새로운 테크놀로지는 모든 학습자의 요구를 충족시키도록 설계된 교육과정에서 구현되지 않는다. 테크놀로지 기반 학습이 효율적이기 위해서는 목표, 평가, 방법 및 자료가 여러 가지 표상, 표현/행동 및 참여를 통해 학생들의 학습을 지원하는 보편적으로 설계된 교육과정 내에서 이루어져야 한다.

이 책에 언급된 UDL 가이드라인은 교사들에게 모든 학생의 학습 기회를 확장하는 방법에 대한 새로운 아이디어를 제공한다. 실제적인 정보를 제공할 뿐만 아니라, 교육자들이 UDL과 관련하여 성장하는 분야를 이해하는 데 도움이 될 것이다. 미국과 캐나다의 국가, 주 그리고 개별 학구는 교육자가 모든 학습자들에게 표준 기반 교육을 제공하라는 요구를 충족시킴과 동시에 개인 간 차이와 다양성을 인정하고 존중하기 위해 UDL로 전환하고 있다. 미국 교육부, 국립과학재단(National Science Foundation), 그리고 주요 재단 및 기업들은 UDL에 대한 우리의 이해력과 이들의 변형 가능성을 확대하려는 계획을 지원하고 있다. 「고등교육기회법(Higher Education Opportunity Act: HEOA, 공법 110-315, 2008. 8. 14.)」에 따라, 미국 의회는 교사의 전문성 개발 및 UDL 구현을 위한 예비교육에 자금을 지원하였다. 「고등교육기회법」에서는 다음과 같이 UDL을 정의하고 있다.

교육 실제를 안내하기 위한 과학적으로 타당한 프레임워크(framework)로서

(A) 정보 제공 방식, 학생들의 반응 혹은 지식과 기술을 보여 주는 방식, 학생들의 참여 방식에 융통성을 제공하는 것

(B) 장애학생 및 영어에 능숙하지 못한 학생을 포함한 모든 학생에게 수업의 방해요소를 줄여 주고, 적절한 조정(accommodation) 및 지원 그리고 도전감을 제공하며, 높은 성취 기대감을 유지시켜 주는 것

이어지는 장들은 일상적인 환경에서 UDL이 바라는 바를 실현하기 위한 교실 기반의 제안과 예제를 제공하기 위한 것으로 연구 및 정책 관련 전문 용어에 대한 설명 그 이상이다. 우리는 저자들에게 현실 세계의 도전 과제와 실행

에 있어서의 장벽을 파악하고 이러한 과제를 어떻게 극복할 것인지를 제안해 줄 것을 요청하였다. 또한 교육 연구자와 실무 종사자 서로 간에 대화하고 학습해야 한다는 믿음에서—마치 그들이 현재 의학, 과학, 비즈니스 그리고 다른 직업에서 일하고 있는 것처럼—학습 연구와 실제에서 얻은 통찰력을 통합적으로 보여 줄 것을 요청하였다.

이 책의 내용

　1장에서는 이 책의 세 편집자(Hall, Meyer, & Rose)가 질문과 답변 형식으로 UDL에 대해 간략하게 소개한다. 이 소개는 UDL에 관한 가장 일반적인 질문 중 일부를 다룬다. UDL은 테크놀로지와 어떤 관계가 있는가? UDL과 보편적 설계(Universal Design: UD)의 차이점은 무엇인가? UDL은 교육과정에 어떻게 적용되는가? 1장은 2장과 함께 특정 주제 영역에 UDL을 적용하는 것에 초점을 맞춘 3~8장을 이해하는 데 필요한 배경 지식을 제공한다.

　Lapinski, Gravel과 Rose가 작성한 2장에서는 UDL 가이드라인—교육자들이 교육과정(목표, 평가, 방법, 자료 등)을 신중하게 계획하고 구조화하는 데 도움이 되는 실제적인 체크포인트의 집합—에 대해 설명한다. 가이드라인은 모든 학생이 적절한 도전 과제를 갖고 성취된 학습자가 되기 위해 필요한 지원을 보장하는 방법을 구체적이며 상세하게 다룬다. 계획 도구로 사용되는 것 외에도 평가 및 수업 연구에도 사용할 수 있는데, 이는 UDL 관점에서 수업을 평가하고 논의하는 수단이 될 수 있음을 의미한다.

　3장부터는 보다 구체적인 기술, 내용, 주제로 논의를 전환한다. 3장에서 Gordon, Proctor와 Dalton은 UDL과 읽기 이해 전략 수업이 디지털 학습 환경과 혼합되어 모든 학습자의 읽기를 향상시킬 수 있는 방법에 대한 10년간의 연구를 설명하였다. 저자들은 UDL과 디지털 텍스트가 모든 학습자를 지원할 수 있는 방법을 설명하고, 그렇게 하기 위한 몇 가지 무료 교사 준비 도구에 대해 논의한다. 4장에서도 유사한 관점을 통해 쓰기 수업을 다룬다. Vue와 Hall은 교사와 함께 UDL 원리에 기초하여 온라인으로 지원되는 쓰기 환경을 개발한 경험에 대해 논의한다. 교사 자신에 의해 촉발된 이 작업은 디지털 환경에서 쓰기에 대한 과정중심 접근법을 지원한다('명료화, 사전 구성, 구성, 게시'). 또한 UDL 가이드라인을 사용하여 모든 기술 수준의 작가에게 쓰기 수업을 보다 효과적이게 하고 과정에 참여하는 것에 대해 논의한다.

5~8장에서는 과학, 수학, 역사 및 예술 분야의 교수와 학습에 세 가지 UDL 원리와 UDL 가이드라인을 적용하는 방법을 설명한다. 5장에서 Price, Johnson과 Barnett는 UDL이 학생들이 과학에 대해 어떻게 생각하고, 말하는지, 과학을 하는 데 어떻게 지원하는지를 살펴본다. 6장에서 Murray와 Brookover는 개념적 이해, 절차적 유창성, 전략적 역량 및 적응적 추론 분야에서 UDL이 어떻게 더 나은 수학 수업을 지원하는지에 대해 논한다. 7장에서 Robinson과 Meyer는 UDL 원리를 사용하여 역사 학습에 대한 문제 기반의, 그리고 탐구 중심의 접근법을 설계하려는 노력을 검토한다. 그리고 8장에서 Glass, Blair와 Ganley는 그림과 무용을 포함한 예술이 어떻게 UDL 구현을 지원할 수 있는지에 대해 살펴본다. 저자들이 작업한 특정 프로젝트와 교실 중재에 대해 토론하는 것 외에도, 이 장에서는 교육자들이 UDL 실행과정을 시작하기에 유용한(대부분 온라인에서 무료로 사용 가능한) 자원에 대해서도 언급된다.

9장에서 Rose, Gravel과 Domings는 '플러그가 꽂히지 않은(unplugged)' UDL—즉, 기초공학 혹은 무공학에 UDL 원리들이 적용된—에 대해 논의한다. 수년간에 걸쳐 많은 교사는 최첨단 기술에 접근하지 않고도 UDL을 '할 수 있는지'를 물어 왔다. 저자들은 최첨단 기술의 바람직함을 인정한다. 그것이 펜, 종이 및 인쇄된 텍스트와 같은 오래된 기술보다 유연하기 때문이다. 그리고 이러한 유연성을 통해 교육과정에 더 많은 학습자를 포함시키는 것을 더 쉽고 효율적이게 한다. 그럼에도 불구하고 그들은 "UDL은 과거 혹은 현대의 테크놀로지가 아닌 해당 원리를 실현하기 위한 교수와 학습에 중점을 둔 원리"임을 언급한다(p. 206 참조).

10장에서 Ayala, Brace와 Stahl은 UDL에 대한 새로운 국가적 강조가 교사 양성과 전문성 개발을 위해 무엇을 의미하는지 고려한다. 그들은 모든 학습자의 필요를 충족시키기 위해 처음부터 계획하는 다음 세대의 교사들을 준비하는 것을 목적으로 캘리포니아 주립대학교가 예비교사 양성 프로그램에 UDL을 통합하는 방법을 탐구한다.

이 책은 UDL을 통해 모든 학생의 학습을 향상시키는 방법에 대한 연구 및 실제에서 귀중한 통찰력을 제공한다. 물론 이 책을 읽는 교육자들은 UDL 가이드라인을 교실에 적용하면서 그들 자신의 통찰력과 모범 사례를 발견할 것이다. 이 연구의 핵심 주제는 인간의 가변성과 다양성은 끝이 없으므로 교육에 대한 우리의 접근 방식은 모든 사람에게 최적의 학습 기회를 제공할 만큼 충분히 유연해야 한다는 것이다. 간단히 말해서, 학습자와 교사 사이의 큰 차이점은 극복해야 할 장벽이 아니라, 모든 사람에게 교육을 보다 효과적으로 만드는 데 있어 축하받고 구축해야 할 훌륭한 강점인 것이다.

감사의 글

이 책을 개발할 수 있도록 초대해 주고 특수교육 대상자를 위한 도서(What Works for Special-Needs Learners) 시리즈의 매우 인상적인 작가와 편집자 명단에 합류할 수 있도록 해 준 Karen R. Harris와 Steve Graham에게 매우 감사드린다. 정말 영광이다. 원고를 제작하는 데 예상보다 시간이 오래 걸렸는데, 그들의 놀라운 인내심에 대해서도 감사드린다.

저자들의 뛰어난 통찰력과 재능 그리고 시간을 우리와 공유한 것에 대해,

그리고 그러한 자극적이면서 유익한 장을 만들어 준 것에 대해 감사드린다. CAST의 커뮤니케이션 책임자인 David Gordon은 이 책의 구상에서부터 최종본이 나올 수 있도록 도와주었고, 이 과정에서 20년간의 편집 지혜와 전문성을 반영해 준 것에 대해 감사드린다. Scott Lapinski의 편집과 연구 지원에 대해서도 감사드린다. 마지막으로, 일상적인 업무에 주의를 기울이지 못했음에도 이 책을 완성할 수 있는 시간과 공간을 준 것에 대해 CAST의 대표인 Ada Sullivan과 모든 동료에게 감사드린다. 그들의 지원은 귀중한 것이었다.

차례

보편적 학습설계 개요–질의 및 응답 ⋯ 17
TRACEY E. HALL · ANNE MEYER · DAVID H. ROSE

실천을 위한 도구–보편적 학습설계 가이드라인 ⋯ 31
SCOTT LAPINSKI · JENNA W. GRAVEL · DAVID H. ROSE

읽기 전략 교수, 보편적 학습설계 그리고 디지털 텍스트– 통합적 접근 사례 … 55

DAVID GORDON · C. PATRICK PROCTOR · BRIDGET DALTON

보편적 학습설계를 이용한 쓰기 수업의 변화 … 77

GE VUE · TRACEY E. HALL

과학 수업에서의 보편적 학습설계 … 105

JEREMY FOREST PRICE · MINDY JOHNSON · MICHAEL BARNETT

수학 수업에서의 보편적 학습설계 ⋯ 129
ELIZABETH MURRAY · JACOB BROOKOVER

보편적 학습설계를 이용한 Doing History ⋯ 157
KRISTIN H. ROBINSON · ANNE MEYER

보편적 학습설계 그리고 예술 옵션 ⋯ 183
DON GLASS · KATI BLAIR · PATRICIA GANLEY

'Unplugged' 보편적 학습설계-
기초공학 환경에서 적용하기 ··· 205

DAVID H. ROSE · JENNA W. GRAVEL · YVONNE DOMINGS

보편적 학습설계 실행을 위한 교사 양성 ··· 229

EMILIANO AYALA · HEATHER J. BRACE · SKIP STAHL

TRACEY E. HALL · ANNE MEYER · DAVID H. ROSE

보편적 학습설계 개요
−질의 및 응답−

보편적 학습설계(Universal Design for Learning: 이하 UDL)란 무엇인가? 최근에 교육과정을 마친 졸업생이라면, 아마 이전 과정에서 이 용어를 들었을 것이다. 현장 교육자인 경우라면, 전문 학술지에서 UDL에 대해 읽은 경험이 있거나, UDL을 주제로 한 연수 또는 교수설계를 위한 틀로써 UDL이 언급된 연수에 참석했을지도 모른다. 연방교육법은 교사연수(예비 그리고 현직 연수 모두)에 UDL을 포함시킬 것을 규정하고 있음을 알고 있을지도 모른다. UDL이 공학, 개별화 학습(personalized learning), 뇌과학, 혹은 차별화 교수(differentiated instruction)와 관련이 있다는 것을 들어본 적도 있을 것이다. 지금껏 읽거나 들었던 것과는 상관없이, 여러분은 UDL에 대해 더 많은 것을 알기를 원할 것이고, 그것이 이 책을 선정한 이유일 것이다.

이 장에서는 여러분을 비롯한 다른 많은 사람이 더불어 가질 수 있는 주된 질문인 'UDL이란 무엇인가?'에 답할 것이다. 이를 통해 UDL의 기초에 대한 충분한 이해를 제공하는 것을 목표로 한다. 이어지는 장에서는 UDL이 다른 학년 수준 및 다양한 내용 영역에 실질적으로 반영되는 방법에 대해 배울 것이다. 이 장의 개요를 참조하면 다음 장들을 읽는 데 많은 도움이 될 것이다. 그리고 더 많은 사실을 알고 싶다면 웹사이트(http://www.cast.org 그리고 www.udlcenter.org) 방문을 권한다.

UDL이란 무엇인가

UDL은 학습과학을 기반으로 한 세 가지 원리로 조직된 수업을 위한 틀이다. 세 가지 원리는 모든 학습자를 포함하며, 효과적인 교육과정 설계 및 개발에 대해 안내한다(Rose & Gravel, 2010).

학습에 있어서의 차이와 지원적인 학습 환경 설계에 대한 20여 년간의 연구에 기초할 때, UDL의 원리는 학습에 있어 중요한 역할을 수행하는 뇌의 인지적(recognition) · 전략적(strategic) · 정서적(affective) 네트워크를 기반으로 하고 있다(이에 대한 자세한 내용은 다음 질문 참조). UDL의 세 가지 원리는 다음과 같다(Rose & Meyer, 2002).

I. 인지적 학습을 지원하기 위해 다양한 표상을 제공하라. 즉, 무엇(what)을 가르치고 배울 것인지를 융통성 있게 제공하는 것을 의미한다.

II. 전략적 학습을 지원하기 위해 다양한 행동과 표현 수단을 제공하라. 즉, 어떻게(how) 학습할 것인지 그리고 알고 있는 바를 어떻게 표현할 것인지에 대한 융통성 있는 선택권을 제공하는 것을 의미한다.

III. 정서적 학습을 지원하기 위해 다양한 참여 수단을 제공하라. 즉, 왜(why) 학습하는지에 대한 동기를 생성하고 유지하기 위해 융통성 있는 선택권을 제공해야 함을 의미한다.

「고등교육기회법(Higher Education Opportunity Act: HEOA)」(공법 110-315, 2008. 8. 14.)에 의하면, 의회는 UDL을 다음과 같이 정의하고 있다.

교육 실제를 안내하기 위한 과학적으로 타당한 프레임워크(framework)로서

(A) 정보 제공 방식, 학생들의 반응 혹은 지식과 기술을 보여 주는 방식, 학생들의 참여 방식에 융통성을 제공하는 것

(B) 장애학생 및 영어에 능숙하지 못한 학생을 포함한 모든 학생에게 수업의 방해요소를 줄여 주고, 적절한 조정(accommodation) 및 지원 그리고 도전감을 제공하며, 높은 성취 기대감을 유지시켜 주는 것

UDL의 원리가 실질적으로 어떻게 적용되는지에 대한 자세한 내용은, UDL 가이드라인 2.0 버전(CAST, 2011)과 관련한 Lapinski, Gravel과 Rose의 논의를 다루고 있는 이 책의 제2장 및 여타의 다른 장들을 참조하기 바란다.

뇌의 세 가지 네트워크란 무엇인가

신경과학 및 교육연구 분야에서의 지난 40년 동안의 발전은 뇌에 대한 우리의 이해를 재형성시켰다. 뇌 연구로부터 밝혀진 가장 명확하고 중요한 사실 중 하나는 '일반 학생(regular student)'이라는 것은 존재하지 않는다는 것이다. 대신, 학습은 개인의 고유한 지문이나 DNA와 같은 것이다. '똑똑한-똑똑하지 않은' '장애가 있는-장애가 없는' '일반적인-일반적이지 않은'과 같은 학습자에 대한 광범위한 범주의 개념은 현실을 반영하지 않은 과잉 단순화이다. 이와 같은 방식으로 학생들을 분류함으로써, 우리는 많은 미묘하고도 중요한 자질과 강점을 놓치고 있다. 과학은 개인의 자질이나 능력이 고정적이지 않음을 보여 준다. 오히려 개인의 자질과 강점은 끊임없이 변화하고,

환경과 상호작용하며 존재한다. 개인과 환경 간의 상호작용은 역동적이며 복잡한 균형을 맞추는 행동이다. 즉, 교실을 포함한 모든 환경을 인식하고 상호작용하는 방식에 있어 개인들 간에는 엄청난 다양성이 존재한다. 따라서 다양성과 차이는 학생에 대한 학생의 규준(norm)을 구성하는데, 심지어 문화, 나이, 인종 또는 성공 수준 등에 있어 유사한 특성을 공유하는 것 같은 이들 사이에도 존재한다. 특정 학급 안에서 'A학점 학생들' 사이의 차이는 'A학점 학생들'과 'F학점 학생들' 간의 차이만큼이나 뚜렷하다.

이것은 특정 '평균' 방식을 통해 교육과정을 경험할 수 있을 것으로 기대되는 몇몇 신화적인 '평균' 학습자의 요구를 기반으로 하는 교육 비전으로부터 벗어나도록 학습자들에 대한 우리의 이해를 재구성한다. 다양성은 개인 내 그리고 개인 간 모두에 있어 일반적인 것으로, 임의적이기보다는 체계적이다.

우리가 응용특수공학센터(Center for Applied Special Technology: CAST; UDL 홍보와 연구에 초점을 맞춘 비영리 교육단체)에서 언급한 세 가지 뇌 신경 네트워크를 참고하면 학습하는 동안 뇌가 어떻게 기능하는지를 이해하는 데 도움이 될 것이다. 이것은 간단한 모델로 뇌의 영역을 기능적으로 구획하는 매우 기본적인 방법이다. 이와 다르게, 뇌 활동의 매우 다양한 신경망 또는 기능을 다루는 더 복잡한 모델들도 존재한다. 하지만 세 가지 신경 네트워크에 대한 모델은 학습의 근본적인 기반을 보여 줄 뿐만 아니라 교육과정 분석을 가능하게 하며 학습자가 교육과정과 상호작용하는 방법을 보여 줄 수 있다. 세 가지 신경네트워크는 다음과 같다.

① 인지적 네트워크: 우리가 보는 방식(pattern)을 감지하고 의미를 부여하는 데 특화되어 있다. 인지적 네트워크는 정보, 생각, 개념을 파악하고 이해할 수 있게 한다. 이것은 학습하는 '내용(what)'에 관한 것이다.

② 전략적 네트워크: 주로 실행기능과 관련이 있으며 정신 및 운동 방식을 생성하고 감독하는 데 전문화되어 있다. 전략적 네트워크는 행동과 기

술을 계획하고 실행하며 모니터링할 수 있게 한다. 이것은 학습하는 '방법(how)'에 관한 것이다.

③ 정서적 네트워크: 방식을 평가하고 감정적인 의미를 부여하는 데 전문화되어 있다. 정서적 네트워크는 과제 및 학습, 그리고 우리 주변 세계에 참여할 수 있도록 한다. 이것은 학습하는 '이유(why)'에 관한 것이다.

이와 같이 세 가지 신경 네트워크는 명확하게 구분되는 것은 사실이나, 그럼에도 불구하고 아주 간단한 행동에서조차도 상호 긴밀하게 작동한다. 예를 들어, 여러분이 친구를 위한 선물을 포장하고 싶다고 말한다고 하자. 인지적 네트워크는 여러분이 특별한 선물(present), 포장 그리고 선물(gift)의 개념을 식별할 수 있게 한다. 전략적 네트워크는 선물 포장에 대한 목표를 설정하고 이를 달성하기 위한 전략을 세울 수 있도록 도움을 제공한다. 전략적 네트워크는 포장지를 접고, 테이프를 붙이는 과정을 안내하고, 진행 상황을 모니터링할 수 있도록 하며, 작업이 완료될 때까지 미세한 조정(모서리 부분을 다시 접기 등과 같은)을 할 수 있도록 허용한다. 정서적 네트워크는 여러분이 친구에 대해 생각하게 함으로서 포장 작업에 대한 동기를 부여하고, 각기 다른 다양한 단계를 거치면서 지속적으로 일할 수 있도록 도와준다. 포장이 어려울 수 있지만, 포장이 여러분과 여러분의 친구를 얼마나 행복하게 할 것인지를 짐작할 수 있기 때문에 여러분은 포장을 계속할 것이다.

인지적 · 전략적 그리고 정서적 네트워크 및 그들의 상호관계를 이해하는 것은 학습과정에서의 개인 간 차이를 인식하는 데 도움이 된다. 따라서 학습하는 '내용' '방법' '이유' 측면에서 유연성이 필요하다.

왜 UDL은 필요한가

UDL 원리는 사람들이 모인 곳이라면 예외 없이 개인 간의 차이는 규준적 임을 인정할 수 있게 한다. 따라서 교육과정은 다른 방향이 아닌 개인 간 차이에 적응적이어야 한다. 이러한 측면에서 특정 학습자만을 위해 사용되었던 전통적인 교육과정은 '장애'를 갖고 있다. 전통적인 교육과정은 교육과정 설계 시점서부터 세워진 장벽으로 가득 채워져 있으며, 특히 인쇄된 글이 거의 독점적인 매체이다. 장애가 있는 학습자들은 그와 같은 장애물에 가장 취약하다. 운동장애 학생들은 페이지를 넘기지 못하며, 난독증 학생들은 글을 해독하는 데 어려움을 겪는다. 장애가 없는 일반 학생들 역시 그들의 학문적 요구를 충족시키기에는 부적절하게 설계되었음을 안다.

표준 기반 개혁운동(standards-based reform movements)이 발현되고 지난 25년 동안 힘을 얻음으로써, 연방, 주 그리고 지방 교육청은 모든 개인에게 일반교육과정을 학습할 기회를 균등하게 제공할 것을 강조하고 있다. 장애 학생 및 다양한 문화와 언어적 배경을 가진 학생을 일반교육 환경에 포함시킴으로써 교실을 극적으로 변화시켰으며, 이는 성공할 것으로 기대된다. 또한 접근하기 어려운 자료를 수정하는 데 드는 비용은 교육과정 설계 및 전달 방법에 대해 재검토하게 하였다.

교사에게 이러한 도전은 벅찰 수 있다. 비록 교사들은 학생들의 실패를 원치 않음에도 불구하고, 많은 이는 문화적·인지적 다양성을 포함하는 교수설계를 가능하도록 안내하는 프레임워크가 부족함을 느낀다. UDL은 우리에게 이와 같은 프레임워크를 제공한다.

UDL은 특수교육인가, 일반교육인가

UDL은 일반교육 및 특수교육은 물론 조기교육과 중등교육의 모든 학습자를 포함하는 교육이다. 사실, UDL은 모든 학습자에게 진정으로 적합하게 설계된 교육과정이 있을 때를 상상할 수 있게 한다. '보편적(universal)'이란 '획일적(one-size-fits-all)'임을 의미하지 않는다. 오히려 개인차를 갖는 모든 학습자가 그들에게 가장 적합한 방법으로 동일한 내용에 대해 동등하고 공정하게 접근하고 학습할 기회를 갖는 것을 의미한다.

우리는 현행 체제하에서 특수교육의 필요성을 인식한다. 실제로, 특수교육의 발전은 한때 완전하게 폐쇄되었던 장애학생들의 교육을 보장하는 만큼, 장애학생들에게 있어서는 매우 중요하다.

그러나 경험에 의하면 분리는 동등하지 않음을 말해 주고, 또래와 어떤 차이가 있는 학생을 분리한다는 생각에는 '장애'가 교육과정 그 자체가 아닌 개인에 있다는 것을 암시한다. 일반교육은 UDL을 통해 보다 유연해짐에 따라, 모든 학습자의 요구와 흥미를 충족시킬 수 있어야 한다.

UDL과 UD는 어떤 관계인가

'UDL'은 '보편적 설계(Universal Design: 이하 UD)'라는 건축과 제품 개발에서의 개념을 반영했다. UDL의 차별성은 학습(learning)에 초점을 둔다는 것이다. UDL의 핵심 원리는 다음에 초점을 두고 있다. 즉, 원리들은 교수(teaching)와 학습에서의 역동적인 과정을 강조한다.

UD는 노스캐롤라이나 주립대학교의 Ron Mace에 의해 처음으로 공식화되었으며, 건축물, 야외 공간, 제품 그리고 통신 기기의 개발서부터 장애인의 요구를 충족시킬 수 있도록 지원한다. 이와 같은 시도는 도시공학 및 상업적인 제품의 디자인 영역으로 확산되고 있다. 장애인의 접근성을 높이기 위해 시작 단계서부터 디자인을 고려하는 것은 모든 사람이 보다 향상된 경험을 할 수 있게 하는 이점이 있다.

TV의 폐쇄자막(closed captioning) 개발은 실질적인 UD의 좋은 보기이다. 자막이 처음 사용되었을 때, 그것은 청각장애인을 위한 것이었다. 하지만 지금은 청각장애인뿐만 아니라 헬스클럽에서 운동하는 사람, 공항 여행자, 언어 기술과 관련된 직종에 종사하는 개인에게도 도움을 준다.

UDL은 처음서부터 가능한 한 다양한 개인을 고려하여 설계하고 개조를 필요로 하지 않는다는 측면에서 UD와 목표를 공유한다. 그러나 학습 경험을 할 수 있도록 하는 것과 건물 건축은 근본적으로 다른 과정이므로, 교육에서 이와 같은 목표를 달성하기 위한 원칙과 전략은 매우 다르다(Rose & Meyer, 2002, 2005).

UDL에 대한 연구의 기초는 무엇인가

UDL 수행을 위해, CAST는 여러 출처로부터 연구를 이끌어 냈다. 첫째, 신경과학 연구는 UDL 원리의 기초를 형성한다. 최근 몇 년 동안, 새로운 공학은 십 년 전에는 상상할 수 없었던 방식으로 학습과 관련한 신경학을 연구할 수 있도록 하였다. 이 연구는 UDL에 매우 중요한 두 가지 연구결과를 도출하였다. ① 개인의 뇌에서 이루어지는 학습은 매우 다양하고 광범위하며, ② 각기 다른 개인들 사이에서도 학습은 매우 다양하고 광범위하다. 인지신경과학, 인지과학, 그리고 기타 학습과학에서의 기초 연구는 학습 내용의 범위, 그리고 학습 영역의 개인차 범위를 분명히 하는 데 중요하다. 학습을 매우 좁은 의미로만 생각할 때, 학습을 최적화하기에는 차별화되지 않은 교육과정과 수업을 만들어 내는 경향이 있다.

둘째, CAST의 UDL에 대한 연구는 모든 학생을 지원하는 데 있어 중요한 특정 사례를 파악하는 연구, 즉 수십 년 동안 많은 대학과 연구소에서 다수의 연구자에 의해 축적된 연구에서 비롯된 것이다. 전형적으로 이러한 실제(practice)들은 이미 개별 학생에 대한 효과가 입증되었음에도 불구하고 일반교육의 '획일적인' 교육과정 기준 내에 통합되지 않는다. UDL은 개별 학생들에게 가장 효과적일 수 있는 실제를 전달하는 수단을 제공한다. 그러나 실제란 어떤 것이며 누구를 위한 것인가? UDL에 의한 접근은 최적의 실제를 결정하는 데 도움이 되는 프레임워크와 지침을 모두 제공한다. 프레임워크는 포괄성(comprehensiveness)을 보장하고 교수설계는 집단에 속해 있는 학생들의 모든 범위의 학습 능력과 장애를 해결할 수 있도록 하는 데 목적이 있다. 교육과정 개발에 UDL을 적용하는 더욱 구체적인 방법은 제2장을 참조하기 바란다.

셋째, CAST는 UDL의 특정 응용 프로그램에 대한 연구를 활용하였다. 이와 같은 연구는 초기에 해당하지만(UDL 자체가 언급된 것이 채 20년이 되지 않았다), 전형에 해당하는 것들이 등장하고 있다. 예를 들어, CAST는 읽기 이해 전략을 가르치는 데 적용되는 UDL의 보기를 개발하고 평가하였다. 제3장에서는 이와 같은 일련의 연구에 대한 자세한 내용을 제공한다. 이 책의 다른 장에서는 특정 실행에 관한 연구에 대해 설명한다.

UDL을 모든 교육과정에 적용한다는 의미는 무엇인가

모든 교육과정은 목표(goal), 평가(assessment),[*] 자료(material), 방법

---

[*] 역자 주: 'assessment'를 사정으로 그리고 'evaluation'을 평가로 번역하는 것이 타당하나, 이 책에서는 일상적인 용어 사용을 고려하여 특별한 경우를 제외하고는 '평가'로 번역하였다.

(method)의 네 가지 필수 요소로 구성되어 있으며, 각각의 요소들은 모든 학습자를 고려하여 설계되어야 한다(Rose & Meyer, 2002). 이 책의 각 장에서 저자들은 UDL 및 특정 내용 영역(과학, 수학, 역사 등)의 원칙에 비추어 기본 구성요소들을 다룬다.

목표는 모든 학습자에게 적절한 도전감을 제공할 수 있도록 명확하게 정의될 필요가 있으며, 목표 진술 방식으로 인해 의도하지 않은 장벽이 제기되어서는 안 된다. 예를 들어, 목표가 광합성의 단계를 학습하는 것이라면, 목표를 달성하기 위한 방법과 자료가 기술되어서는 안 된다(예: "광합성에 대한 단원을 읽으십시오."). 왜냐하면 그와 같은 특정 방법과 자료를 사용하지 못하더라도 유능한 학습자일 수 있기 때문이다.

학습과정 중(형성평가), 그리고 학습의 후반(총괄평가)에 시행되는 평가는 ① 학습자가 학습목표를 얼마나 잘 달성하는지에 대한 정확한 정보를 제공하기 위해 ② 교수 효과를 높일 수 있는 방법과 자료의 조정에 대한 정보를 제공하기 위해 충분히 융통성이 있어야 한다. 평가는 평가 자료를 제공함으로써 교실에서의 수업 활동 전반에 대한 안내뿐만 아니라 적시에 개별 학생에 대한 조정을 안내할 수 있으며, 안내할 수 있도록 설계되어야 한다.

교수 방법과 자료는 유연해야 하며 다양해야 한다. 이를 통해 접근, 도전 그리고 학습자에 대한 지원의 적절한 균형을 제공하고 각각의 학습자들이 자신에게 가장 적합한 방법으로 그들의 목표를 달성할 수 있도록 허용해야 한다.

왜 테크놀로지와 UDL은 자주 함께 논의되는가

많은 교실은 하나의 그리고 경직된 매체, 즉 서책형 교과서의 영향을 계속 받고 있다. 우리는 교과서가 어렵거나 사용이 불가능한 학생을 '장애'가 있는 학생으로 분류한다. 그리고 이어서 교정에 초점을 둔 특별한 목표, 교육 방법 및 자료 등에 대해 기술한다. 심지어 특정 종류의 자료를 전달하고 참여 정도를 더욱 심화시킬 수 있는 적합한 다른 매체가 있다는 것을 알고 있기 때문에 텍스트에 접근 가능한 학습들도 놓친다.

반면에, UDL은 설계를 통해 최근의 테크놀로지가 갖는 능력과 사용자 정의 가능성을 활용하고, 이를 통해 학생들이 개별화된 방식으로 접근할 수 있는 핵심 교육과정 내에서 유연한 교수 실제를 제공할 것을 요구한다. 이와 같은 최상의 실제는 장애학생이나 학습에 어려움을 보이는 학생들에게 필수적임은 물론 많은 다른 학생에게도 유용한 것으로 입증되었다.

디지털 미디어는 다양하고 변환 가능하기 때문에 매우 효과적이다. 인쇄된 책과 달리, 디지털 미디어는 단지 몇 개의 키 입력만으로도 텍스트, 이미지, 음성, 동영상, 혹은 이와 같은 요소들의 조합 등과 같은 다양한 형식의 콘텐츠를 보여 줄 수 있다. 동일한 웹사이트를 방문하는 학습자일지라도 콘텐츠 표시 방법을 변경할 수 있다. 텍스트나 이미지의 모양을 바꿀 수 있으며, 그래픽 기능을 끄거나 소리를 켤 수도 있다. 텍스트 음성 변환(text-to-speech: 이하 TTS) 프로그램을 사용하면, 난독증 학생의 요구에 따라 교사가 텍스트를 음성으로 변환하도록 컴퓨터를 설정함으로써 큰 소리로 단어를 읽을 수 있다.

또한 디지털 미디어는 네트워크가 가능하기 때문에 효과적이다. 하이퍼링크를 통해 일련의 디지털 콘텐츠를 다른 곳으로 연결할 수 있다. 예를 들어, 용어집이나 배경지식 요약과 같은 내장된 학습지원 시스템을 통해 디지털 텍스트로 되어 있는 게티스버그 연설(Gettysburg Address)을 제공할 수 있는데, 그것들을 오프라인으로 가져오지 않아도 되도록 독자를 지원한다(http://udleditions.castorg 참조).

최신의 그리고 전통적인 매체에 대한 이해 그리고 이와 같은 매체와 개인의 두뇌 간 상호작용 방식을 보다 잘 이해하기 위해 교사는 어떻게 가르칠 것인가, 학생들은 어떻게 학습하는가, 그리고 이와 같은 일련의 과정에서 다양한 도구과 테크놀로지를 어떻게 활용하는 것이 개별화를 위한 최상의 방법인가에 대해 재평가해야 한다. 디지털의 역량은 텍스트, 음성, 이미지의 결합과 변환을 통해 인쇄물이 유일한 환경에서 어려움을 겪고 있는 많은 사람의 학습에 새로운 앞날을 연다(Rose & Meyer, 2002, 2005; Rose & Gravel, 2009).

UDL 원리는 테크놀로지 없이 적용할 수 있는가

테크놀로지는 UDL을 실행하는 데 있어 매우 중요한 요소이기는 하나, 필수 조건은 아니다. 교사가 교육과정을 실행함에 있어 테크놀로지의 이점을 활용하기에 학교 컴퓨터는 너무 오래되었을 뿐만 아니라, 소프트웨어가 부족하거나 혹은 컴퓨터실에 접근하는 것 자체가 불충분하다는 점을 이해해야 한다. 이와 같은 적용 가능성과 접근성 간의 분리는 확실히 좌절의 원인이 될 수도 있지만, 우수한 UDL 수업은 테크놀로지 없이도 가능하며, 이와 같은 보기에 해당하는 많은 수업이 이 책 전반에 걸쳐 기술되어 있다. 예를 들어, 제9장에서는 학생들이 식물의 생태 주기를 이해하고, 그것에 대해 그들이 분명히 이해할 수 있도록 하는 초등학교 학습목표에 대해 논한다. 비록 테크놀로지가 사용되지 않았지만, UDL로 간주할 수 있다. 확실히 테크놀로지는 이 과정에 유용한 방법일 수는 있지만, 필수적인 것은 아니다.

원리와 실제 모두에서 UDL을 수용함으로써, 모든 학습자의 학습 기회를 극적으로 향상시킬 수 있다. UDL은 학습자의 차이를 수용한 교육과정을 설계하는 청사진을 제공한다. 제2장에서는 UDL 가이드라인을 제시하였다. 이어지는 장들에서는 읽기, 쓰기, 수학, 과학, 역사, 예술 등과 같은 특정 내용 영역에 초점을 두었다. 이 장에서 저자들은 신경과학에 의해 문서화된 개별 학습자의 엄청난 다양성과 교육 경험, 문화적 배경 및 장애 등 학습자의 다양성을 고려하여 과목을 가르치는 문제에 대해 논의한다. 이어서 저자들은 학습에 있어서의 공통된 장애요소에 대해 입증하고, 보다 통합적인 학습 환경

설계를 위한 방법을 제시한다. 대부분의 사례에서 테크놀로지는 매우 지원
적인 역할을 수행하지만 기초공학(low-tech) 혹은 무공학(no-tech) 역시 UDL
에 적용할 수 있다는 것도 저자들은 제시한다. 제9장에서는 무공학 환경(특
히 초등학교 교실)에서의 UDL을 다루며, 실제에서 유용한 지식을 제공한다.
이 책의 뒷부분에 해당하는 제10장에서는 중등 환경에서의 UDL에 대해 논의
되며, 예비교사는 UDL에 대해 배우고 경험할 수 있다. 이 책은 UDL에 대한
유용한 사실들을 소개하는 것을 목적으로 삼고 있다. 우리는 독자들이 UDL
을 처방(prescription)이 아닌 초대(invitation)로 봐 줄 것을 기대한다. 즉, 우리
는 여러분이 대화에 참여하고 여러분의 지혜를 다른 사람들과 함께 나누도록
초대하였다. 교육과정 설계 및 실행 시점에 UDL 원리를 지침으로 삼아 긍정
적인 방식으로 교육개혁 방법을 모색하고 있는 교육자 커뮤니티를 찾는다면
http://www.udlcenter.org를 방문하기 바란다.

참고문헌

CAST. (2011). *Universal Design for Learning Guidelines version 2.0*. Wakefield, MA:
　　　Author. Retrieved from http://www.udlcenter.org/aboutudl/udlguidelines.

Higher Education Opportunity Act (HEOA). (2008, August 14). Public Law 110-315.
　　　Retrieved from http://www2.ed.gov/policy/highered/leg/hea08/index.html.

Rose, D. H., & Gravel, J. W. (2009). Getting from here to there: UDL, global
　　　positioning systems, and lessons for improving education. In D. T. Gordon,
　　　J. W. Gravel, & L. A. Schifter (Eds.), *A policy reader in Universal Design for
　　　Learning* (pp. 5-18) Cambridge, MA: Harvard Education Press.

Rose, D. H., & Gravel, J. W. (2010). Universal Design for Learning. In P. Peterson,
　　　E. Baker, & B. McGraw (Eds.), *International encyclopedia of education* (pp.
　　　119-124). Oxford, UK: Elsevier.

Rose, D. H., & Meyer, A. (2002). *Teaching every student in the digital age: Universal*

Design for Learning. Alexandria, VA: Association for Supervision and Curriculum Development.

Rose, D. H., & Meyer, A. (Eds.). (2005). *A practical reader in Universal Design for Learning.* Cambridge, MA: Harvard Education Press.

실천을 위한 도구
-보편적 학습설계 가이드라인-

SCOTT LAPINSKI · JENNA W. GRAVEL · DAVID H. ROSE

이 책은 학급교사가 언저리에 있는 학생들을 포함한 모든 학생에게 학습 기회를 확장하는 데 사용할 수 있는 테크놀로지에 대한 새로운 지식을 제공하기 위해 작성되었다(Meyer & Rose, 2005). 특히 이 장에서 저자는 UDL의 원리를 강조하는 학습 환경에서의 테크놀로지 사용에 초점을 두었다. 저자는 UDL 실행의 핵심이 되는 원리(principle), 지침(guideline) 및 체크포인트(checkpoint)를 구체적이면서 보다 보편적으로 제시하고 있다. 이 장에서는 UDL 가이드라인(Guideline)[*] 버전 2.0(CAST, 2011)에 대한 개요를 제공하는데, 제1장에서 Hall, Meyer와 Rose가 제기한 광범위한 UDL 원리에 대

---

[*] 역자 주: UDL Guideline version 2.0과 이를 구성하고 있는 요소(principle, guideline, checkpoint) 로서의 Guideline을 구분하기 위해 UDL Guideline version 2.0은 원전의 기술방식에 따라 'UDL 가이드라인 2.0' 'UDL 가이드라인' '가이드라인'으로, 하위 요소로서의 Guideline은 '지침'으로 번역하였다.

한 실질적인 방안을 구성하고 있다. UDL 가이드라인 2.0을 통해 학생들의 학습상 장애물을 제거하기 위해 교육과정의 목표, 방법, 자료 및 평가 등을 계획하고 구조화하는 방법을 알 수 있다. UDL은 학습과학 및 교육 실제에 대한 풍부한 연구를 기반으로 하고 있다. 자세한 목록은 국립보편적학습설계센터(National Center on Universal Design for Learning) 홈페이지(http://www.udlcenter.org)를 참조하기 바란다.

이 장의 목적

이 장은 각기 다른 세 가지 목적이 있다. 먼저 UDL 가이드라인 2.0이 무엇인지 그리고 왜 만들어졌는지 알아본다. 그다음 가이드라인의 구체적인 내용을 원리 → 지침 → 체크포인트의 세 가지 수준을 통해 논의할 것이다. 끝으로 모든 학습자의 장벽을 줄이고 기회를 극대화하기 위해 누가 가이드라인을 사용할 수 있는지 그리고 누가 이를 구현할 수 있는지에 대해 토론한다. 이 책의 다음 장들에서는 특정 내용 영역과 학년 수준에 대한 지침의 구체적 적용에 대해 설명한다.

이 장을 읽고 나면 여러분은 다음의 두 가지 질문에 대해 답할 수 있어야한다. UDL 가이드라인이란 무엇인가? 그리고 여러분(교사, 교육과정 개발자, 부모 등)은 어떻게 가이드라인을 사용할 수 있는가?

UDL 가이드라인이란 무엇인가

UDL 가이드라인은 수업 계획 단계에서 교사 및 교육과정 개발자를 도와주는 도구이다(Meo, 2008). 명칭에서 알 수 있듯이, UDL은 처방(prescription)이 아니라 통합학급에서의 실제를 위한 지침(guidance)을 제공하는 것이다. 교사는 가이드라인을 통해 모든 학생의 학습권을 보장하기 위해 교육과정에 포함시킬 수 있는 옵션을 알 수 있다. 가이드라인은 오늘날 교실에서 많은 학생이 경험하고 있는 장벽을 해결하기 위한 몇 가지 가능한 해답을 제시한다.

학습이 어떻게 이루어지는가는 개인에 따라 다르다. 특히 '무엇'을 학습하고, '어떻게' 배우며, '왜' 배우는가에 대한 측면은 모든 학습자마다 큰 차이를 보인다(Coyne et al., 2006; Rose & Meyer, 2002). 신경과학에 대한 연구는 유사하게 보이는 학생들조차도 실제로는 매우 다르다는 것을 이해할 수 있도록 해 주었다. 어떤 학생도 동일하지 않기 때문에 전체 교육과정─목표, 방법, 자료 그리고 평가─은 개별 학생들의 강점과 약점을 명확히 강조해야 하는데, 이들은 높은 학업 표준을 달성하기 위해 공동으로 움직이기 때문이다.

UDL 가이드라인은 개인 맞춤식 수업의 중요한 과정을 지원한다. UDL 가이드라인은 나중에 생각이 나서 혹은 추가로 변경이나 수정을 하기보다는 적절하고 조절 가능한 지원, 스캐폴딩 및 도전 과제를 처음부터 교육 환경에 통합하는 것을 도와준다. UDL 환경에서 설계의 목적은 주의 깊은 계획 및 설계를 통해 모든 학생이 접근하기 쉬운 수업 그리고/또는 교육과정을 만드는 것이다. 사용자 맞춤 지원 및 도전에 중점을 둔다는 것에 주목하라. 지원과 도전을 균형 있게 하는 것은 UDL 프레임워크에서 중요한 부분이다. 여기서 핵심은 학습을 보다 쉽게 만드는 것이 아니라는 점이다. 대신에, 학습은 소위 '적절한 어려움'을 갖춘 도전이어야 한다(Bjork & Bjork, 2011). UDL의 목표는 이와 같은 적절한 어려움은 유지하는 반면 학습에 장벽을 발생시키고 학습목표와는 무관한 '바람직하지 않은 어려움'은 줄이거나 제거하는 것이다.

UDL 가이드라인을 적용하는 것은 GPS(Global Positioning System) 장치를 사용하는 것에 비교되고 있다(Rose & Gravel, 2009; http://www.udlcenter.org/resource_library/artictes/gps 참조). GPS 장치는 많은 사람의 다양한 요구를 만족시키기 위해 다양한 선택을 내장하여 제공하며 사용자의 요구에 응답하기 위한 세 가지 핵심 질문을 한다. "현재 위치는? 목적지는? 목적지에 도달하기 위한 최적의 경로는?"(Rose & Gravel, 2009, p. 5) 위의 세 가지 질문은 학생들의 학습을 생각할 때도 매우 중요하기 때문에, GPS 장치는 UDL 가이드라인을 설명함에 있어 유용한 예시라고 본다. 교육자로서 우리는 교실의 다양한 학습자에게 다가가기 위해 수업을 계획하고, 전달하며, 반성할 때 이와 같은 동일한 질문을 해야 한다.

UDL 가이드라인과 세 가지 UDL 원리

UDL 가이드라인은 UDL의 세 가지 원리를 구현하는 실질적 방안에 대한 교육현장에의 요구로부터 개발되었다. UDL 프레임워크는 새로운 관점에서 학습의 차이점에 대한 도전에 접근한다. 우리가 강조하는 바는 획일적인 교육과정을 보수보강하는 것에서 처음부터 모든 학생에게 적합하면서 유연한 교육과정을 설계하는 것으로 옮겨 갔다. 기존의 교육현장에서는 교육과정에 따라오지 못하는 학생을 '장애' 또는 '저성취(underachieving)'로 낙인찍는 경향이 있으며, 이는 그러한 학생들에게 책임을 돌리는 결과를 가져왔다. 대신 UDL의 접근 방식은 교육과정의 '장애'에 초점을 두고 있다. 왜냐하면 모든 학생의 학습 요구를 충족시키지 못하고, 요구를 고정되어 있는 것으로 보는 것은 바로 교육과정이기 때문이다.

일상적으로, 우리는 교수를 설계함에 있어 의도하지 않게 장애물을 만들 수 있는데, 이러한 장애물은 교육과정 요소(목표, 방법, 재료 및 평가)에서 일어날 수 있다. 예를 들어, 학생들에게 자신이 알고 있는 것을 다섯 단락의 에세이로 표현하도록 요구하는 것은 학생들의 지식을 표현하는 방식을 자동적으로 제한하는 것이다. 만약 학생들이 알고 있는 것을 표현하는 것이 목표라면, 에세이 쓰기라는 매체로 제한하는 이유는 무엇인가? 이와 같은 상황에

서 운동 능력에 어려움이 있는 학생, 영어를 모국어로 하지 않는 영어 학습자
(English Language Learners: ELLs) 또는 조직화에 어려움이 있는 학생들은 내
용을 이해했음에도 불구하고 자신이 아는 것을 정확하게 표현하지 못할 수
도 있다. (만약 에세이 쓰기 능력을 보여 주는 것이 목표인 경우는 이야기가 다르다.
이 경우, 쓰기의 목표를 침해하지 않는 기술을 지원하기 위해 다른 옵션들을 이 수
업에 포함시킬 수 있다.) 다행인 것은 UDL에 관한 간략한 설명만으로도 모든
학생을 포함하는 수업 계획에 유용하다는 점이다(Schelly, Davies, & Spooner,
2011).

UDL 가이드라인은 ① 다양한 표상 수단 제공, ② 다양한 행동과 표현 수단
제공, ③ 다양한 참여 수단 제공이라는 UDL의 세 가지 원리를 중심으로 구성
되어 있다(Rose & Gravel, 2010). 각각의 원리 아래에는 교육자와 교육과정 개
발자에게 교육과정 설계 및 구현에 있어 잠재적인 장애물에 대한 생각과 해
결 방안을 제공하기 위한 지침 및 체크포인트가 기술되어 있다. 가이드라인
을 뒷받침하는 전체 연구, 사례 그리고 자료는 국립보편적학습설계센터 홈페
이지(http:// www.udlcenter.org/aboutudl/udlguidelines)를 방문하면 된다.

가이드라인과 테크놀로지

UDL 가이드라인을 적용하는 데 있어 테크놀로지의 역할은 무엇인가? 테
크놀로지는 개인의 요구에 맞게 교육을 맞춤화할 수 있는 많은 기회를 제공
한다. 우리는 학생들에게 내장된 지원과 스캐폴딩(TTS 기능, 배경정보 링크, 용
어집)을 다양하게 제공할 수 있는 디지털 교과서를 제공할 수 있다. 학생들이
배운 것을 전달할 수 있는 다양한 표현 도구를 선택하게 할 수도 있다(예: 파
워포인트, 애니메이션 소프트웨어, 그래픽 조직자, 음성인식 소프트웨어). 우리는
온라인 공동작업 툴(online collaboration tool)과 블로그(blog)를 통해 전 세계

학생들과 교실을 연결하고 대화할 수 있다. 테크놀로지는 수업의 시작서부터 유연하면서 지원적인 학습 환경을 조성하여 다양한 학생의 학습을 가능하게 하는데(Strangman & Dalton, 2005), 이 책 전반에 걸쳐 수많은 예를 찾을 수 있을 것이다.

심지어 기초공학 혹은 무공학이 적용된 교실에서도 가이드라인을 적용할 수 있다(예: Rose, Gravel, & Domings, 이 책 제9장 참조). 현대 테크놀로지의 힘과 유연성은 UDL의 구현을 보다 수월하게 하였지만, 테크놀로지가 UDL 프레임워크의 핵심은 아니다. 가이드라인은 테크놀로지의 적용 여부에 관계없이 수업설계 시 고려할 수 있는 일련의 제안이지만 중요한 예외가 있다. 가이드라인은 우리에게 다음과 같은 사실을 상기시킨다.

> 일부 학생의 경우, 개인용 보조공학—예를 들어, 전동 휠체어, 안경 또는 인공와우 등—의 사용은 학습 환경에 대한 기본적인 신체적·감각적 접근을 위해 필수적이다. 이러한 학생들은 다른 학생들이 테크놀로지를 전혀 사용하지 않는 활동 시간에도 보조공학이 필요하다. UDL 관련 자료와 방법이 잘 갖추어져 있는 교실일지라도, 보조공학이 UDL 전반에 대한 필요성을 배제하는 것도 아니며 대체하는 것도 아니다(CAST, 2011, p. 10).

보조공학을 필요로 하는 학생에게 테크놀로지는 학습에 필수적인 구성요소를 대표하며, 없어서는 안 된다. 그러나 일반적으로 가이드라인은 온라인 혹은 오프라인으로 모든 학생의 학습을 촉진하는 유연하고 포괄적인 환경을 만들기 위한 도구를 교육자들에게 제공한다.

원리 적용하기: 해설 및 구체적인 예시

　　UDL 가이드라인은 어떻게 교육과정 개발에 적용되는가? [그림 2-1]은 UDL의 세 가지 원리, UDL 가이드라인 그리고 관련 체크포인트 등의 개요를 쉽게 볼 수 있도록 제공하고 있다. 다음 페이지에서 우리는 가이드라인의 근거를 설명하고 그것들이 실제로 어떻게 이용되는지 구체적인 예를 보여 주고자 한다. 가이드라인을 실행하는 데 있어 세 가지 원리 모두가 동일한 가치를 지닌다는 점을 인식하는 것이 중요하다. 원리를 무시하는 것은 학습자에게 의도하지 않은 장애물을 만들 수 있는 만큼, 세 가지 원리 모두를 신중하게 고려하여야 한다.

원리 1: 다양한 방식의 표상 수단 제공

　　UDL의 첫 번째 원리([그림 2-2]에서 강조)는 '무엇을' 학습하는가에 관한 모든 것이다. '무엇'이란 정보가 어떻게 인식되고 이해되는지를 의미한다. 개인은 각기 다양한 방식으로 정보를 인식하고 이해하기 때문에, 모든 학습자 혹은 개별 학습자의 요구를 충족시켜 주는 단일 표상 매체는 존재하지 않는다. 텍스트, 특히 인쇄물과 같이 융통성 없는 매체에 대해 어려움을 겪는 사람이 있는 반면, 자막이 없는 오디오 트랙(audio track)을 이해하는 것을 많이 힘들어하는 이도 있다. 이해하는 데 있어서도 차이가 있다. 각각의 학생은 개인의 독특한 경험과 배경지식을 갖고 있기 때문이다. 표상의 개인차는 다양하기 때문에 학생들이 배워야 할 것을 제시하거나 이를 가능하게 하는 하나의 올바른 방법이란 존재하지 않는다. 교육과정은 교사와 학생이 내용에 접근하기 위한 가장 적절한 방법을 결정할 수 있도록 충분한 유연성을 가져야 한다.

I. 다양한 방식의 표상 수단 제공

1: 인지 방법의 다양한 선택 제공
- 1.1 정보의 제시 방식을 학습자에 맞게 설정하는 방법 제공하기
- 1.2 청각 정보의 대안을 제공하기
- 1.3 시각 정보의 대안을 제공하기

2: 언어, 수식, 기호의 다양한 선택 제공
- 2.1 어휘와 기호의 뜻을 명료하게 하기
- 2.2 글의 짜임새와 구조를 명료하게 하기
- 2.3 문자, 수식, 기호의 해독을 지원하기
- 2.4 범언어적인 이해를 증진시키기
- 2.5 다양한 매체를 통해 의미를 보여 주기

3: 이해를 돕기 위한 다양한 선택 제공
- 3.1 배경지식을 제공하거나 활성화시키기
- 3.2 패턴, 핵심 부분, 주요 아이디어 및 관계 강조하기
- 3.3 정보 처리, 시각화, 이용의 과정을 안내하기
- 3.4 정보 이전과 일반화를 극대화하기

학습 자원이 풍부하고 지식을 활용할 수 있는 학습자

II. 다양한 방식의 행동과 표현 수단 제공

4: 신체적 표현 방식에 따른 다양한 선택 제공
- 4.1 응답과 자료 탐색 방식을 다양화하기
- 4.2 다양한 도구와 보조공학(AT)기기 이용을 최적화하기

5: 표현과 의사소통을 위한 다양한 선택 제공
- 5.1 의사소통을 위한 여러 가지 매체 사용하기
- 5.2 작품의 구성과 제작을 위한 여러 가지 도구 사용하기
- 5.3 연습과 수행을 위한 지원을 점차 줄이면서 유창성 키우기

6: 실행기능을 위한 다양한 선택 제공
- 6.1 적절한 목표 설정에 대한 안내하기
- 6.2 계획과 전략 개발을 지원하기
- 6.3 정보와 자료관리를 용이하게 돕기
- 6.4 학습 진행 상황을 모니터하는 능력을 증진시키기

전략적이고 목표 지향적인 학습자

III. 다양한 방식의 참여 수단 제공

7: 흥미를 돋우는 다양한 선택 제공
- 7.1 개인의 선택과 자율성을 최적화하기
- 7.2 학습자와의 관련성, 가치, 현실성 최적화하기
- 7.3 위협이나 주의를 분산시킬 만한 요소들을 최소화하기

8: 지속적인 노력과 끈기를 돕는 선택 제공
- 8.1 목표나 목적을 뚜렷하게 부각시키기
- 8.2 난이도를 최적화하기 위한 요구와 자료들을 다양화하기
- 8.3 협력과 동료 집단을 육성하기
- 8.4 성취 지향적(mastery-oriented) 피드백을 증진시키기

9: 자기조절 능력을 키우기 위한 선택 제공
- 9.1 학습 동기를 최적화하는 기대와 믿음을 증진시키기
- 9.2 극복하는 기술과 전략들을 촉진시키기
- 9.3 자기평가와 성찰을 발전시키기

목적의식과 학습 동기가 뚜렷한 학습자

[그림 2-1] UDL 가이드라인

출처: CAST (2011). 허락하에 게재

I. 다양한 방식의 표상 수단 제공

1: 인지 방법의 다양한 선택 제공
1.1 정보의 제시 방식을 학습자에 맞게 설정하는 방법 제공하기
1.2 청각 정보의 대안을 제공하기
1.3 시각 정보의 대안을 제공하기

2: 언어, 수식, 기호의 다양한 선택 제공
2.1 어휘와 기호의 뜻을 명료하게 하기
2.2 글의 짜임새와 구조를 명료하게 하기
2.3 문자, 수식, 기호의 해독을 지원하기
2.4 범언어적인 이해를 증진시키기
2.5 다양한 매체를 통해 의미를 보여 주기

3: 이해를 돕기 위한 다양한 선택 제공
3.1 배경지식을 제공하거나 활성화시키기
3.2 패턴, 핵심 부분, 주요 아이디어 및 관계 강조하기
3.3 정보 처리, 시각화, 이용의 과정을 안내하기
3.4 정보 이전과 일반화를 극대화하기

학습 자원이 풍부하고 지식을 활용할 수 있는 학습자

[그림 2-2] UDL 가이드라인: 원리 Ⅰ

출처: CAST (2011). 허락하에 게재

지침 1: 인지 방법의 다양한 선택 제공

지침 1은 학생들이 정보를 인식하는 방법에 있어 다양한 기회를 제공하는 것이 매우 중요하다는 것을 우리에게 상기시켜 준다. 지침 1은 학생들에게 내용을 전달하는 방법에 초점을 두고 있기 때문에 '접근' 지침으로 생각할 수 있다. 정보가 다양한 매체를 통해 제공되지 못하는 경우 의도하지 않은 장벽이 발생한다. 예를 들어, 학생들에게 제공되는 정보를 텍스트로만 제시할 경

우, 읽기장애 학생들이나 시각장애 학생들에게는 자동으로 장벽을 제공하는 것이다. TTS 소프트웨어, 그래픽, 비디오 및 기타 프레젠테이션 형식과 같은 것들이 효과적인 대안이 될 수 있다. 이와 마찬가지로, 음성 형태로만 정보가 제공되는 경우에도 일부 학생은 접근할 수 없다. 예를 들어, 교사의 강의가 너무 빠르다거나 학생이 명확하게 듣지 못할 경우 장벽이 만들어질 수 있다. 요는 다음과 같다. 한 가지 방법으로만 제공되는 정보는 불필요하게 일부 학생을 교육과정으로부터 제외시킬 수 있다.

지침 2: 언어, 수식, 기호의 다양한 선택 제공

인지에 대한 옵션을 제공하는 것만으로 내용의 표상과 관련된 모든 잠재적 장벽을 해결할 수는 없다. 지침 2는 언어, 수식 및 기호와 관련한 다양한 옵션을 고려할 것을 알려 준다. 학생들은 다양한 형태의 표상과 관련하여 광범위한 강점과 도전 과제를 동시에 가지고 있다. 만약 우리가 한 가지 언어로 정보를 전달한다면, 해독에 어려움을 보이는 학생, 난독중 학생 또는 영어를 모국어로 하지 않는 영어 학습자들은 콘텐츠에 접근할 수 없다. 이러한 이유로, 학술 콘텐츠에 보다 용이하게 접근할 수 있도록 용어를 사전에 교수하고, 멀티미디어 용어집을 제공하며, 대체 언어를 제공하거나 번역을 지원하는 것, 그리고 이미지 및 비디오를 이용하는 것 등과 같은 전략을 통합하는 것은 중요하다.

우리의 기호 시스템은 유사한 문제를 갖고 있다. 예를 들어, 수학은 본질적으로 자체적인 언어이며, 학생들이 어려움을 겪고 있는 언어이다(Geary, 2004; Murray & Brookover, 이 책 제6장 참조). 이러한 학생들을 돕기 위한 가능한 옵션은 기호를 더욱 구체적으로 만들어 사용하는 것이다(Murray, Silver-Pacuilla, & Helsel, 2007). 예를 들어, 나눗셈 기호에 대한 저학년 학생의 이해를 돕고자 할 때 교사는 학생들이 전체 집단을 동일한 모둠으로 나누게 함으로써 나눔의 과정을 보여 줄 수 있다. 이와 같은 대안적 표상은 기호만 사용되었다면 불가능했을 수도 있는 나눗셈에 대한 수학적 개념과 상호작용할 수 있도록 해 준다. 유사한 전략은 과학(Price, Johnson, & Barnett, 이 책 제5장 참조) 및 여타의 전문 콘텐츠 영역에서도 적용될 수 있다.

지침 3: 이해를 돕기 위한 다양한 선택 제공

지침 3은 이해를 위한 옵션을 제공할 것을 요구한다. 최고의 프레젠테이션일지라도 학생들이 정보를 이해할 수 없다면 그것은 효과가 없는 것이다. 학생들은 자신들에게 제시되는 정보를 이해해야 할 필요가 있다. 지식은 학생들이 수동적으로 받아들일 때가 아닌 적극적으로 참여하는 경우 생성되며, 모든 학생이 독립적으로 이 작업을 수행할 수 있는 것은 아니라는 점을 지침 3은 상기시켜 준다. 이와 같은 이유에서 지침 3의 체크포인트들은 배경지식의 제공 또는 활성화의 중요성을 강조한다. 학생들에게 중요한 특징, 훌륭한 아이디어, 그리고 관계를 강조하기 위한 모델과 스캐폴딩을 제공하는 것; 정보 처리, 시각화 및 이용에 대한 안내; 다른 상황에 지식을 전이 및 일반화하는 것 등이 이에 해당한다(예: Gordon, Proctor, & Dalton, 이 책 제3장 참조; Robinson & Meyer, 이 책 제7장 참조).

원리 2: 다양한 방식의 행동과 표현 수단 제공

학습은 정보 습득 그 이상을 포함한다. 또한 학습은 적극적이고 표현적인 노력으로서 전략, 범주화 그리고 의사소통에 대한 기술을 필요로 한다. 또한 개인이 학습 과제를 대하는 방식과 자신의 이해를 표현하는 방식은 각 개인마다 크게 다를 수 있다. 즉, [그림 2–3]에서 강조하는 UDL의 두 번째 원리는 '어떻게' 학습하는가를 강조하고 있다. 일반적으로 교육자/교사들은 학생들에게 질문, 활동, 평가를 통해 그들이 무엇을 이해하는지에 관해 글로 쓰거나 구술로 발표할 것을 요구한다. 행동과 표현에 관한 UDL의 원리를 적용할 때, 우리는 학생들이 학습과정에서 자신의 지식을 보여 주기 위한 추가적인 선택

Ⅱ. 다양한 방식의 행동과 표현 수단 제공

4: 신체적 표현 방식에 따른 다양한 선택 제공
4.1 응답과 자료 탐색 방식을 다양화하기
4.2 다양한 도구와 보조공학(AT)기기 이용을 최적화하기

5: 표현과 의사소통을 위한 다양한 선택 제공
5.1 의사소통을 위한 여러 가지 매체 사용하기
5.2 작품의 구성과 제작을 위한 여러 가지 도구 사용하기
5.3 연습과 수행을 위한 지원을 점차 줄이면서 유창성 키우기

6: 실행기능을 위한 다양한 선택 제공
6.1 적절한 목표 설정에 대한 안내하기
6.2 계획과 전략 개발을 지원하기
6.3 정보와 자료관리를 용이하게 돕기
6.4 학습 진행 상황을 모니터하는 능력을 증진시키기

전략적이고 목표 지향적인 학습자

[그림 2-3] UDL 가이드라인: 원리 Ⅱ

출처: CAST (2011). 허락하에 게재

또는 수단을 적용할 수 있다.

지침 4: 신체적 표현 방식에 따른 다양한 선택 제공

지침 1과 마찬가지로 지침 4 역시 신체적 장벽에 대해 명확하게 다루고 있다. 이 지침에서는 학생들의 운동 능력으로 인해 그들의 표현이 방해받지 않도록 신체적 행동에 대한 다양한 선택을 고려하도록 한다. 예를 들어, 전통적인 교육과정은 일반적으로 손 글씨로 숙제하기, 큰 소리로 답하기, 워드프로세서 사용하기 등과 같은 방법을 이용한 서면 또는 구두 중 하나의 응답을 요구한다. 이와 같은 수단은 운동 능력이 열악하거나, 전맹/저시력을 가지거나, 또는 심한 난독증이 있는 학습자들은 접근할 수 없다. 이러한 장벽을 극복하기 위해 지침 4는 다양한 응답 수단을 제공할 것을 제시하고 있다. 음성 녹음, 음성 인식 소프트웨어, 대체 키보드나 조이스틱, 그리고 여러 형태의 보조공학 등과 같은 표현을 위한 선택이 이에 속한다.

지침 5: 표현과 의사소통을 위한 다양한 선택 제공

지침 5는 학생들의 학습 과제에 대한 접근 방법과 자신을 표현하는 방법에 대한 선택을 제공할 것에 초점을 두고 있다. 학습자들마다 소통 방식과 최선의 문제 해결 방식은 매우 다양하다. 더구나 학습자들은 스캐폴딩의 역할(점차 감소하게 됨)을 수행해 줄 숙련된 수행 모델, 연습을 위한 충분한 시간을 필요로 할 수 있다. 지침 5는 우리에게 해당 기능의 유창성(즉, 활동을 수행할 수 있는 비율)이 필수적임을 상기시킨다. 가장 분명한 예시는 독서이다. 유창하게 읽는 학생은 개별 단어를 해독하는 데 부담을 느끼지 않기 때문에 자료를 더 잘 이해할 수 있다. 유창성을 위해서는 반드시 연습과 가르침을 필요로 하며, 학생들은 자동성(automaticity)을 구축하는 방법과 시기에 대한 다양한 선택을 필요로 한다.

지침 6: 실행기능을 위한 다양한 선택 제공

기업 임원이 하는 일을 생각해 보기 바란다. 그들은 목표를 설정하고, 계획과 전략을 만들고, 조직화하며, 진행 상황을 모니터링하는 데 탁월하다. 그들은 가능한 단기목표를 설정하고, 동시에 광범위하고 장기적인 목표를 향해 꾸준히 일한다. 이러한 기술은 학습에도 매우 중요한 것으로, 지침 6은 학생들의 실행기능을 위한 스캐폴딩의 중요성을 상기시켜 준다. 우리는 목표 설정을 개발하기 위한 지침, 계획을 지원하기 위한 기준 점검표 및 효과적인 노트 작성을 장려하는 모델과 같은 옵션을 제공함으로써 학생들이 비판적 사고 능력을 개발하도록 도울 수 있다. 나아가서는 학생들에게 자신이 하고 있는 일에 대해서 '잠시 멈추고 생각하기(stop and think)'를 알려 주는 것도 중요하다. 교육자로서 우리는 지속적으로 학생들의 진행 상황을 모니터링해야 하고 동시에 학생들에게 자신의 진행 상황을 모니터링할 수 있는 기술을 개발하도록 도와야 한다. 즉, 실행기능에 대한 선택을 제공하는 것은 학생들이 독립적이고 숙련된 학습자가 되기 위해 필수적이다.

원리 3: 다양한 방식의 참여 수단 제공

무엇이 학생들을 배우도록 동기부여하는가? 과제가 지루하거나 어려운데

Ⅲ. 다양한 방식의 참여 수단 제공

7: 흥미를 돋우는 다양한 선택 제공
7.1 개인의 선택과 자율성을 최적화하기
7.2 학습자와의 관련성, 가치, 현실성 최적화하기
7.3 위협이나 주의를 분산시킬 만한 요소들을 최소화하기

8: 지속적인 노력과 끈기를 돕는 선택 제공
8.1 목표나 목적을 뚜렷하게 부각시키기
8.2 난이도를 최적화하기 위한 요구와 자료들을 다양화하기
8.3 협력과 동료 집단을 육성하기
8.4 성취 지향적(mastery-oriented) 피드백을 증진시키기

9: 자기조절 능력을 키우기 위한 선택 제공
9.1 학습 동기를 최적화하는 기대와 믿음을 증진시키기
9.2 극복하는 기술과 전략들을 촉진시키기
9.3 자기평가와 성찰을 발전시키기

목적의식과 학습 동기가 뚜렷한 학습자

[그림 2-4] UDL 가이드라인: 원리 Ⅲ

출처: CAST (2011). 허락하에 게재

도 학생들이 이를 지속할 수 있도록 하는 것은 무엇인가? 평생학습자로서 그들은 어떻게 효과적인 방법으로 자신의 학습을 스스로 조절할 수 있는가? 정답은 사람마다 다르다. 어떤 학생은 엄격한 규칙을 따를 때 일을 가장 잘하는 반면, 어떤 학생은 보다 자발적인 것을 선호한다. 일부 학생은 특정한 목표가 있을 때 가장 생산적으로 혹은 가장 잘 배울 수 있으나, 다른 학생들은 더 개방적인 목표에 대한 접근 방식을 필요로 한다. 세 가지 지침은 UDL의 세 번째 원리([그림 2-4]에서 강조)를 제시하고 명료화하였으며, 이는 학습의 '왜'를 설명하고 있다.

지침 7: 흥미를 돋우는 다양한 선택 제공

학생들이 학습에 관심이 없는 경우, 학습 가능성은 적다. 학생들의 관심을 모으는 방법에는 여러 가지가 있으나, 연구에 따르면, 학생들의 흥미를 끄는 가장 좋은 방법 중 하나는 비록 선택의 종류와 수준이 모두 다양하다 해도 선택권을 제공하는 것이다. 학생들은 자신들이 하고 있는 일에 책임감을 느껴야 한다. 관심을 끌기 위해, 학습목표와 활동은 학습자에게 가치 있고 관련이 있어야 한다. 한 가지 성공적인 접근 방법은 가능한 한 학습 활동을 보장함으로써 관심도를 높이고, 목적의식을 제공하며, (이상적으로는) 학생들이 새로운 정보를 자신의 배경지식에 쉽게 연결할 수 있도록 만드는 것이다. 물론, 이러한 상황이 발생하기 위해서는 학생들이 학습 환경 내에서 안전하다고 느껴야 한다. 교사와 학생들은 위협과 혼란을 줄이고, 서로를 인정해 주며, 지원적이고, 도전적이며, 모두가 참여하는 교실 환경을 만들기 위해 함께 노력해야 한다.

지침 8: 지속적인 노력과 끈기를 돕는 선택 제공

지침 8은 가장 효율적으로 학습이 이루어지기 위해서는 학생들에게 도전과 지원이 적절히 균형을 이룰 수 있게 해 주는 옵션을 필요로 한다는 것을 알려 준다. 활동이 너무 어렵다면, 학생들은 좌절할 수 있고, 이와는 반대로 너무 쉽다면 학생들은 지루해할 수 있다. 도전과 지원의 균형은 동료들과의 협력 기회 창출 혹은 특정 과제에 대한 대안적 도구와 스캐폴딩 제공을 통해 가능하다. 마지막으로, 학생들에게 연습과 끈기가 성공을 위해 가장 중요하다는 것을 알게 하는 피드백을 제공하는 것이 중요하다. 피드백이 제공되지 않는다면 학습자는 그들이 무엇을 잘하는지, 그리고 그들이 무엇을 개선할 수 있는지에 대해 알 수 없다.

지침 9: 자기조절 능력을 키우기 위한 선택 제공

많은 사례에 있어 지침 9는 실천적인 측면에서 가장 관심을 덜 받을 수 있는데, 이 지침은 외적 환경으로부터 학생들의 내적 환경으로 이동하는 것을 다루기 때문이다. 그러나 다음의 경우는 예외로 한다. 학생들이 평생학습자가 될 수 있도록 하기 위해서는 자신의 학습을 조절하는 능력을 갖게끔 지원하는 것이 필수적이다. 학생들은 개인의 목표와 자신의 감정에 적절히 대처하기 위한 기술을 개발할 필요가 있다. 또한 자신의 진행 상황을 평가하고, 학습자로서 개인의 강점과 약점을 반성적으로 사고할 수 있는 능력도 필요하다. 따라서 지침 9는 실질적인 실천과정에 학생들이 자신의 정서와 동기를 조절하는 본질적인 능력을 개발하도록 하는 전략의 적용을 고려하도록 촉구한다.

가이드라인을 어떻게 이용할 것인가

UDL 그 자체처럼, UDL 가이드라인도 유연하다. 가이드라인은 교육과정 및 개인과 적절하게 혼합되고 일치되어야 한다. UDL 가이드라인은 '처방전'이 아니라, 대부분의 기존 교육과정에 내재되어 있는 장벽을 극복하기 위해 사용될 수 있는 전략이다. 교육자는 개인의 용도에 맞추어 가이드라인을 사용할 수 있지만, 다음의 세 가지 주요 목적에 가장 유용할 수 있다. 수업 또는 단원별 설계를 지원하기 위한 도구, 수업 방법이나 자료를 사정하기 위한 도구, 교육과정에 대한 논의를 용이하게 하기 위한 도구. 교수 전략이 무엇이든 교사는 신중하게 계획을 수립해야 하는 바, 가이드라인은 이 시점에서 매우 중요해 진다.

수업/단원 개발을 위한 도구

지침들은 수업 또는 단원 계획을 설계하는 개별 교사나 교사팀에게 효과적인 도구이다. 개별 학생의 요구에 따라 수업을 조정(accommodation) 혹은 수정(modification)하는 데 시간을 많이 소비하는 대신, 가이드라인은 처음부터 넓은 범위의 학습자를 고려한 수업 개발을 지원할 수 있다. UDL의 지침 그리고 관련 체크포인트는 교육자들에게 표상, 행동 및 표현 그리고 참여를 위한 다양한 수단을 설계할 수 있는 방법을 고려할 수 있게 한다. [그림 2-1]은 각각의 UDL 원리에 대한 지침 및 체크포인트를 보여 준다. 많은 교사는 수업을 계획할 때 이 한 장의 문서가 도움이 된다는 것을 알고 있다. 왜냐하면 이것은 많은 학생의 요구를 충족시키기 위해 고려할 수 있는 다양한 선택을 잘 보여 주고 있기 때문이다. 또한 [그림 2-5] 'UDL 가이드라인-교육자 체크리스트(UDL Guidelines-Educator Checklist)'는 교수자가 특정 지침이나 체크포인트를 숙지하고 이러한 전략을 자신의 수업에 어떻게 포함시킬지에 대한 메모를 작성하는 데 도움을 준다.

지침은 개별 수업 혹은 단원의 구체적인 목표에 따라 적용되어야 한다는 점이 중요하다. 모든 수업에 모든 지침을 포함시킬 필요는 없으며 바람직한 것도 아니다. 예를 들어, 효과적인 논술 쓰기 수업을 설계하는 교사는 의사소통을 위한 옵션을 제안하는 지침 5의 적용을 원하지 않을 것이다. 수업목표가 논술 쓰기인 경우라면, 학생들에게 포스터, 비디오 또는 3D 모델과 같은

Ⅰ. 다양한 방식의 표상 수단 제공	당신의 메모
1. 인지 방법의 다양한 선택 제공	
1.1 정보의 제시 방식을 학습자에 맞게 설정하는 방법 제공하기	
1.2 청각 정보의 대안을 제공하기	
1.3 시각 정보의 대안을 제공하기	
2. 언어, 수식, 기호의 다양한 선택 제공	
2.1 어휘와 기호의 뜻을 명료하게 하기	
2.2 글의 짜임새와 구조를 명료하게 하기	
2.3 문자, 수식, 기호의 해독을 지원하기	
2.4 범언어적인 이해를 증진시키기	
2.5 다양한 매체를 통해 의미를 보여 주기	
3. 이해를 돕기 위한 다양한 선택 제공	
3.1 배경지식을 제공하거나 활성화시키기	
3.2 패턴, 핵심 부분, 주요 아이디어 및 관계 강조하기	
3.3 정보 처리, 시각화, 이용의 과정을 안내하기	
3.4 정보 이전과 일반화를 극대화하기	
Ⅱ. 다양한 방식의 행동과 표현 수단 제공	
4. 신체적 표현 방식에 따른 다양한 선택 제공	
4.1 응답과 자료 탐색 방식을 다양화하기	
4.2 다양한 도구와 보조공학(AT)기기 이용을 최적화하기	
5. 표현과 의사소통을 위한 다양한 선택 제공	
5.1 의사소통을 위한 여러 가지 매체 사용하기	
5.2 작품의 구성과 제작을 위한 여러 가지 도구 사용하기	
5.3 연습과 수행을 위한 지원을 점차 줄이면서 유창성 키우기	
6. 실행기능을 위한 다양한 선택 제공	
6.1 적절한 목표 설정에 대한 안내하기	
6.2 계획과 전략 개발을 지원하기	
6.3 정보와 자료관리를 용이하게 돕기	
6.4 학습 진행 상황을 모니터하는 능력을 증진시키기	

Ⅲ. 다양한 방식의 참여 수단 제공	
7. 흥미를 돋우는 다양한 선택 제공	
7.1 개인의 선택과 자율성을 최적화하기	
7.2 학습자와의 관련성, 가치, 현실성 최적화하기	
7.3 위협이나 주의를 분산시킬 만한 요소들을 최소화하기	
8. 지속적인 노력과 끈기를 돕는 선택 제공	
8.1 목표나 목적을 뚜렷하게 부각시키기	
8.2 난이도를 최적화하기 위한 요구와 자료들을 다양화하기	
8.3 협력과 동료 집단을 육성하기	
8.4 성취 지향적(mastery-oriented) 피드백을 증진시키기	
9. 자기조절 능력을 키우기 위한 선택 제공	
9.1 학습 동기를 최적화하는 기대와 믿음을 증진시키기	
9.2 극복하는 기술과 전략들을 촉진시키기	
9.3 자기평가와 성찰을 발전시키기	

[그림 2-5] UDL 가이드라인-교육자 체크리스트

출처: CAST (2011). 허락하에 게재

다양한 매체를 통해 자신의 아이디어를 표현하는 선택을 제공해서는 안 된다. 대신 교사는 이 수업의 목표를 지원하는 다른 지침을 고려할 수 있다. 어쩌면 교사는 학생의 실행기능(지침 6)을 위한 스캐폴딩을 원할 수도 있고, 학생들의 생각을 조직화할 수 있도록 그래픽 조직자 또는 템플릿 지원을 원할 수도 있다. 또는 학생들의 관심을 모으기 위한 방법(지침 7)으로, 교사는 논술 주제에 대한 선택권을 학생들에게 제공할 수도 있다. 지침들은 제안들을 모아 놓은 유연한 집합체이며, 교사가 적절하다고 판단될 때 적용할 수 있다.

수업 방법 또는 자료를 평가하기 위한 도구

UDL 지침들은 현재의 교육과정에 어떤 장벽이 존재하는지 여부를 확인하기 위한 효과적인 도구로도 사용될 수 있다. 일부 학생에게 효과가 없었던 수업을 대상으로 하여 그 이유를 검토해 보는 프레임워크로서 지침을 사용하는 것은 가치 있는 실습이 될 수 있다. 가이드라인에 의해 제시된 특정 전략은 수업을 향상시킬 수 있는 방법에 대한 통찰력을 제공할 수 있어 모든 학생에게 도움을 줄 수 있다.

CAST의 UDL Online Modules는 명사—동사 일치에 어긋나는 문법 단위를 평가하기 위한 도구로 지침을 사용하는 고등학교 교사의 사례를 제공하고 있다(http://udlonline.cast.org/home). 교사는 많은 학생이 문법 수업을 '지루한' 또는 '중요하지 않은' 수업으로 생각하고, 수업 시간 내내 집중하지 못하는 것을 보고 실망하였다. 교사는 참여라는 측면에 초점을 맞추어 자신의 수업을 반성적으로 살펴보기 위해 UDL 가이드라인을 사용하였다. 이에 교사는 많은 학생은 문법이 그들의 삶과 관련이 있는 이유를 이해하기가 너무 어렵기 때문에 수업에 흥미가 없음을 알아냈다.

교사는 학생들에게 유의미한 내용을 제공하기 위해 수업을 수정하였다. 교사는 수업을 듣는 많은 학생이 운전을 배우고 있었다는 것을 알았고, 또한 통계적으로 그들 중 50%는 첫 면허를 받은 지 2년 이내에 자동차 사고가 날 것이라는 것을 알았다. 이러한 확률을 감안할 때, 가까운 장래에 학생들은 사고 보고서를 작성해야 할 것이다. 학생들이 이 보고서를 허술하게 작성한다면 보험 조정자는 그들의 요구를 우호적으로 보지 않을 수 있을 것이다. 교사는 수업의 이름을 '동사—명사 충돌 과정 협의(A Crash Course on Noun-Verb Agreement)'로 수정하였다. 교사는 이와 같이 상황을 설정하는 것이 명사—동사 일치가 학생의 실생활과 관련성이 높고 유의미한 결과를 가져와 종국에는 참여 증가를 가져올 것을 기대하였다.

교육과정에 대한 논의를 용이하게 하기 위한 도구

학교현장에서 교사들 사이에서는 교육과정에 대한 논의가 지속되고 있다. 이러한 논의는 모든 학생이 학습하고, 가장 효과적인 방법이 사용되고 있음을 보장하는 데 필수적이다. 이와 같은 과정을 돕기 위해 UDL 가이드라인을 사용하는 한 가지 방법은 교육과정 설계 회의에 UDL 가이드라인을 이용하는 것이다. 회의 참석자들은 목표, 방법, 자료 그리고 평가와 같은 교육과정의 각 측면과 관련한 회의의 시작점으로 가이드라인을 이용할 수 있다. 참석자들은 처음부터 모든 학습자를 포함하는 수업 계획을 설계하는 방법을 생각할 수 있다. 또한 UDL 프레임워크에는 기술되어 있지 않으나 효과적이었던 수업을 반성적으로 고찰할 수도 있다.

또한 지침은 교육 연구(lesson study)와 같은 보다 구체적이고 전문적인 연구 개발을 유도하는 데 사용될 수 있다. '교육 연구'는 교사의 반성을 위한 방법으로 일본에서 개발되었고, 미국에서 점점 더 인기를 끌고 있다. 이 방법은 교사가 공동으로 연구 수업(research lesson)을 개발하고, 이를 다른 동료 교사가 관찰하는 가운데 한 교사가 가르치는 것이다. 관찰이 종료된 후, 교사들은 수업을 반추해 보며 전반적으로 어떤 것이 수업과 교수에 가장 적합하였는지를 이해하고자 노력한다(Lewis, 2009). 이미 언급하였듯이, 가이드라인은 계획 단계에서 사용될 수 있지만 학습 효과에 대한 논의를 위해서도 사용할 수 있다. 학습 내용에 학생들이 신체적으로 접근하는 데 물리적 장벽이 있는가(지침 1 참조)? 학생들이 대처 전략 개발 및 자기평가에 장벽이 있는가(지침 9 참조)? 학생들은 그들이 갖고 있는 지식을 새로운 상황에 적용하는 데 장벽이 있는가(지침 3 참조)? 중요한 것은 이러한 종류의 질문은 교사가 모든 학생에게 가장 적합한 것이 무엇인지 알아내고, 이를 실질적으로 반영하는 데 도움을 준다는 점이다.

결론

오늘날 교실에서 많은 학생은 융통성 없고 획일적인 교육과정으로 인해 학습에 있어 큰 장벽에 직면하고 있다. UDL 가이드라인은 모든 교육자(교사, 관리자, 강사 또는 부모)에게 학습자의 다양성 및 불필요한 장벽을 극복하는 데도움이 될 수 있는 도구와 전략 유형을 이해할 수 있는 프레임워크를 제공한다. 이와 같은 장벽들은 UDL의 세 가지 원리 중 하나 그리고 어떤 주제 분야에서 발생할 수 있다. 성공적으로 실행될 때, 가이드라인은 학습 전문가(학습 자원이 풍부하고 지식을 활용할 수 있는, 전략적이고 목표 지향적인, 그리고 목적의식과 학습 동기가 뚜렷한 학습자) 양성이라는 목표 달성을 위해 교사를 지원한다. 이 책의 나머지 장에서는 모든 학습자가 특정 교과 및 콘텐츠 분야에서이러한 목표를 달성할 수 있는 방법에 대한 새로운 전망을 제공한다. 가이드라인은 이와 같은 다양한 환경에서 UDL을 구현하기 위한 방법을 이해하는데 기초가 되어야 한다고 생각해야 한다.

참고문헌

Bjork, E. L., & Bjork, R. A. (2011). Making things hard on yourself, but in a good way: Creating desirable difficulties to enhance learning. In M. A. Gernsbacher, R. W. Pew, L. M. Hough, & J. R. Pomerantz (Eds.), *Psychology and the real world: Essays illustrating fundamental contributions to society* (pp. 56–64). New York: Worth.

CAST. (2009). *UDL Guidelines–Educator Checklist version 2.0.* Wakefield, MA: Author.

CAST. (2011). *Universal Design for Learning Guidelines version 2.0.* Wakefield, MA: Author. Retrieved from http://www.udlcenter.org/aboutudl/udlguidelines.

Coyne, P., Ganley, P., Hall, T.E., Meo, G., Murray, E., & Gordon, D. (2006). Applying universal design in the classroom. In D. H. Rose & A. Meyer (Eds.), *A practical reader in Universal Design for Learning* (pp. 1-13). Cambridge, MA: Harvard Education Press.

Geary, D. C. (2004). Mathematics and learning disabilities. *Journal of Learning Disabilities, 37*, 4-15.

Lewis, C. (2009). What is the nature of knowledge development in lesson study? *Educational Action Research, 17*(1), 95-110.

Meo, G. (2008). Curriculum planning for all learners: Applying Universal Design for Learning (UDL) to a high school reading comprehension program. *Preventing School Failure, 52*(2), 21-30.

Meyer, A., & Rose, D. H. (2005). The future is in the margins: The role of technology and disability in educational reform. In D. H. Rose, A. Meyer, & C. Hitchcock (Eds.), *The universally designed classroom: Accessible curriculum and digital technologies* (pp. 13-35). Cambridge, MA: Harvard Education Press.

Murray, B., Silver-Pacuilla, H., & Helsel, F. I. (2007). Improving basic mathematics instruction: Promising technology resources for students with special needs. *Technology in Action, 2*(5), 1-6, 8.

Rose, D. H., & Gravel, J. W. (2009). Getting from here to there: UDL, global positioning systems, and lessons for improving education. In D. T. Gordon, J. W. Gravel, & L. A. Schifter (Eds.), *A policy reader in Universal Design for Learning* (pp. 5-18). Cambridge, MA: Harvard Education Press.

Rose, D. H., & Gravel, J. W. (2010). Universal Design for Learning. In P. Peterson, E. Baker, & B. McGraw (Eds.), *International encyclopedia of education* (pp. 119-124). Oxford, UK: Elsevier.

Rose, D. H., & Meyer, A. (2002). *Teaching every student in the digital age: Universal Design for Learning.* Alexandria, VA: Association for Supervision and Curriculum Development.

Schelly, C. L., Davies, P. L., & Spooner, C. L. (2011). Student perceptions of faculty implementation of Universal Design for Learning. *Journal of Postsecondary Education and Disability, 24*(1), 17-30.

Strangman, N., & Dalton, B. (2005). Using technology to support struggling readers: A review of the research. In D. Edyburn, K. Higgins, & R. Boone (Eds.), *The handbook of special education technology research and practice* (pp. 545- 569). Whitefish Bay, WI: Knowledge by Design.

읽기 전략 교수, 보편적 학습설계 그리고 디지털 텍스트

-통합적 접근 사례-

DAVID GORDON · C. PATRICK PROCTOR · BRIDGET DALTON

6학년인 Alisha는 Gary Paulsen(1999)의 중학교 소설 분야 수상작 『Hatchet』을 보편적으로 디자인한 3학년 수준의 디지털 버전을 읽고 있다. Alisha와 그녀의 학급은 CAST의 'Engaging the Text'라는 프로젝트에 참여하고 있는데, 이 과제는 모든 학습자에게 더 많은 지원과 격려를 통한 효율적인 읽기 이해 수업을 위해 UDL의 원리를 적용하여 탐구하는 것이다. Alisha는 헤드폰을 쓴 채 그녀에게 읽어 주는 지문을 따라가며 큰 소리로 읽어 주는 버튼을 클릭한다. 그녀는 'wilderness(황야)' 단어에서 멈추고 그 단어를 클릭한다. 'wilderness'라는 단어의 정의를 나타내는 이미지가 스크린에 나타난다. 계속해서 전자책은 잠시 멈추고 생각하기를 촉구하며, 그녀가 이미 배운 읽기 이해 전략(예측, 질문, 명료화하기 그리고 요약) 중 하나를 적용할 것을 요구한다.

그녀는 요약을 선택한다. 그러나 Alisha에게 요약을 쓰는 것은 어렵다. 그녀는 이 시점에서 무엇을 해야 할지 확실하지 않다. 혹시 힌트가 필요한 것일까? 그녀는 힌트 전략 버튼을 누른다. 만화 캐릭터 '지니'가 좋은 요약 글쓰기를 위해 지시문을 기초로 한 몇 가지 힌트 중 하나를 제시하기 위해 나타난다. 지니는 "좋은 요약이란 등장인물 그리고 등장인물이 직면한 문제들을 포함한 가장 중요한 정보들이 포함되어 있어야 한다."라고 말한다.

　Alisha는 스크린상의 응답란에 그녀가 요약한 것을 적고 그녀가 한 일이 기록될 수 있도록 조사 일지(working log)로 보낸다. 그녀는 로그아웃하고 소설과 관련된 짧은 토론 수업에 참여한다. 다음 주, Alisha와 그녀의 교사인 Ms. Spalding은 온라인상의 조사 일지에 안전하게 저장된 모든 반응 전략들을 검토한다. 그들은 함께 사용된 전략들 중 효과적인 예시들을 알아본다. 그들은 또한 Alisha의 요약 중 보다 묘사적인 단어들을 사용한 것과 같은 향상된 목표를 찾아낸다. Alisha가 상당한 진전을 보이면, Alisha와 교사는 또 다른 레벨─즉, 덜 구체적이고 읽기 이해에서도 훨씬 더 독립적으로 할 수 있도록 도울 수 있는─로 옮겨 갈 준비가 되었다고 결정한다.

　그해 말, Alisha는 Ms. Spalding과 함께 한 해 동안 해 온 일들을 살펴보고, 독자로서 얼마나 많이 성장해 왔는지 뒤돌아본다. Alisha는 독자로서 스스로의 능력에 대해 더 자신감을 가진다. 왜냐하면 소리 내어 읽기 소프트웨어의 도움을 받아 그녀는 그녀의 학급 친구들과 같은 소설을 읽게 되었고, 단순히 글자를 해독하는 것뿐만 아니라 지문을 훨씬 더 잘 이해할 수 있게 되었기 때문이다. 또한 그녀는 스스로 요약하기, 예측하기, 질문하기 그리고 명료화하기를 숙련되게 할 수 있었기 때문에 더욱 자신감을 갖고 학급 토론에도 참여하였다. 독자로서 그녀의 성장은 표준화된 읽기 평가에서 훨씬 향상된 성과로 나타났다.

　Alisha의 교사도 한 해를 만족하게 보냈다. 특히 디지털 학습 환경의 도움을 받아 학생들의 다양한 학습 욕구를 해결하는 그녀의 능력이 확장되었다. 필수적인 문자를 해독하고, 과제에 대한 기본적인 설명이 주어지고, 수행을 기록해 주는 컴퓨터 프로그램을 통해 Ms. Spalding은 중학교에서 다양한 지문들을 더 잘 이해하도록 도울 수 있는 읽기 이해 전략을 개발하도록 학생들을 안내하고 멘토링하는 것에 집중할 수 있었다(Dalton, Pisha, Eagleton, Coyne, & Deysher, 2002).

도전

뜻을 이해하며 읽는 것은 반드시 배워야 하는 복잡한 과정이다. 일단 이러한 기술들이 습득되면 일생 동안 많은 배움의 기회가 생긴다. 그러나 모든 학년과 모든 과목에 걸쳐 교사들은 읽기에 어려움을 겪는 학생들을 만난다. 읽기 숙련도에 대한 전미학업성취도평가(National Assessment of Educational Progress: NAEP)*의 표준에 따르면 8학년의 31%만이 읽기에 능숙하고, 경제 수준이 낮은 가정의 학생들 중 16%, 그리고 장애학생의 8% 정도만이 학년 수준의 읽기를 할 수 있는 것으로 보고되었다(National Center for Education Statistics, 2009). 학생들이 초등학교에 입학하면 특정 과목의 지식을 습득하기 위해 점차적으로 복잡한 지문들을 읽어야 한다. 읽기의 어려움은 모든 영역의 과목을 배우는 데 잠정적으로 방해가 되고 심지어 퇴보하게 된다. 이것은 중학교나 고등학교에서 교사들에게 해당 교과목을 가르치는 동시에 읽기 이해를 위한 지원도 제공해야 하는 문제에 직면하게 함으로써 특별한 부담을 갖게 한다.

지난 10년 동안, 읽기에 어려움을 겪는 독자들을 전략적 독서가가 되도록 돕기 위해 디지털 읽기 환경을 만드는 방법들을 연구해 오고 있다. 양질의 소설, 챕터 북, 속담 이야기, 정보를 제공해 주는 정보책 그리고 그림책 등이 사

---

*역자 주: 일종의 전국 단위 학업성취도 평가이다.

용되며, 이러한 '디지털 읽기 환경 조성(scaffolded digital reading environments: 이하 SDRs)'은 고정된 인쇄 자료들로는 성취 불가능한 방법인 학생들과의 직접적인 상호작용을 지원할 수 있는 도구들을 갖추고 있다(SDRs에 대해서는 Dalton & Proctor 2007, 2008 참조). 이러한 SDRs는 UDL(Rose & Meyer, 2002), 상보적 교수(Palincsar & Brown, 1984), 그리고 강화된 어휘 교수(robust vocabulary instruction; Beck, McKeown, & Kucan, 2002; Graves, 2006; Nagy, 2009) 등 다양한 연구에 기초하여 설계되었다.

우리는 초·중등학교 학급의 이질적인 학습자들에게 SDRs를 이용해 연구해 왔으며 연구결과, SDRs는 학습장애 학생(Dalton, Pisha, Eagleton, Coyne, & Deysher, 2002; Hall & Murray, 2009), 중증 지적장애 학생(Coyne, Pisha, Dalton, Zeph, & Cook Smith, 2010), 농 혹은 난청 학생(Dalton, Schleper, Kennedy, Lutz, & Strangman, 2005), 영어가 모국어가 아닌 학생들(Dalton, Proctor, Uccelli, Mo, & Snow, 2011; Proctor, Dalton, & Grisham, 2007; Proctor, Uccelli, Dalton, & Snow, 2009; Proctor et al., 2011)을 포함하는 읽기에 어려움을 겪는 학생들에게 효과적인 것으로 나타났다.

리터러시 관련 중재의 관점에서 보면, SDRs는 다양한 학습자의 요구를 감안하여 내장된 지원과 스캐폴딩을 갖추고 모든 학생이 같은 교재를 사용하며 학습할 수 있도록 설계되었다. 예를 들어, 많은 중재 연구에는 영어를 모국어로 하지 않는 영어 학습자들이 배제되고 있는데, 그들은 교재와 수업에 있어 언어적 접근에 필수적인 영어 유창성이 부족하기 때문이다. 그러나 SDR 중재는 영어뿐만 아니라 학생들이 그들의 모국어로 모든 지문, 방향, 활동에 접근할 수 있도록 우리가 교재를 설계할 수 있게 한다. 따라서 영어를 모국어로 하지 않는 영어 학습자들은 영어에 능숙하지 못하다는 이유로 배제될 필요가 없다(Proctor et al., 2009 참조). 궁극적으로, 학생들이 번역, 정의, 이해 지원들에 대한 접근 요구가 있다면 교사와 학생들은 진보를 함께 관찰할 수 있으며, 학생이 더 능숙하고 독립적인 독자가 될 수 있도록 점차적으로 지원 사용을 줄이는 목표를 공유할 수 있다. 탁월한 독자는 일반인이 전통적 방식으로 인쇄된 책을 읽듯이 모든 지원을 숨기고, 디지털 텍스트를 간단히 읽을 수 있다.

　이 장에서 우리는 이러한 노력으로 얻어진 관점을 공유하고, 전통적인 읽기 이해 과정이나 디지털 환경에서 수용 가능한 것들을 반영한, 스캐폴딩이 지원되는 디지털 교재를 사용하고 설계하는 틀을 제공한다. 우리는 CAST 웹사이트(http://udleditions.cast.org)에서 무료로 사용 가능한 7개의 온라인 SDRs 세트인 UDL Editions를 다룰 것이다. 2008년 세계 책의 날(World Book Day 2008)을 기념하기 위해 뉴욕의 Carnegie Corporation과 구글이 공동으로 개발한 UDL Editions는 맥락 내에서 전략과 리터러시 분석을 가르치기 위해 사용될 수 있는 효과적인 도구이며, 또한 읽기 경험에 대한 개별적 안내를 제공한다. 또한 UDL Editions는 SDRs에서 어떻게 UDL 원리가 작동하는지에 대한 모델을 제공하는데, 이것은 여러분이 교실에서 사용할 교육용 디지털 텍스트를 선택하는 데 도움을 주거나 CAST의 UDL Book Builder(http://bookbuilder.cast.org) 같은 당신만의 UDL 텍스트를 선택하는 데 도움을 준다. UDL Editions 세트는 Jack London의 『야성의 부름(The Call of the Wild)』, William Shakespeare의 『소네트 18(Sonnet ⅩⅧ)』, Edgar Allan Poe의 『고자질하는 심장(The Tell Tale Heart)』, 그리고 Abraham Lincoln의 『게티스버그 연설(Gettysburg Address)』, 미국 토착민(Native American)의 민담[코요테가 불을 훔친 방법(How Coyote Stole Fire)]과 관련 정보를 제공하는 텍스트[코요테에 대한 모든 것(All about Coyote)] 다시 읽기를 포함한다.

읽기교육과 테크놀로지의 교차점

　왜 어떤 학습자들은 지문을 읽고 이해하는 데 어려움을 겪을까? 그 이유는 다양하며, 유년기 이전부터 찾을 수 있다. Snow, Burns와 Griffin(1998)은 많은 아동이 읽기를 처음 배울 때 맞닥뜨리게 되는 '세 가지 잠재적인 장애물'을 다음과 같이 설명하였다.

> 첫 번째 장애물은 읽기 기술 습득의 시작에서 비롯되는데 철자가 체계적으로 구어로 나타난다는 인식, 즉 이러한 알파벳 규칙을 이해하고 사용하는 데서의 어려움이다. 단어 인식이 부정확하거나 어려우면 유기적으로 연결된 글을 이해하는 데 어려움이 따른다. 두 번째 장애물은 구어 이해 기술을 읽기로 전환하거나 읽기를 위해 요구되는 특별한 전략들을 습득하는 것으로 전이하지 못하는 것이다. 세 번째 읽기 장애물은 이전 두 가지 장애물로부터 확장된 것으로 초기의 읽기 동기 부재 및 감소 또는 읽기 후 보상에서 오는 더 성숙한 읽기 능력 발달의 실패이다(p. 4).

일부 학생에게 이러한 초기의 문제들은 그들이 학년이 올라가고 높은 수준의 문자 해독 능력 요구에 부딪혔을 때 더 심각해졌다. 단어 인지 수준에서는 해독 능력 및 유창성 부족이 이해력에 영향을 미치는 요인이기도 하다. 예를 들어, 잘 알지 못하는 단어나 배경지식과 같은 개념적·언어학적 요인들은 훌륭한 해독 능력을 가진 학생들조차도 문장 이해에 어려움을 갖게 할 수 있다는 것이다. 다른 독자들은 본문을 탐색하거나 자신의 이해 정도를 점검할 수 있는 적절한 전략을 효과적으로 적용하지 못하고 있다. 읽기에 어려움을 갖고 있는 독자들은 하나 혹은 그 이상의 이러한 문제들과 마주하게 된다. 실제로, 한 연구에 의하면 이러한 우려되는 여러 형태는 예외적인 것이 아니라 규칙성을 띠는 경향이 있으며(Fletcher, Lyon, Fuchs, & Barnes, 2007; Guthrie & Wigfield, 2000), 이러한 문제들은 읽기 이해 능력을 향상시키는 것을 어렵게 하는데, 특히나 읽기에 어려움이 있는 고령의 독자들에게 더욱 그러하다.

추가적으로, 읽기에 어려움이 있는 독자들에게 인쇄물은 많은 장벽이 된다. 인쇄물은 고정되고 유연성이 떨어지는 면이 있으며 개개인의 요구를 만족시켜 주지 못하는 획일적인 형태이다. 예를 들어, 초등 고학년이나 그 이상에서 읽기의 핵심은 본문으로부터 정보를 습득하는 것에 있는데, 이러한 경우 단어를 해독하지 못하는 4학년 학생은 그래픽 정보를 언어적 형태로 바꾸는 데 있어 지나치게 많은 인지적 에너지를 쓰게 된다(LaBerge & Samuels, 1974). 읽기에 어려움이 있는 또 다른 경우로, 영어가 모국어가 아닌 학생도 원어민만큼 정확하게 해독할 수는 있으나, 2차 지문의 복잡한 언어를 알기 위한 필수 어휘 지식은 부족할 수도 있다(Proctor, Carlo, August, & Snow, 2005). 앞의 두 경우(그리고 무수히 많은 경우에도) 고정된 인쇄물의 형태는 이해과정에 있어서 이러한 문제를 가진 독자들을 도와줄 수 없다.

반면에, 잘 설계된 디지털 텍스트는 학습자의 언어 기술을 발달시키는 데 큰 도움이 될 수 있다는 가능성을 보여 주고 있다(Dalton & Strangman, 2006). 디지털 텍스트는 탄력적이고 유연하다. 그것들은 개개인의 요구와 선호도를 만족시키기에 최적화될 수 있다. 또한 상대적으로 쉽게 활성화시키거나 사용을 중지시킬 수 있는 효과적인 스캐폴딩이나 지원도 가능하다. 간단히 요약하자면, 디지털 텍스트는 학습자가 텍스트에 맞춰지는 것을 요구하기보다는 텍스트가 다양한 학습자의 요구에 맞춰질 수 있다는 것이다.

앞서 주목했던 SDRs는 상보적 교수, 강화된 어휘 교수 그리고 UDL을 포함한 증거 기반의 프레임워크에 맞춰 설계되었다. 상보적 교수(Palincsar & Brown, 1984)에 있어서 교수자와 학습자는 텍스트에 대한 이해와 참여를 높이기 위한 노력의 일환으로 텍스트에 대해 논의한다. 이러한 논의는 예측, 질문, 요약 그리고 명료화하기의 네 가지 전략을 기본으로 설계된다. 시각화와 그래픽 조직자가 자기점검과 평가를 위한 전략과 함께 종종 포함되기도 한다. 그것들의 목표는 대화에서 서서히 교수자를 떼어놓는 것이다. 그래서 학습자들은 자기들 스스로 독립성을 띠며 이러한 전략을 다른 텍스트에도 적용할 수 있다. 이것은 훌륭한 읽기 학습자는 바로 '전략적' 학습자라는 점에서 중요하다. 상보적 교수는 인쇄물(Rosenshine & Meister, 1994)과 디지털 환경(Moran, Ferdig, Pearson, Wardrop, & Blomeyer, 2008) 모두에 성공적으로 실행되어 왔다.

연구결과는 어휘 관련 지식이 이해와 복잡하게 연결되어 있다는 점을 분명히 입증해 주고 있다. 따라서 읽기에 있어 이해 기반 접근법(comprehension-based approach)은 대개 어느 정도의 어휘 수업을 포함한다. Beck, McKewon과 동료들은 초등 저학년과 고학년 모두에게 양질의 어휘 수업의 중요성을 증명해 오고 있다. 이들 연구자가 24년 동안 초등 전체 학년을 대상으로 한 연구는 '빈번하고 풍부하며 폭넓은' 어휘 수업이 학습자들의 전반적인 단어 학습과 읽기 이해에 있어 긍정적인 영향을 끼친다는 확실한 증거를 밝혔다(Beck et al., 2002, p. 72). 이러한 연구에서 학습자들은 "단어 간의 관계를 구별하고, 인지적일 뿐 아니라 정의적으로도 적절한 단어를 사용하여 반응하며 그리고 또한 다양한 맥락 안에서 단어를 활용할 줄 알았다"(McKeown, Beck, Omanson, & Pople, 1985, p. 526). 이런 유형의 활동들은 SDRs 환경에 이상적이다. 예를 들어, 학습자들이 그들 자신의 구어와 문어적인 발화에 대해 녹음도 하고, 관련 영화나 이미지를 보기도 하며, 그들 자신만의 디지털 단어벽(digital word wall)을 새로이 만들게 해 준다.

다음 절에서는 UDL의 세 가지 원리가 어떻게 읽기 이해 수업에 적용되는지에 대해 살펴보고자 한다. 이와 같은 과정을 통해 우리는 어떻게 이 원리들이 전략과 강화된 어휘 수업에 기반을 둔 디지털 읽기 환경에 적용되는지를 보여 주기 위한 UDL의 몇몇 사례를 제시하고자 한다.

읽기 이해 수업에 UDL 적용하기

UDL은 뇌과학과 연구 기반의 교육학에 기반을 두고 있다(Rose & Meyer, 2002). 읽기에 적용되는 UDL의 세 가지 기본 원리는 다음과 같다.

I. 다양한 방식의 표상 수단 제공–'무엇'을 읽는가. 페이지나 화면에 제시된 단어들은 무엇인가? 그리고 그들의 의미는? 이러한 원리는 뇌의 인지적 네트워크에 부합한다.

II. 다양한 방식의 행동과 표현 수단 제공–'어떻게' 읽는가. 나는 어떻게 이 텍스트를 이해하는가? 나는 무슨 전략을 쓰는가? 그리고 나는 어떻게 텍스트에 관해 알고 있는 것을 표현하는가? 이러한 원리는 뇌의 전략적 네트워크에 부합한다.

III. 다양한 방식의 참여 수단 제공–'왜' 읽는가. 왜 나는 텍스트에 관해 관심을 가지는가? 그리고 왜 나는 계속해서 읽고 있는가? 이러한 원리는 뇌의 정서적 네트워크에 부합한다.

비록 세 가지의 구별되는 항목들이 제시되었지만, 이러한 원리들은 그들이 부합하는 뇌의 신경 네트워크처럼 서로 연결된 통합적인 시스템의 일부인 셈이다. 어느 한 분야의 결핍이 읽기를 힘들게 유도할 수도 있다. 그러나 명확성이 목적이라면 각각의 원리를 들여다보고, 성공적 읽기에 문제가 될 수 있는 점을 발견해 보며, 어떻게 UDL 가이드라인의 응용이 이러한 문제들을 다룰 것인지 고려해 보는 것이 도움이 될 것이다. 우리는 UDL Edition을 예시로 사용하였는데, UDL 가이드라인을 통해 이에 대해 언급하고자 한다(CAST, 2011 참조).

원리 1: 다양한 방식의 표상 수단 제공

읽기 이해는 단어와 그 의미를 인지하는 데 달려 있다. 기본적으로, 이를 위해서는 주어진 단어를 해독해야만 한다. 그러나 이해라는 것은 또한 그 이상의 것을 요구한다. 배경지식과의 연관성, 적절한 어휘, 단어가 사용된 맥락에 대한 고찰, 그리고 초등 고학년과 중학생에게 가르칠 다양한 텍스트 구조에 관한 지식 등이다(Fang & Schleppegrell, 2008). 이와 같이 읽기 맥락을 인지한다는 것은 단어를 정확히 해독하고 그것을 주어진 학문적 영역 안에서 기존에 알고 있던 단어의 의미, 통사론, 문법 그리고 배경지식과 같은 모든 것에 연결하는 것이다. UDL 가이드라인은 이러한 필요성을 다음과 같이 보여 주고 있다.

지침 1: 인지 방법의 다양한 선택 제공

텍스트를 해독하려 하거나 유창성이 다소 부족한 독자들에게 TTS 소프트웨어는 본질적인 도움이 되었다. 따라서 독자들은 내용을 이해하는 데 더 잘 집중할 수 있다. TTS 소프트웨어는 독자들이 단어나 구 혹은 본문을 클릭하면 그것을 크게 읽어 준다. UDL은 'TextHelp'라는 특별한 툴바를 통해서 TTS 수용력을 늘려 준다. 텍스트는 가상의 목소리로 읽어지는 동시에 중요한 것은 강조된다. 독자들은 그들 자신의 목소리를 선택할 수 있으며 내레이션 속도도 선택하여 TTS의 가상 목소리를 들으면서 텍스트를 따라 읽도록 지도된다. 그 결과, 독자들은 단어를 보는 동시에 듣기도 하는 것이다. CAST의 UDL Edition은 텍스트의 크기, 폰트, 색깔 변화와 같은 다른 방법으로 지각에 도움을 주기도 한다. 그런데 이러한 것들은 인쇄물 형태의 텍스트에서는 불가능한 부분이다.

농 혹은 난청 학생을 대상으로 한 Dalton 등(2005)의 연구에서는 미국 수화(American Sign Language: ASL) 비디오와 Signing Avatar Clips(VCom3D)을 중학생을 대상으로 한 SDR에 포함시켰다. 학생들은 단어나 본문을 클릭하고 그것을 ASL에 표시된 형태로 볼 수 있다. 이러한 경우에 단어를 '읽는다는 것(reading)'은 필히 의미와 연결되어 있는 것이다. 왜냐하면 ASL은 완전히 표시와 의미가 상호관련성을 가진 언어 체계이기 때문이다(지문자 제외). 비록 UDL Edition이 이러한 특징을 가지지는 못하지만 인지를 위해 여러 방법을 제공하는 것이 어떻게 다양한 요구를 가진 개별 학습자들의 읽기 이해에 도움이 되는지 그려 보기 위해 포함시켰다.

지침 2: 언어, 수식, 기호의 다양한 선택 제공

특히 영어 외의 언어들에 대한 어휘 그리고 다른 표상적 지원을 제공하는 것을 말한다. 만약 학습자들이 단어의 의미에 접근하지 못하면 텍스트의 의미도 알 수가 없다. 예를 들어, UDL Edition에서 어려운 단어들은 단어와 정의, 맥락을 제공하기 위해 단어가 사용된 문장과 종종 이미지까지도 팝업 창과 연결되어 나타난다. 은유나 역설과 같은 문학적 장치(literacy device)[*] 역시 특정한 텍스트 맥락에서 그 단어의 쓰임을 설명하기 위해 연결될 수 있다. 또한 UDL의 모든 단어는 'TextHelp' 툴바를 통해 스페인어로도 번역된다. 관련 연구(Dalton et al., 2011; Proctor et al., 2007, 2009, 2011)에 의하면, SDR은 스페인어와 영어 두 언어를 이중 언어로 사용하는 학교 교실 수업을 지원하기 위해 설계되었다. 그래서 모든 텍스트와 지시 사항 및 활동도 영어뿐 아니라 스페인어로 주어진다.

지침 3: 이해를 돕기 위한 다양한 선택 제공

단어와 그 의미에 다양한 접근을 해 보는 것에 더해 독자들은 그러한 의미 있는 단어들을 맥락 안에 넣어 보고 텍스트에서 중요한 것이 무엇인지를 알아야만 한다. 심지어 단어나 의미를 알려고 하지 않는 독자조차도 맥락이나 문화와 같은 요인들 때문에 텍스트를 이해하려고 전전긍긍할 수도 있다.

예를 들어, 21세기의 독자들은 1903년에 쓰인 Jack London의 『야성의 부름』과 같은 텍스트에서 논쟁거리나 수사학적 내용을 이해하기 어려울 수 있다. 언어, 역사, 문화 그리고 시대의 차이는 심지어 개별 단어와 그 의미를 알더라도 이러한 텍스트를 읽기에 어려움을 줄 수 있다. 알래스카 골드러시(Alaskan Gold Rush)에 대한 역사적인 언급, 관습 그리고 구어적 표현들은 현

---

[*] 역자 주: 독자들에게 메시지를 간단하게 전달하기 위해 작가들이 그들의 작품에 사용하는 전형적인 구조이다. 적절하게 사용되었을 때, 다양한 문학적 장치들은 독자들이 문학 작품을 감상하고, 해석하며, 분석하도록 도움을 준다. (https://literarydevices.net)

대의 독자들에게는 너무 어려운 텍스트가 될 수 있는 것이다. 『야성의 부름』 (London, 1903/2011)의 UDL Edition 버전은 골드러시, 유콘(Yukon)[*], 썰매 끄는 개(sled dog), 늑대 등과 같은 주된 어휘들을 수준 높은 차원의 정보 웹사이트와 연결 지었다. 이러한 링크는 텍스트를 명확히 하는 데 도움이 될 배경지식을 만들어 줄 뿐 아니라 더욱 풍부해지고 확장되는 기회를 줄 수도 있다.

원리 2: 다양한 방식의 행동과 표현 수단 제공

성공적인 읽기를 위해서는 단순히 언어적 요소들을 인식하는 것 이상의 많은 것이 필요하다. 성공적인 읽기를 하려면 텍스트에서 의미를 구축하기 위한 효과적인 전략과 전술을 실행해야 한다. 이를 위해 독자는 계획 수립, 조직 및 실행을 제어하는 뇌의 네트워크를 이용한다. 학문적 맥락에서 성공적인 읽기를 하려면 노트 필기하기, 쓰기, 구두 논의 또는 기타 과제를 통해 종종 텍스트에 대한 이해를 분명하게 표현하거나 증명해 보여야 한다.

지침 4: 신체적 표현 방식에 따른 다양한 선택 제공

예를 들어, UDL Edition 독자는 TextHelp 툴바를 손쉽게 사용할 수 있다. TextHelp 툴바는 독자가 텍스트나 이미지를 하이라이트 처리하고, 워드프로세서로 붙여넣기 할 수 있도록 지원한다. 이것은 독자들이 텍스트에 대한 감상을 구성할 때 도움을 줄 수 있다.

지침 5: 표현과 의사소통을 위한 다양한 선택 제공

지침 5는 단순한 신체적인 표현 수단뿐만 아니라 표현 방법도 포함하며, TextHelp의 특징은 이와 같은 UDL 가이드라인 지침 5도 지원한다. TextHelp

---

[*]역자 주: 캐나다의 지역명이다. 19세기 말 유콘강 지류에서 금이 발견되어 골드러시로 황금 개발의 열기가 일었다.

는 독자가 텍스트에 대한 반응을 조직하고 구성하도록 지원할 수도 있다. 프로그램에 포함된 문장 스타터(sentence starter), 면밀한 질문 및 예시들은 읽기에 대한 반응과정을 위한 발판을 구축하는 데 일조할 수 있다.

지침 6: 실행기능을 위한 다양한 선택 제공

목표를 세우고, 그 목표를 달성하기 위한 계획과 전략을 세우며, 그 목표를 향한 진행 상황을 모니터링하는 기술을 위한 지원을 제안한다. 숙련된 독자들은 많이 고심할 필요도 없이 독립적으로 이를 일상적으로 수행한다. Edgar Allan Poe의 『고자질하는 심장』을 읽는 독자는 공포 영화에 관한 지식을 이 텍스트에 적용하고, 갈등과 복수 가능성을 암시하는 단서들을 기록할 수 있다. 또는 멀티미디어 포스터(multimedia poster) 준비를 통해 두 명의 주인공을 스케치할 수도 있다.

읽기에 어려움이 있는 독자들은 실행기능을 발달시키는 데 있어 도움을 필요로 한다. UDL Editions는 여러 가지 방식으로 그와 같은 도움을 제공한다([그림 3-1] 참조). 텍스트 전반에 걸쳐 '잠시 멈추고 생각하기'라는 주문을 독자들에게 한다. 그다음에는 읽기 전략—즉, 예측하기, 질문하기, 텍스트 요약하기 또는 이야기 시각화—의 이용을 요구한다. 다른 촉구는 독자의 서사적 요소(배경, 성격 묘사 및 전조)나 문학적 장치(암시, 의인화, 직유/은유 등) 이해를 도모하는 텍스트 기반 연습을 제공하며, 독자의 기술에 대한 인식을 발전시키는 데 일조한다. 이와 같은 기술을 발전시키는 데 필요한 발판을 구축하기 위해 독자는 세 가지 지원 수준 중 하나를 선택할 수 있다. 최고 수준의 지원을 선택하는 독자에게는 미리 작성된 구체적인 예측("내가 예측하건대 벽은 악몽을 꾸기 시작할 것이다…….") 세 가지 중 하나를 선택하도록 한다. 그보다 덜 지원적인 수준을 선택하는 독자는 확장 가능한 방식으로 지시를 받는다("예측하시오! 위에 있는 TextHelp 툴바를 이용하여 예측에 도움이 되는 단서—중요한 단어와 구문—를 하이라이트 처리하고 수집하시오."). 여기서 지향하는 목

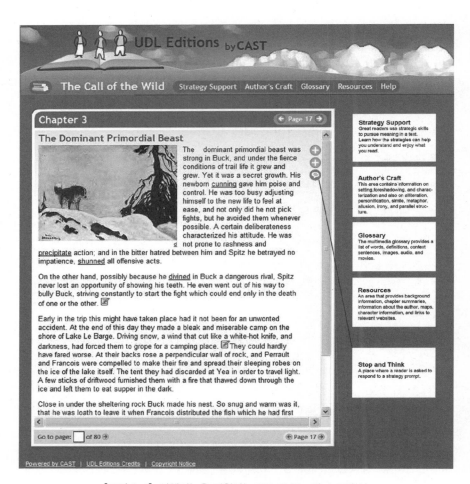

[그림 3−1] 실행기능을 지원하는 UDL Edition의 스크린 샷

*UDL Edition은 독자들의 독해 전략, 배경지식 그리고 실행기능 개발을 지원한다.
출처: London (1903/2011)에서 인용. CAST (2011). 허락하에 게재

표는 마치 자전거를 처음 배우는 사람이 궁극적으로 훈련 바퀴를 떼어 내고 달릴 수 있도록 하는 것과 같이 독자가 독립성을 높일 수 있도록 점차적으로 스캐폴딩과 지원을 줄이는 것이다. 각 촉구마다 애니메이션 '코치'가 제공되어 모범 반응을 제시하거나 현 과제를 명확하게 설명한다.

원리 3: 다양한 방식의 참여 수단 제공

성공적인 독자는 읽기과정 동안 적극적이며 참여적이다. 또한 끈기가 있다. 이들은 자신의 진전도를 평가하고, 그에 따라 목표와 전략을 수정하는 법을 알고 있다. 이들은 읽기에 대한 목적의식을 유지하고, 텍스트 읽기를 마치고 그로부터 어떤 가치를 이끌어 내고자 한다. UDL 원리를 기반으로 하는 SDR 은 적절한 방식으로 읽기를 더욱 흥미롭고, 재미있으며, 도전적인 것으로 만든다.

지침 7: 흥미를 돋우는 다양한 선택 제공

독자는 읽기에 진정한 목적이 있다는 것을 알아야 한다. 즉, 읽기가 단순히 '반드시 해야 하는 일(something you have to do)'에 불과하지 않다는 사실을 알아야 한다. 관심을 유도하는 한 가지 방식은 독자들에게 자신이 읽을 텍스트와 자신이 사용할 수 있는 지원과 관련하여 선택권과 독자성을 부여하는 것이다. CAST의 UDL Edition은 독자들이 받는 지원의 수준을 선택하도록 함으로써 이를 부여한다. 또한 독자는 오디오 사용 여부, 하이라이트를 위한 색깔 선택 등에 대해서도 제어권을 부여받는다. 이와 같은 옵션들은 표준적인 인쇄 서적보다 더욱 최적화된 듯한 '느낌(feel)'을 선사하며, 그에 따라 많은 독자의 참여도를 높인다.

관심을 유도하는 또 다른 방식은 읽기의 관련성, 가치 및 진실성을 높이는 것이다. 이를 위해 UDL Edition은 독자와 현대적인 자원을 연계하는 수단으로 고전문학을 사용한다. 웹이 있기에 이것이 가능하다. 가령『야성의 부름』을 읽은 독자들은 구글 맵을 통해 Buck의 이동 경로를 추적하거나 자신의 집에서부터 소설 속 Buck이 다녀가는 장소까지 방향을 파악할 수도 있다([그림 3-2] 참조). Lincoln의 게티스버그 연설을 읽는 독자들은 게티스버그 전투의 폐허를 담은 사진을 보고, 이를 현대의 전쟁 사진과 비교할 수 있다. 사소한

[그림 3-2] 읽기의 관련성을 높여 주는 UDL Edition의 스크린 샷

*UDL Edition은 고전문학 독자와 현대적인 자원을 연결함으로써 독자의 참여를 증가시킨다. 가령 『야성의 부름』을 읽은 독자들은 구글 맵을 통해 Buck의 이동 경로를 추적하거나 자신의 집에서부터 소설 Buck의 방문 장소까지 방향을 파악할 수도 있다.
출처: London (1903/2011)에서 인용. CAST (2011). 허락하에 게재

개인적인 연결조차도 텍스트에 대한 독자의 참여를 높일 수 있다.

지침 8: 지속적인 노력과 끈기를 돕는 선택 제공

읽기를 하려면 텍스트에 대한 주의를 유지해야 한다. 그러나 텍스트에 집중할 수 있는 능력은 개인마다 다르다. 텍스트가 너무 어려울 경우 종종 좌절감이 이를 방해하기도 한다. 때때로 텍스트가 충분히 도전적이지 않을 경우에도 지루함이 문제시되는 경우도 발생한다. UDL 원리를 기반으로 하는 SDR은 지루함, 좌절감 또는 끈기에 대한 방해물을 피하는 데 도움이 될 만한 옵션들을 제공한다. 여기에는 적절한 지원과 도전이 포함된다. UDL Edition

의 'just-in-time' 기능은 노력과 끈기를 유지하기 위한 모든 작업을 지원한다. 그리고 독자의 읽기 기술에 따라 지원 유형과 수준을 선택할 수 있는 옵션은 독자가 지루함과 좌절감을 피할 수 있도록 돕는다. 쉽게 접근 가능한 단어의 정의, 번역, 배경정보, 필기도구, 전략 지원, 모형 및 '코치'는 모두 텍스트에 대한 사용자 친화성을 높인다. 이는 TTS 기능도 마찬가지다. 이들 기능은 독자들이 사전이나 참고문헌을 보지 않고도 더 오랫동안 텍스트에 집중할 수 있도록 지원한다.

지침 9: 자기조절 능력을 키우기 위한 선택 제공

궁극적으로, 숙련된 독자는 스스로 흥미와 주의를 유지하는 방법을 알고 있다. 모든 UDL 기반 읽기 환경의 목적은 독립성이다. 독자가 모르는 단어에 직면한다면 어떤 일이 일어날까? 독자가 관심을 두는 것은 무엇인가? 과제 수행을 위해 어떻게 그 관심을 활용할 수 있을까? 학습자들은 또한 자신의 읽기를 반추할 줄도 알아야 한다. 즉, 자신의 읽기를 평가하고, 잘한 점과 못한 점에 대해 생각할 줄 알아야 한다. UDL Edition의 수준별 지원은 이와 같은 종류의 자기조절을 지원하여, 독자들이 전략을 적용할 시 도전 수준을 높이거나 낮출 수 있도록 한다. 제4장에 소개된 MassONE Writer 같은 다른 SDR은 온라인 작업 일지에서 학습자 반응을 기록할 수 있는 옵션을 제공한다. 이를 통해 교사와 학생은 진전도를 더 잘 모니터링하고, 읽기과정을 더 잘 반추할 수 있다.

마지막으로 온라인을 통해 UDL Edition이 제공됨에 따라 방과 후 그리고 학교 밖에서 지원을 받아 읽기 경험을 확장할 수 있게 하였다. 독자들은 자신이 선택하는 시간과 장소에서 웹에 접속할 때마다 텍스트를 읽고, 전형적으로 전문 강사가 제공하는 모든 '교수(teaching)'적 지원을 받을 수 있다.

디지털 시대를 위한 리터러시

새로운 테크놀로지가 진화함에 따라 리터러시에 대한 정의도 달라졌다. 오늘날 '리터러시'는 10년 전과는 많이 다르다. 그럼에도 불구하고 '읽기는 기본(reading is fundamental)'이라는 오래된 슬로건은 여전히 관련 있으며, 이것이 진실이라는 사실에 반박할 이는 별로 없을 것이다. 세서미 워크숍(Sesame Workshop; Shore, 2008)에서 디지털 미디어에 관한 보고서는 다음과 같이 선언했다.

> 서로 연결된 국제 사회를 살아가는 아동들은 수많은 생각을 받아들이고, 수많은 새로운 능력에 숙달해야 한다. 동시에 전통적으로 쓰인 '글자(lettered)'의 존재에 대한 리터러시—서면 텍스트를 해석하고 그것을 바탕으로 의미를 찾는 것—를 구축하는 것도 여전히 아주 중요하다(p. 27).

테크놀로지는 '디지털 원주민(digital natives)'(Prensky, 2001)이 유창한 독자가 되도록 돕는 데 중요한 역할을 수행할 수 있다. UDL 원리에 따라 설계된 SDR은 온갖 종류의 독자들이 자신의 기술을 발전시키도록 지원하는 더욱 손쉬운 방식(그리고 특정 학습자들에게 있어서는 유일하게 실행 가능한 수단)을 제공한다. 디지털 텍스트의 유연성과 가변성은 수많은 학습자—인쇄 기술에 의해 차단되었을 학습자들—에게 그와 같은 텍스트에 대한 기본적인 접근성을 제공하는 데 있어 매우 중요하다(Meyer & Rose, 2005). 하지만 디지털 환경은 UDL 원리에 따라 설계될 경우 단순한 접근성보다 훨씬 많은 것을 제공한다. 이 장에서 보여 주었듯이, 이와 같은 텍스트는 독자들을 위한 여러 가지 구조와 지원을 포함하는 흥미진진하고 매력적인 방식으로 제시될 수 있다. 이는 그와 같은 기본적인 지원과 구조 중 일부를 제공해야 하는 교사의 부담으로부터 벗어나게 하고, 교사들이 가장 잘하는 것—학년 수준에서 떨어지지 않으려고 특히 안간힘을 쓰는 학습자들에게 표적 중재를 제공하는 것—을 하도록 자유를 줄 수 있는 잠재력을 지닌다. 교사들은 또한 UDL Edition과 프로젝터를 이용하여 모든 학급 또는 소집단에 구체적인 전략을 소개하고 문학 분석 방법을 가르칠 수도 있다. 그다음에는 학습자들이 개별적으로 혹은 짝을 이루어 안내를 받은 대로 컴퓨터로 텍스트를 읽고, 자신이 선택한 다른 텍스트를 공략한다. CAST의 무료 저술 도구인 UDL Book Builder를 이용하여 자신만의 디지털 텍스트를 만들도록 일부 학습자들을 장려할 수도 있다. 테크놀로지는 절대 교사를 대체할 수 없을 것이다. 하지만 테크놀로지는 교사가 더욱 효과적으로 자신의 노력에 집중하고 목표를 달성하도록 도울 수 있다. 가장 중요한 점은 테크놀로지가 읽기에 어려움을 갖고 있는 학습자들을 위해 공정한 경쟁의 장을 만들고, 성공적인 독자와 학습자가 되기 위한 새로운 기회를 제공할 수 있다는 것이다.

참고문헌

Beck, I. L., McKeown, M. G., & Kucan, L. (2002). *Bringing words to life*. New York: Guilford Press.

CAST. (2011). *Universal Design for Learning Guidelines version 2.0*. Wakefield, MA: Author. Retrieved February 22, 2012, from http://www.udlcenter.org/aboutudl/udlguidelines.

Coyne, P., Pisha, B., Dalton, B., Zeph, L., & Cook Smith, N. (2010). Literacy by design: A Universal Design for Learning approach for students with significant intellectual disabilities. *Remedial and Special Education*. Retrieved September 30, 2010, from http://rse.sagepub.com/content/early/2010/08/30/0741932510381651.

Dalton, B., Pisha, B., Eagleton, M., Coyne, P., & Deysher, S. (2002). *Engaging the text: Reciprocal teaching and questioning strategies in a scaffolded learning environment* (Final report to the U.S. Department of Education). Peabody, MA:

CAST.

Dalton, B., & Proctor, C. P. (2007). Reading as thinking: Integrating strategy instruction in a universally designed digital literacy environment. In D. S. McNamara (Ed.), *Reading comprehension strategies: Theories, interventions, and technologies* (pp. 421–440). Mahwah, NJ: Erlbaum.

Dalton, B., & Proctor, C. P. (2008). The changing landscape of text and comprehension in the age of new literacies. In J. Coiro, M. Knobel, C. Lankshear, & D. Leu (Eds.), *Handbook of research on new literacies* (pp. 297–324). Mahwah, NJ: Erlbaum.

Dalton, B., Proctor, C. P., Uccelli, P., Mo, E. & Snow, C. E. (2011). Designing for diversity: The role of reading strategies and interactive vocabulary in a digital reading environment for 5th grade monolingual English and bilingual students. *Journal of Literacy Research, 43*(1), 68–100.

Dalton, B., Schleper, D., Kennedy, M., Lutz, L., & Strangman, N. (2005). *A universally designed digital strategic reading environment for adolescents who are deaf and hard of hearing* (Final report to Gallaudet University). Wakefield, MA: CAST.

Dalton, B., & Strangman, N. (2006). Improving struggling readers'comprehension through scaffolded hypertexts and other computer-based literacy programs. In D. Reinking, M. C. McKenna, L. D. Labbo, & R. D. Keiffer (Eds.), *Handbook of literacy and technology* (2nd ed., pp. 75–92). Mahwah, NJ: Erlbaum.

Fang, Z., & Schleppegrell, M. J. (2008). *Reading in secondary content areas: A language-based pedagogy.* Ann Arbor: University of Michigan Press.

Fletcher, J. M., Lyon, G. R., Fuchs, L. S., & Barnes, M. A. (2007). *Learning disabilities: From identification to intervention.* New York: Guilford Press.

Graves, M. F. (2006). *The vocabulary book: Learning and instruction.* New York: Teachers College Press.

Guthrie, J. T., & Wigfield, A. (2000). Engagement and motivation in reading. In M. L. Kamil, P. B. Mosenthal, P. D. Pearson, & R. Barr (Eds.), *Handbook of reading research* (Vol. 3, pp. 403–422). New York: Routledge.

Hall, T. E., & Murray, E. (2009). *Monitoring students' progress towards standards in reading: A universally designed CBM system* (Final project report to the U.S. Department of Education). Wakefield, MA: CAST.

LaBerge, D., & Samuels, J. (1974). Towards a theory of automatic information processing in reading. *Cognitive Psychology, 6,* 293–323.

London, J. (2011). *The call of the wild* (UDL Edition). Wakefield, MA: CAST. (Original work published 1903) Retrieved from http://udleditions.cast.org/ INTRO,call_of_the_wild.html.

McKeown, M. G., Beck, I. L., Omanson, R. C., & Pople, M. T. (1985). Some effects of the nature and frequency of vocabulary instruction on the knowledge and use of words. *Reading Research Quarterly, 20,* 522–535.

Meyer, A., & Rose, D. H. (2005). The future is in the margins: The role of technology and disability in educational reform. In D. H. Rose, A. Meyer, & C. Hitchcock (Eds.), *The universally designed classroom: Accessible curriculum and digital technologies* (pp. 13–35). Cambridge, MA: Harvard Education Press.

Moran, J., Ferdig, R. E., Pearson, P. D., Wardrop, J., & Blomeyer, R. L., Jr. (2008). Technology and reading performance in the middle-school grades: A meta-analysis with recommendations for policy and practice. *Journal of Literacy Research, 40*(1), 6–58.

Nagy, W. (2009). Understanding words and word learning: Putting research on vocabulary into classroom practice. In S. Rosenfield & V. Berninger (Eds.), *Implementing evidence-based academic interventions in school settings* (pp. 479–500). New York: Oxford University Press.

National Center for Education Statistics. (2009). *The nation's report card: Reading 2009.* Washington, DC: Author.

Palincsar, A. S., & Brown, A. L. (1984). Reciprocal teaching of comprehension-fostering and comprehension-monitoring activities. *Cognition and Instruction, 1,* 117–175.

Paulsen, G. (1999). *Hatchet.* New York: Aladdin.

Prensky, M. (2001). Digital natives, digital immigrants. *On the Horizon*, 9(5), 1-6. Retrieved September 30, 2010, from http://www.marcprensky.com/writing/ Prensky%20-%20Digital% 20Natives,%20Digital%20Immigrants%20-%20Part1. pdf.

Proctor, C. P., Carlo, M. S., August, D., & Snow, C. E. (2005). Native Spanish-speaking children reading in English: Towards a model of comprehension. *Journal of Educational Psychology, 97*(2), 246-256.

Proctor, C. P., Dalton, B., & Grisham, D. L. (2007). Scaffolding English language learners and struggling readers in a universal literacy environment with embedded strategy instruction and vocabulary support. *Journal of Literacy Research, 39*(1), 71-93.

Proctor, C. P., Dalton, B., Uccelli, P., Biancarosa, G., Mo, E., Snow, C. E. et al. (2011). Improving comprehension online: Effects of deep vocabulary instruction with bilingual and monolingual fifth graders. *Reading and Writing: An Interdisciplinary Journal, 24*(5), 517-544.

Proctor, C. P., Uccelli, P., Dalton, B., & Snow, C. E. (2009). Understanding depth of vocabulary and improving comprehension online with bilingual and monolingual children. *Reading and Writing Quarterly, 25*(4), 311-333.

Rose, D. H., & Meyer, A. (2002). *Teaching every student in the digital age: Universal Design for Learning.* Alexandria, VA: Association for Supervision and Curriculum Development.

Rosenshine, B., & Meister, C. (1994). Reciprocal teaching: A review of the research. *Review of Educational Research, 64*(4), 479-530.

Shore, R. (2008). *The power of Pow! Wham!: Children, digital media, and our nation's future. Three challenges for the coming decade.* New York: Joan Ganz Cooney Center at Sesame Workshop.

Snow, C. E., Burns, M. S., & Griffin, P. (1998). *Preventing reading difficulties in young children.* Washington, DC: National Academy Press.

보편적 학습설계를 이용한
쓰기 수업의 변화

GE VUE · TRACEY E. HALL

쓰기는 필수적인 리터러시 기술인 동시에 교육과정 전반에 걸쳐 학업
성취의 열쇠이다. 중학교 때부터 대부분의 과목은 학생들이 쓰기를
통해 자신의 이해와 진보 정도를 명확히 할 것을 요구한다. 학생들은 그들이
읽은 것을 종합적으로 이해하고, 새로운 아이디어를 공식화하며, 쓰기를 통
해 자신의 개념과 생각을 표현할 수 있는 능력을 개발하여야 한다. 미국의 많
은 주와 학구에서, 학교를 졸업하고 대학에 진학하기 위해서는 쓰기 능력을
보여 주어야 한다(College Board, 2008). 그러나 학생들의 쓰기 능력과 표준 사
이에는 큰 격차가 존재한다는 증거가 있다. 2007년 전미학업성취도평가 결
과에서는 69%의 8학년 학생이 '능숙(proficient)' 미만의 점수를 받은 것으로
나타났다(National Center for Education Statistics, 2008).

글을 잘 써야 하는 필요성이 졸업과 함께 끝나는 것은 아니다. 쓰기는 우리
문화에서 아주 높이 평가되고 있다. 쓰기는 우리가 직장에서 어떻게 평가되

느냐 하는 중요한 기준이 되기도 한다. 오늘날의 디지털 세계에서는 의사소통, 협업, 창의적 표현, 평생학습을 위해 다양한 도구를 사용한다. 거의 모든 것이 효과적인 쓰기 능력을 필요로 한다. 이메일, 토론 포럼, 블로그, 그리고 구글(Google) 문서나 위키(wikis)와 공동 협업 작문 어플리케이션은 쓰기 능력을 필요로 하는 것들 중 일부일 뿐이다(Johnson, Levine, Smith, & Stone, 2010). 이러한 모든 도구는 자신의 아이디어를 글로 변형시킬 수 있는 개인에게 특권을 준다. 학교에서 효과적인 쓰기 능력을 기른 학생들은, 글로 자신을 잘 표현하지 못하는 학생들보다 상당한 이점을 갖고 성인이 될 수 있다.

쓰기 학습에서의 도전과 쓰기교육

쓰기는 힘든 작업이고 마스터하기도 어렵다. 왜 그럴까? 쓰기는 뇌가 직관하는 방식과는 반대로 이루어지기 때문이다. 우리의 두뇌는 매우 복잡하다. 우리는 아이디어를 시각화한다. 우리의 생각은 머리 속에서 이루어지고 밖으로 표출되는데, 선형적인 방식으로 이루어지는 경우는 거의 없다. 쓰기는 자유롭게 형성되는 역동적인 사고과정을 논리적이고 간결하며 명확한 문장 및 단락의 단일 선형 출력으로 구체화하기 위해 시도한다. 초보 작가가 쓰기 과제에 직면할 때, 손바닥에 땀이 나거나 손이 떨리고, 치아가 딱딱 부딪치는 습관을 가지고 있는 것은 어쩌면 당연하다. 그들은 상상력이 풍부한 마음속에 이와 같은 창의적인 생각들을 가지고 있지만, 그들의 마음이 자신의 펜보다 훨씬 빠르고 풍부하기 때문에 막상 종이 위에 뭔가를 쓰고자 할 때는 백지 상태의 빈 종이만 남을 뿐이다.

연구결과에서는 교육과정 전반에 걸쳐 효과적인 쓰기 강의가 부족한 것이 문제점으로 나타났다. 내용 영역의 교사들은 그들의 특정 분야를 가르치는 데 주로 초점을 맞추었다. 그들은 일반적으로 학생들에게 글 쓰는 법에 대해 명시적으로 가르쳐 주지 않는다. 그러나 글쓰기 기술은 기존의 과목 간 경계를 초월하고, 학생들이 새로운 내용을 배우고, 복잡한 개념에 대한 그들의 지식을 보여 줄 수 있는 쓰기 능력을 갖추어 수업에 들어올 것을 기대한다 (Gersten & Baker, 2001; Olson, 2011; Stein, Dixon, & Barnard, 2001). 시험은 학생의 학업 진행 상황을 평가하는 일반적인 방법이지만, 많은 내용 영역의 교사들도 학생들의 서면 보고서를 기초로 학업 성과를 평가한다. 교육과정 전반에 걸쳐 교수적 지원이 제공되는 쓰기 연습은 학생들에게 쓰기 연습을 할 수 있는 더 많은 기회를 제공한다. 학생들이 다양한 분야의 작문에 대해 명확한 지시와 피드백을 받는다면, 쓰기 기술이 얼마나 더 향상될 수 있을지 상상해 보라.

유명한 시나리오 작가인 Robert McKee(1997)는 쓰기는 "규칙(rule)이 아닌 원리(principle)에 관한 것으로, 공식적인(formula) 형태가 아닌 보편적인(universal) 형태의 것이며, 독창적이고, 복제할 수 없는 것"(p. 3)이라고 말했다. McKee는 이와 같은 용어들을 사용하여 글쓰기 역학(the mechanics of writing)과 글쓰기 기술(the art of writing)을 구분하였으며, 쓰기 교수에 있어서의 어려움을 파악하였다. 거기에는 어떠한 규칙도 없고, 천편일률적으로 적용되는 접근법도 없다. 글을 쓴다는 것은 스타일(stylistic)의 문제이다. 사실, 전문 작가의 표식(mark)은 명확한 의사소통을 위해 단어를 쓸 수 있다는 것뿐만 아니라 이를 통해 자신의 고유한 목소리를 전달할 수 있다는 것이다.

또한 쓰기 능력은 상황에 따라 다르다(Graham & Perin, 2007). 다양한 형태의 작문 사이에는 차이가 크기 때문에 어떤 한 형태의 능력이 다른 형태의 동등한 전문가를 자동적으로 만들어 주지는 않는다. 내러티브를 완전히 마스터하기 위해서는 내러티브와 관련된 전문적인 모델을 연구하고 내러티브 쓰기를 연습해야 할 필요가 있다(Graham & Harris, 2000; Langer, 2009). 시인이 되기 위해서는 전문 시인의 작품을 연구하고 시를 쓰는 연습을 할 필요가 있다. 쓰기 연습 그 이상의 지름길이나 묘책이란 있을 수 없다.

쓰기에 대한 학생들의 두려움과 불안을 완화하기 위해, 일부 교사는 쓰기를 가르칠 수 있는 스캐폴딩 전략을 사용한다. 대부분 아동이 처음 자전거 타는 법을 배울 때 보조 바퀴를 제공하듯이, 교사들도 과정중심 쓰기(process writing)라고 하는 진일보된 일련의 단계를 제공한다. 이 접근법은 불연속적인 4단계로 글쓰기 과정을 이끌어 낸다. ① 명료화하기 단계, ② 구성 전 단계, ③ 구성 단계, 그리고 ④ 직접 쓰기 단계. 학생들은 글을 쓸 때 각 단계와 단계를 적용하는 방법을 배우게 된다. 이와 같이 개별적인 단계별 순서임에도 불구하고, 과정중심 쓰기는 선형적인 과정이 아니라 계획하기, 쓰기 및 고쳐 쓰기의 반복적인 주기이다. 또한 쓰기과정은 요리법이 아니다. 그래서 과정을 시작하거나 종료할 수 있는 올바른 방법이 하나도 없다. 최고의 과정은 학생들이 자신의 기술을 익힐 때 자전거 보조 바퀴를 제거해 주는 것처럼 스캐폴딩 역할을 제거하는 것이다. 초보 작가들을 위한 과정중심 쓰기는 매우 큰 도움을 주거나 혹은 솔직히 곤혹스럽게 만들 수도 있다. 과제를 해결하는 작가의 개인적인 차이뿐만 아니라 교사들의 접근 방식, 스타일과 교수법 역시 매우 다양하기 때문이다.

쓰기 교수 기초로서의 UDL

앞의 논의에서 알 수 있듯이, 학습자들이 전문적인 작가가 되기 위해서는 과제, 쓰기 형식 및 개인에 따라 다양한 기술이 필요하기 때문에 쓰기를 가르치고 배우는 것은 어렵다. 다행히도, 이러한 쓰기 수업의 도전 과제가 UDL에 있어서는 강점이 된다. UDL 원리는 학습자들이 정보를 이해하는 방법(인지적 네트워크), 그들이 알고 있는 것을 표현하는 방법(전략적 네트워크), 그리고 학습 동기가 부여되는 방법(정서적 네트워크)이 개인마다 다르다는 사실에 기초하고 있다(Hall, Meyer, & Rose, 이 책 제1장; Lapinski, Gravel, & Rose, 이 책 제

2장 참조). 어떤 분야에서든 효과적인 지침은 명확한 학습목표를 설정한 다음 모든 학습자가 목표에 도달하는 데 도움이 될 수 있도록 충분한 다양성과 옵션을 제공하는 것에서부터 시작된다. 따라서 세 가지 UDL 원리와 그에 상응하는 UDL 가이드라인(CAST, 2011; 제2장 참조)이 효과적으로 적용되어 쓰기 수업을 개선할 수가 있다.

정보화 시대에 쓰기를 위한 도구와 쓰기 교수법은 학생들이 쓰기, 지원받기, 기술 연마 및 쓰기 목표를 추구할 수 있게 해 주는 다양한 도구와 매체를 제공하였다(Johnson et al., 2010). 다시 말해, 교육자들은 이제 쓰기과정 전반에서 학생들이 쓰기 요소와 단계에 대해 이해하고(표상), 생각을 단어로 변형하고(표현과 행동), 쓰기에 대한 영감을 받고 지속시키는(정서적 참여) 다양한 방법을 제공할 수 있다.

UDL 가이드라인은 교육자들이 기대치를 높게 설정하는 데 도움을 줄 것이며, 작가들이 양질의 글쓰기를 하고, 자신의 목소리를 계발하고, 평생 기술로 글쓰기를 적용하는 다양한 경로를 허용하는 충분한 유연성도 포함한다. UDL 가이드라인은 아주 포괄적이기 때문에, 전부는 아니지만 일부 교사는 모든 학생을 지원할 수 있는 충분한 유연성을 제공할 것이라는 사실을 알게 될 것이다. 이 장에서는 UDL 가이드라인에 대해 구체적으로 살펴보기보다는 가이드라인에서 파생된 쓰기 교수법 및 학습 향상을 위한 세 가지 학습설계 전략을 강조한다.

① 명확한 쓰기 목표를 설정하라. 목표는 목표 달성을 위한 수단을 특정해서는 안 된다.
② 목표 달성을 위해 적절한 도전과 유연한 수단을 제공하라.
③ 학습목표를 훼손하거나 충돌하지 않는 한 쓰기 주제, 창의적 표현을 위한 도구, 쓰기 형식의 선택권을 제공하여 학습자를 쓰기에 참여시키고 글을 쓰고자 하는 동기를 유지시키라.

　　실제로 이러한 전략이 어떤 것인지 보여 주기 위해, 우리는 UDL을 적용하는 교사들과 CAST의 연구로부터 도출된 교실 사례를 공유하였다. 첫 번째 보기에서, CAST는 매사추세츠 교육부(Massachusetts Department of Education)와 공동으로 쓰기 수업과 교실에서의 실행에 UDL 원리를 적용하는 MassONE Writer라 불리는 매우 지원적인 웹 기반 학습 환경을 구축하였다. 두 번째 보기는 중학교 영어 교사가 설득력 있는 글쓰기를 배울 수 있는 강력한 이유를 제공함으로써 학생들을 모집하고 그들의 참여를 지속시키는 방법을 보여 주고 이를 가능하게 하기 위한 다양한 기술을 제공한다. 세 번째 보기는 다른 교과를 담당하는 두 명의 고등학교 교사가 여러 콘텐츠 분야에서 쓰기와 학습을 향상시키는 통합 교육과정을 설계하기 위해 어떻게 협력했는지에 대해 기술한다. 각각의 보기를 통해 다양한 학습 환경에서 세 가지 UDL 전략이 어떻게 적용되어 왔는지에 대한 분석이 이루어진다.

UDL과 웹 기반 테크놀로지를 이용한 쓰기 수업의 변화: MassONE WRITER

　　유명한 작가이자 쓰기 교사인 William Zinsser는 "만약 과정이 건전하다면, 결과는 자연히 해결될 것이다."라고 하였다(1988, p. 256). 쓰기는 힘든 일이며, 최종 결과에 대해 걱정하는 것은 비생산적이다. 대신, Zinsser는 젊은 작가들에게 효과적인 모델을 공부하고 그들을 모방하는 연습을 하라고 가르친다. 그러나 연구결과에 따르면 과정중심 쓰기를 이용한 현재의 교수 방법은 일관성 없는 지원을 제공하고 연습할 수 있는 기회가 거의 없음을 보여 준다(Graham, MacArthur, & Fizgerald, 2007). 교사와 동료로부터의 피드백은 글쓰기 기술과 좋은 글쓰기에 대한 이해를 발전시키는 데 필수적이다. 그러나 학교 환경의 제약(시간, 넓은 교실 공간, 교육과정의 제한)으로 인해, 교사와 학생이 서로 의사소통하고 학생들의 쓰기에 대해 의논할 시간이 거의 없다.

이러한 문제를 해결하기 위해, CAST는 매사추세츠 교육부와 공동으로, 학생들의 쓰기 과정과 연습을 지원할 수 있는 온라인 학습 환경 프로토콜(prototype)을 개발하였다. 개념 증명 연구(proof-of-concept study)를 위해 설계된 MassONE Writer는 중학교에서 널리 사용되는 두 가지 효과적인 쓰기 교수 모델인 과정중심 쓰기와 작가의 워크숍(writer's workshop)을 결합한 것이다. 앞서 언급한 바와 같이, 과정중심 쓰기는 구체적으로 다음과 같은 단계로 이루어진다. ① 명료화하기 단계, ② 구성 전 단계, ③ 구성 단계, 그리고 ④ 직접 쓰기 단계. 학생들은 각 단계를 전략적으로 적용하는 방법을 배운다(Applebee & Langer, 2006). 작가의 워크숍은 학생들이 종종 작업을 멈추고 서로의 작업에 대해 피드백을 제공하는 학습 공동체 내에서의 쓰기과정이 포함되어 있다(예: Gariel, 2002). 작가의 워크숍 모델은 학습 공동체가 작가의 발전에 중요한 기여를 하는 사회 활동으로 쓰기를 수용하고 있다. CAST는 설계에 대한 UDL의 원리 및 웹 기반 테크놀로지의 유연성을 적용하여 학습자가 과정중심 쓰기 요소를 이해할 수 있는 다양한 방법(인식/표상), 지원의 강도가 매우 높은 학습 환경에서 쓰기(표현과 행동)를 연습할 수 있는 여러 번의 기회, 그리고 쓰기 주제, 도구 및 쓰기 과정 동안에 그들의 참여를 동기부여하고 지속시키기 위한 환경의 선택들을 제공하였다. MassONE Writer에 대한 다음의 간단한 설명은 이러한 UDL 특징을 강조한다.

쓰기과정에서 다양한 표상 수단 제공하기

학생들이 쓰기요소를 배울 수 있도록 MassONE Writer는 과정중심 쓰기의 구조를 시각적으로 제공하는데, 이는 주요 탐색 메뉴 역할도 겸한다. 각 단계마다 간단한 설명 및 쓰기요소 체크리스트가 제공된다([그림 4-1] 참조). TTS 소프트웨어는 학생들이 쓴 페이지와 텍스트 정보를 소리 내어 읽을 수 있다.

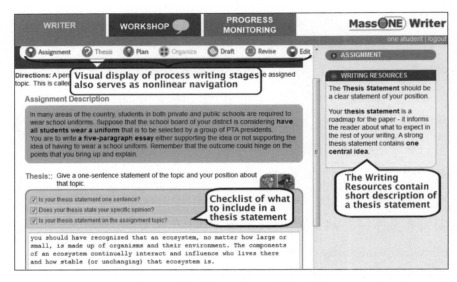

[그림 4-1] MassONE Writer의 스크린 샷

*callout은 과정중심 쓰기의 정보에 대한 다양한 표상을 강조한다(체크리스트 및 간단한 설명을 시각적으로 제시).
출처: CAST (2011). 허락하에 게재

쓰기과정을 여러 번 표현하는 것은 학생들이 쓰기 과제에 대한 목표와 기대를 이해할 수 있도록 도와준다.

다양한 전략적 학습과 표현 수단 제공하기

신진 작가들의 역량과 전문성 발전을 지도하기 위해 MassONE Writer는 스캐폴딩과 피드백에 의한 안내된 연습 기회를 제공한다. 쓰기과정은 학생들이 한 번에 하나의 부분(section)에만 집중할 수 있도록 관리 가능한 단계로 구성되어 있다. 학생들은 자신의 생각을 말로 표현하는 것을 돕기 위해 프롬프트(prompt)와 문장 스타터(sentence starter)를 사용할 수 있다. 각 단계에서는 해당 단계와 관련된 모델(예: 명확하게 명시된 논문 또는 논리적으로 구조화된 주장)도 제공된다. 이전 학생들에 의해 작성된 완성된 쓰기 견본들을 이용하여 학생들이 쓰기를 배우고 모방하게 할 수 있다. 필수적인 쓰기요소를 포함하고 있는 체크리스트는 학생들에게 초안을 검토할 것을 상기시켜 준다. 언제든지 학생들은 교사와 그들의 동료가 쓴 것을 읽을 수 있고 피드백을 제공할 수 있는 협력적인 작업 공간인 '워크숍(workshop)'에 자신이 쓴 글을 올릴 수 있다. 온라인에서 동료가 쓴 실질적인 예제 글을 논의하는 것은 학급 친구들의 의사소통 및 상호작용을 통해 쓰기를 연습할 수 있는 좋은 기회이다. 워크숍에는 초안 작성 및 의미 있는 피드백 제공을 위한 전략과 팁이 포함되어 있다.

다양한 참여 수단 제공하기

MassONE Writer는 여러 가지 방법으로 학습자의 동기와 참여에 대응한다. 이와 같이 MassONE Writer는 쓰기에 대한 도전과 두려움을 줄이기 위해 문장 스타터, 체크리스트 및 모델 등과 같은 스캐폴딩을 제공한다. 스캐폴딩은 장르에 따라 다르며, 학생들이 어떤 주제를 선택할 수 있도록 해 주고, 맥락적으로 관련성이 높은 것들을 찾을 수 있도록 한다. 선호도 및 권한 설정은 쓰기와 피드백을 위한 도구, 독자 및 형식에 대한 학생들의 선택권을 제공한다. 그들은 온라인에서 글을 쓰거나 또는 마이크로소프트 워드와 같은 데스크톱 워드프로세서를 사용할 수 있고, 피드백이나 출판을 위해 초안을 MassONE Writer에 업로드할 수도 있다. 그들은 그들의 결과물을 공개 등록하지 않을 수도 있는데, 링크를 공유하고 있는 사람들만 접근할 수 있도록 하거나, 아니면 웹에 접속한 누구나 읽을 수 있도록 작품을 공개할 수도 있다. 이들은 독립적으로 쓰기 작업을 완료할 수 있고, 필요할 경우 즉시 쓰기 스캐폴딩에 접근할 수 있으며, 협력적으로 쓸 수도 있고, 동료로부터 추가적인 지원을 받을 수도 있다. 그리고 워크숍에서는 교실이나 온라인에서 대면 회의를 통해 피드백을 받을 수 있는 옵션을 학생들에게 제공한다. 전략적으로 사용하는 경우, MassONE Writer의 다양한 스캐폴딩과 선호도가 쓰기과정 내내 학습자의 동기와 참여를 유지하는 데 도움이 될 수 있다.

MassONE Writer를 이용한 교수

MassONE Writer에 대한 설명은 UDL 가이드라인이 교육과정 자료와 수업설계에 어떻게 적용될 수 있는지를 보여 준다([그림 4-2] 참조). 그럼에도 불구하고 잘 설계된 자료와 유연한 웹 기반 테크놀로지만으로는 교실을 'UDL'의 한 예로 볼 수 없다. 또한 교사들은 자신들의 교수를 구현하고 평가하는 동안 UDL 원리를 적용해야 한다. 예를 들어, 일부 학생이 MassONE Writer를 통해 독립적으로 작업하는 동안, 교사는 좌절을 느낄 수 있는 다른 학생들과 여분의 시간을 보내거나 또는 함께 참여하며 서로를 지원하도록 학생들에게 요청할 수 있다. 워크숍의 동료 피드백은 작문의 질과 작가의 기술 모두를 향상시키는 데 효과적이지만, 의미 있는 피드백을 제공하는 것은 많은 학생의 과제이다. 모든 학생의 작품이 웹 서버에 저장되어 있기 때문에, 교사는 이전 수업에서 이루어진 학생들의 쓰기 샘플을 쉽게 끌어올 수 있으며, 교실에 비치된 모니터나 스크린에 투영함으로써 다양한 피드백 전략을 모델링할 수 있다. 또한 교사는 수업에서 사례를 통해 작업함으로써 비판을 모델링하고 피드백을 제공할 수 있다. 학생들은 서로의 결과물에 관한 분석과 피드백을 제공하여 전략을 적용하는 연습을 할 수 있다. 잘 쓴 문장이나 단락 옆에 확인 표시를 넣고, 단락의 주요 아이디어를 하이라이트 표시하거나 정리하고, 명확하게 묻고 의문을 해결하며, 주요 변경 사항을 강조한다. 학생들의 기술이 발달함에 따라, 그들은 그들 자신의 작품과 학습과정을 평가할 수 있으며, 따라서 쓰기과정 동안에 그들의 작품과 노력의 질에 대해 좀 더 자기반성적이게 된다.

UDL 원리	접근	안내된 연습	독립적 연습
			쓰기 자원
		체크리스트 및 간략한 기술	교사 및 동료 피드백
표상	쓰기과정의 시각지도 및 TTS 소프트웨어	문장 스타터, 모델, 쓰기 예제	실제 청중
행동과 표현	각 단계에 쓰기과정 조직화	피드백을 위한 구성 결정	
참여	작문을 위한 주제 및 도구 선택		

[그림 4-2] MassONE Writer 기능에 대한 시각적 요약

*UDL의 특징은 원리에 의해 구성되고, 각 단계를 시각적으로 표시함으로써 초보 학습자가 전문적인 작가로 성장하는 데 도움이 되는 연습 및 수행을 위한 스캐폴딩 과정을 강조한다.

　　교사들은 한 장 분량의 쓰기를 완성하는 데 어려움을 겪고 있던 학생들이 MassONE Writer를 사용했을 때 그들 자신의 첫 에세이를 완료할 수 있었다고 보고하였다. 이미 워드프로세서에서 흔히 사용할 수 있는 지원(TTS 소프트웨어, 철자 검사기, 동의어 사전, 사전)을 사용하여 글을 쓰고 수정하는 것에 익숙한 다른 학생들은 더 풍부한 MassONE Writer의 학습 지원을 발견하고는 매우 기뻐하였다. 교실의 대화에 소극적으로 참여했거나 꺼렸던 학생들은 그들의 동료들에게 귀중한 피드백을 보내고 있었다. MassONE Writer의 광범위한 쓰기 지원은 초보 작가들의 능력과 전문성 개발을 이끌었으며, 학생들이 협력적이고 사회적인 활동으로 쓰기에 참여할 수 있도록 해 주었으며, 학생들의 쓰기 작품이 더 많은 청중에게 다가갈 수 있도록 배포판을 제공하였다.

UDL 및 웹 기반 테크놀로지를 이용한 쓰기 수업의 변화

MassONE Writer는 프로토타입이기 때문에 아직 공식적으로 사용할 수 없다. 하지만 우리가 설명한 대부분의 UDL 기능을 지원할 수 있는 웹 기반의 오피스 제품군 및 웹사이트 저작 애플리케이션이 있다. 이러한 애플리케이션을 통해 사용자는 웹 브라우저를 사용하여 서버에 저장된 문서나 웹 페이지를 생성, 편집 및 공유할 수 있다. 일부에는 탐색 메뉴, 페이지 레이아웃 및 선택할 수 있는 색 구성표를 포함한 디자인 템플릿이 있다. 일부는 또한 작가의 워크숍을 지원하기 위해 설정할 수 있는 간단한 토론 포럼을 포함하고 있다. 대부분은 사용자가 시작할 수 있는 무료 버전을 제공하며, 필요성이 커질 경우에는 유료 버전으로 업그레이드할 수 있는 옵션이 있다.

- Twiki: http://twiki.org
- Wikispaces: http://www.wikispaces.com
- PBworks: http://pbworks.com
- Ning: http://www.ning.com
- Google Site: http://www.google.com/sites/overview.html
- Google Docs: http://www.google.com/google-d-s/documents
- Office Web Apps: http://office.microsoft.com/en-us/web-apps

설득력 있는 쓰기 학습: JFK 중학교

JFK 중학교의 수업이 변하고 있다. 사물함은 닫히고, 긴 복도에서 목소리가 울려 퍼지고, 학생들은 다른 수업으로 향하는 동안 발을 구른다. ELA 교실 문에서 Stevens는 학생들에게 엄격한 표정으로 인사하고 과제물을 건네준다. 학생들이 교실에 들어가 과제물을 읽으면 가벼웠던 그들의 기분은 점점 더 어리둥절해지고 걱정스러운 표정으로 변한다.

Stevens는 "봄이 왔습니다. 그리고 우리 교실에 변화가 필요한 시기가 왔습니다."라고 단호하게 말한다. "조금 전 문 앞에서 받은 것은 우리의 새로운 규칙 목록입니다. 나는 여러분이 과제를 늦게 제출하는 것에 지쳤어요. 여러분이 순서도 없이 말하거나, 여러분끼리 혹은 나에게 무례하게 구는 것을 더 이상은 듣고 싶지 않아요. 그래서 여러분의 행동과 우리의 목표에 대해 많이 생각한 후에, 나는 변화가 필요하다고 결정했습니다. 이 새로운 규칙들은 즉시 효력이 발생하여 올해 말까지 실행될 것입니다. 잠시 시간을 내서 규칙 목록을 읽고, 전부 읽으면 나를 봐 주세요." 종이에 쓰인 내용을 조용히 읽는 학생들의 얼굴에는 충격이 깃들어 있다.

몇 분 후, Stevens는 새로운 규칙의 엄격함을 인정하였다. 사실, 그녀는 학생들에게 거리낌 없이 말할 기회를 줄 것이다. 각 학생은 그들이 생각하기에 부당하다거나 변경되어야 한다고 생각하는 한 가지 규칙을 찾아낼 수 있다. 하지만 여기에는 함정이 있다. 그들은 규칙에 어떤 잘못이 있는지, 규칙은 어떻게 변경되어야 하는지, 그리고 왜 그런지를 서면으로 설명해야 한다는 것이다. Stevens는 화이트보드에 이와 같은 단계들을 쓰고, 학생들에게 연필과 종이를 꺼내라고 지시한다. "만약 여러분이 제안하는 대로 바꾸는 것이 좋다고 나를 납득시킨다면, 나는 그 규칙을 변경하는 것을 고려할 수도 있습니다."라고 그녀는 학생들에게 말하였다.

몇 분 동안 열심을 글을 쓰고 난 후, 학생들은 연필을 내려놓고 교실 앞을 바라보기 시작하였다. Stevens는 누군가에게 그가 쓴 것을 읽으라고 말한다. "나는 새로운 규칙 제2조 '허락 없이는 누구도 수업 중에 말을 할 수 없다.'에 대해 글을 썼습니다. 제가 쓴 바는 이렇습니다. '선생님, 이 규칙을 바꾸길 주장합니다. 왜냐하면 이야기할 수 있는 권한이 없는 것은 토론 수업 시간을 너무 어렵게 만들기 때문입니다.'" 학생의 발표가 끝나자 Stevens는 학생이 쓴 것은 진술이 명확했다고 설명한다. 그러나 좋은 주장은 진술과 이를 뒷받침하는 증거가 모두 있어야 한다. 이에, Stevens는 학급 학생들이 규칙 변경을 지원할 이유를 제시할 것과 증거를 제시하도록 촉구한다. 다음은 몇 가지 의견이다.

- "수업에서의 토론은 우리가 읽는 책이나 시에 관한 것이다. 이야기를 할수 있도록 허락을 받기 위해 대화를 멈추는 것은 우리가 생각하고 있는 것에 대해 말하는 것을 불가능하게 만들 것이다."
- "우리는 생각을 공유하고 서로에게 관심을 기울일 수 있다. 허락을 기다리다 보면 속도가 느려질 것이다."
- "때때로 시끄럽게 들리기도 하겠지만 우리는 대화를 통해 과제를 수행하는 동시에 즐기고 있는 것이다. 그것을 멈추게 해서는 안 된다!"

Stevens는 학생들이 논쟁을 뒷받침할 좋은 이유를 제시했다는 데 동의한다. 그녀는 학생들에게 다음과 같은 내용을 살펴보도록 한다. 다양한 다른 규칙에 대한 그들의 진술 그리고 왜 그들이 특정 규칙을 변경해야 하는지를 뒷받침하는 이유를 포함하도록 규칙을 추가하거나 변경하도록 한다.

학생들이 계속해서 글을 수정하고 공유하면서, Stevens는 좋은 논쟁을 구성하는 방법을 모델링하여 즉각적인 피드백을 제공한다. 그녀는 또한 그들이 쓴 것에 대한 수정을 통해 연습할 것을 장려한다. 그녀는 그들이 진술을 변경하고 논쟁을 개발할 때 나눠 준 종이에서 내용을 긁거나, 지우거나, 새로운 종이에서 시작하는 것을 허용한다.

그녀의 학생들이 이제 논쟁이 무엇이고 어떻게 논쟁을 만드는지를 안다고 확신하였다. 이에 학생들에게 그들이 규칙을 재고하도록 자신을 설득했다고 말했다. 명확한 근거와 정서적 참여를 포함한 학생들의 설득력 있는 주장은 Stevens가 권고되는 수정을 채택하도록 설득하였다. 학생들은 기뻐하고 안심하는 듯하였다.

그리고 나서 Stevens는 얼굴 가득 미소를 지으며, 자신들은 어떤 규칙도 바꾸지 않을 것임을 밝혔다. 대신, 이 강의는 그들이 읽고 있는 책에 대해 논의하기 위해 온라인 포럼을 이용하기 시작하였다. "이 연습의 목적은 여러분이 일관성 있는 글을 쓸 수 있도록 준비하기 위한 것이었습니다."라고 그녀는 말한다. "포럼은 여러분의 친구들과 채팅하고 메시지를 보낼 수 있는 곳이 아닙니다. 토론 질문이나 게시물에 답할 때, 여러분이 연습해 온 전략을 사용하기를 기대합니다. 좋은 논거는 명확하게 진술되어야 하고 읽은 것에서 나온 증거를 포함해야 합니다."

논쟁의 기술을 마스터하기 위해서, 학생들은 다양한 주제와 맥락, 피드백을 통해 더 많은 연습 기회를 필요로 한다. 따라서 Stevens는 학생들이 자신의 과제에 대해 논의하고 동료들에게 피드백을 제공할 수 있는 온라인 포럼을 시작하였다. 포럼에서는 여러 가지 주장이 동시에 포함되어 있는 긴 게시물이 권장되지 않는데, 그것들은 회신하기 어렵고 종종 토론을 심화시키기보다는 억압하기 때문이다. 이것은 토론을 배우는 데 이상적인 도구가 되게 하는데, 학생들로 하여금 각 게시물에 한 가지 사려 깊은 주장을 포함시키도록 장려하기 때문이다. Stevens는 포럼에서 학생들의 대화를 추적할 수 있다. 또한 그녀는 학생들의 주장을 읽고 주제와 관련된 논리와 일관성을 평가할 수도 있다. 이러한 포럼은 모든 학생의 작업이 웹상의 한 곳에서 집계되고, 인터넷에 접속할 수 있는 어떤 장소에서든지 빠르고 쉽게 검토하여 피드백을 제공할 수 있으며, 학생들이 학교에 있지 않을 때조차도 대화에 참여할 수 있기 때문에 교사들에게 매우 좋다. 포럼은 흔적을 만들어 냄으로써 서면으로 응답과 반응을 평가하는 수단을 마련한다. 또한 교사는 수업 중에 의견과 피드백을 작성하고 다음 대화에서 해당 수업의 영향을 볼 수 있다. 학생들의 대화를 글로 기록하는 이 아카이브(archive)는 시간이 지남에 따라 학생들의 작문 실력의 진보 정도를 보여 준다. 학생들이 자신의 주장을 쓰는 경험이 많을수록 그들은 그들이 전달하려는 의미를 분명하게 표현한다.

Stevens의 교실에서 볼 수 있었던 결과는 놀라웠다. 이전에 수업에 필요한 글을 쓰지 않았던 학생들은 곧 포럼에 적극적으로 참여하게 된다. 동료들은 그들의 주제에 코멘트(comment)를 게시하여 서로에게 글을 쓰도록 격려한다. 이 학급은 정기적으로 직접적인 토론을 열어 적절한 포럼 주제가 무엇인지와 온라인 토론을 유도하는 좋은 개방형 질문을 구성하는 방법을 검토한다. Stevens는 모든 학생의 게시물을 읽고 때로는 일부 학생에게 친구들뿐만 아니라 다른 학급 친구들에게도 응답하도록 한다. 그녀는 그녀의 학생들이 토론 포럼이 그들만의 공간이라고 느끼고, 그들이 온라인상에서 자신과 서로에 대한 책임을 지게 하고 싶어 한다. 전반적으로 포럼 경험은 Stevens가 가르치고, 평가하고, 모니터링하는 도구이자, 학생들을 위한 동기 유발 활동을 하는 데 있어 아주 만족스러운 것이다. Stevens는 자신의 학생들이 수업 중 자유 시간에 이 포럼에 참석해 달라고 요청하기까지 한다고 말한다.

국가 표준 및 UDL 전략을 이용한 설득력 있는 글쓰기 교수

이 장의 전반부에서 설명한 UDL 전략은 목표를 명확하게 설정하되 목표 달성을 위한 수단은 개방적이면서 유동적일 것을 권고한다. 주의 기준은 Stevens의 학생들에게 설득력 있는 쓰기 능력을 입증하도록 요구한다. 이 기준을 사용하여 그녀는 설득력 있는 글 마스터하기라는 명확한 학습목표를 설정하지만, 이것을 성취하기 위한 연습 방식은 바꾸었다. 그녀는 논쟁을 구조화하는 안내를 수업 전반에 제공하였다. 학생들이 그들이 이해하는 것과 논쟁을 형식화하여 시연하자마자 그녀는 학생들에게 독립적인 연습과 피드백을 주기 위해 온라인 포럼을 설정한다. 그녀는 포럼 참여를 매우 면밀하게 관찰하며, 학급의 나머지 학생이 독립적으로 과제를 수행하는 동안 그녀는 개별 학생들과 협의한다.

온라인 포럼을 이용한 설득적인 쓰기 학습

지금까지 많은 학생은 그들이 읽은 것에 대한 주요 아이디어를 확인하거나 요약하도록 요청받았을 뿐이다. 논쟁을 벌인다는 것은 그들이 확인한 주요 아이디어나 문제에 대한 그들의 입장을 진술하고, 그 입장을 뒷받침하는 다음 단계를 밟을 것을 요구한다. 온라인 대화를 위한 도구로서, 토론 포럼은 학생들이 논쟁을 구성하는 것을 배우고 연습하는 것을 도울 수 있다. 이러한 포럼에서 글을 쓰는 목적과 청중은 둘 다 명확하게 정립되어 있다. 토론은 주제별로 정리되어 있고, 학생들은 그들의 동료, 교사와 직접적인 의사소통을 위해 글을 쓴다. 다음은 온라인 포럼을 사용하여 쓰기를 지원하기 위한 몇 가지 팁이다.

• 수업 시간에 학생들이 자신의 게시물을 게시하고 동료의 게시물에 답변할 수 있도록 시간을 준다.
• 학교 밖에서 인터넷에 접속 가능한 경우 포럼에서의 토론을 과제로 제시한다.
• 학생들에게 다음을 알려 준다.
  – 하나의 포스트당 하나의 명확한 아이디어를 쓰는 데 초점을 맞춰야 한다.
  – 다른 사람이 게시한 내용에 동의하지 않을 때는 예의를 지켜야 한다.
  – 어떤 주제에 대한 입장을 끝까지 고집할 필요는 없다. 특히 글을 쓸 때, 때때로 어떤 이슈에 대해 한 가지 입장을 취하는 것은 위협적일 수 있다. 작가가 자신의 마음을 바꾸는 것은 가능하다.

토의 포럼 소프트웨어

Google Groups
http://groups.google.com

구글은 Google Groups라는 무료 토의 포럼 호스팅 애플리케이션을 갖고 있다. 사용자들은 사이트에서 제공하는 몇 단계를 따라 하면 포럼을 설정할 수 있다. Google Groups는 누구나 읽고 게시할 수 있는 공개 포럼이나 제한된 학생들만 접근할 수 있도록 제한된 비공개 포럼을 만들 수 있는 옵션을 제공한다.

Forumotion

http: www.forumotion.com

Forum Software

http://www.forum-software.org

만약 학교나 단체가 토의 포럼 호스팅을 고려하고 있다면, 이 웹사이트는 학교나 단체가 원하는 포럼 소프트웨어를 선택하는 데 도움을 줄 수 있는 자원을 가지고 있다. 이것들은 데모(demo)와 포럼 소프트웨어 애플리케이션에 대한 다양한 리뷰를 가지고 있으며 사용자가 여러 애플리케이션에서 포럼 기능을 선택하고 비교할 수 있는 비교 툴을 제공한다.

또한 UDL 전략은 연습과 성과를 위한 스캐폴딩을 제공할 뿐만 아니라, 연습과 성찰의 주기에 참여할 수 있는 기회—즉, 새로운 지식과 기술을 시험하고 즉각적인 피드백을 받을 수 있는—를 제공할 것을 권장한다. Stevens는 이해하기 쉽고 달성 가능한 단계를 통해 설득력 있는 에세이를 쓰는 방법을 가르쳤다. 그녀는 좋은 논증을 구성하는 하나의 요소로 시작하여 약한 논증을 더 강하게 만들기 위해 재구성하는 방법을 모델링함으로써 글쓰기 과정을 지원하였다. 한 번에 완벽하게 변론할 수 있는 사람은 없다. 하지만 Stevens는 학급 전체 구성원에게 이 과정에 참여하게 하고, 여러 번의 연습을 통해 피드백을 제공함으로써 학생들에게 고쳐쓰기의 가치를 가르친다. 나중에 이 포럼은 학생들에게 피드백을 주고받는 연습 및 적절한 수정 기회를 제공한다.

교육과정 학습을 위한 쓰기: 이스트 고등학교

이스트 고등학교에서는 특이한 광경이 펼쳐지고 있다. 거의 50명의 학생이 큰 교실 안에 꽉 차 있다. 교실 문을 통해 들여다보는 호기심 많은 방문객은 붐비는 교실을 둘러싸고 있는 풍부한 공예품, 문서, 지도, 포스터를 볼 수 있으며, 이것이 역사 수업일 것으로 추측한다. 하지만 무언가는 전혀 맞지 않는다. 왜 모든 학생이 Mark Twain의 『허클베리 핀의 모험(The Adventures of Huckleberry Finn)』을 훑어보고 있는 것일까? 호기심이 많은 방문객은 활기차게 진행되는 토론을 엿듣기 위해 문을 조금 열 수도 있을 것이다.

한 학생이 노예인 Jim이 Huck와 함께 도망가려는 계획을 공유하고 있는 소설의 한 구절에 대해 묘사하고 있다. Jim은 Huck보다 훨씬 나이가 많지만, Huck를 그의 선배로 대한다. 그 학생은 오늘날의 사회적 관습을 남북전쟁 이전과 비교하고 대조하기 위해 등장인물들의 상호작용을 이용하고 있다. 반 친구들 앞에서 남북전쟁 이전 남부의 모습을 찍은 영상이 SMART보드에 투사된다. Saunders는 이 소설에 대한 대화를 인터넷에서 구할 수 있는 주요 소재들에 초점을 맞추기 위해 바꾸었다. 도망간 노예들의 반환을 요구하는 노예 소유주들의 신문 광고를 보여 주는 웹 페이지가 게시판에 게시되어 있다. 학생들을 참여시키기 위한 수단으로, 그녀는 유명한 혁명가 Thomas Jefferson이 쓴 리스트 중에서 '구인광고(want ad)'를 전략적으로 선택한다. 그는 노예의 귀환에 대한 보상을 제시하는 광고를 냈다. 놀랄 일도 아니지만, 이 사진은 Jefferson—독립 선언문의 저자이자 미국의 대통령—이 노예가 되었다는 사실에 대해 학생들 사이에 활발한 토론을 불러일으키고 있다.

대부분의 사람은 쓰기 수업을 ELA 수업에서만 이루어지는 것으로 생각한다. 실제로 교육과정 전반에 걸쳐 의도적으로 더 많은 참여와 실습을 할 수 있는 방법을 알려 주는 지침서를 작성해야 한다. 이 경우에 ELA 교사인 Saunders와 역사 교사인 Drew는 쓰기 수업과 미국 역사 수업을 통합하기 위해 그들의 수업을 합쳤다.

과거에 Saunders는 '허클베리 핀'을 이해하기 위한 역사적 · 사회적 · 언어적 배경지식을 쌓기 위해 수업 시간 또는 그 이상의 시간을 보냈을 것이다.

마찬가지로, Drew는 학생들이 자신이 배운 역사를 읽기 쉬운 산문으로 표현하는 것을 어떻게 도와야 할지를 두고 고심했다. 이제 두 교사는 쓰기 교수 및 남북전쟁 이전의 남부에 대해 배울 수 있도록 돕는 책임을 공유하고 있다. 이와 같은 간학문적 협력(interdisciplinary collaboration)은 문학과 역사적 맥락에 대한 학생들의 관심을 표현할 뿐만 아니라 서로의 관심과 전문 지식을 활용할 수 있게 해 준다. 학생들은 소설에 대한 문학적 분석을 통해 비판적 사고 기술을 개발하고 역사에 있어 주요 자료를 분석함으로써 그러한 능력을 더욱 키워 가고 있다. 학생들은 역사적 정확성과 작문 실력 모두에서 점수를 부여받는다. 무엇보다도, 학생들의 지식과 기술은 향상되고 있고, 학습은 좀 더 의미 있고 흥미로운 것이 되었다. 미국 문학을 읽고 미국 역사를 배우려는 학생들의 동기, 에너지, 열정이 커지고 있다.

교육과정 안에서 UDL을 이용한 '쓰기' 교수

효과적인 교수 및 학습은 명확한 목표를 세웠을 때 시작된다(쓰기 교수를 위한 UDL 전략 중 첫째). Saunders와 Drew는 교육과정 전반을 폭넓게 살펴보고 자신들의 두 가지 교육 내용 분야에서 학생들이 반드시 익혀야 할 중복되는 지식과 기술을 찾아냈다. 그들은 쓰기, 비판적 사고, 학습을 상호 연결된 기술로 보았고, 두 교과의 교육 내용 분야에서 필수적인 부분을 학습하기 위해 쓰기에 집중하였다. 이것은 그들이 교사의 책임을 배분하고 서로의 기술과 전문 지식을 최대한 활용하는 방법에 대해 창의적이고 전략적으로 생각할 수 있도록 해 주었다. Saunders는 이제 학생들이 문학적 관점(literary lens)을 개발할 수 있도록 지원한다. 이에 대응하여 Drew는 전후 시대의 주요 자료를 분석하여 학생들이 역사적 관점(historical lens)에서 발전할 수 있도록 돕고 있다. 학생들은 인터넷의 디지털 라이브러리에 저장된 주요 자원을 검토하고 교실의 물리적 유물을 조사한다. Saunders는 쓰기과정에 대해 가르치고 있다. 그리고 Drew는 역사를 어떻게 생각하고 쓰는지를 학생들에게 가르쳐 줌으로써 역사를 배우는 전략으로 쓰기의 중요성을 강조한다. 협력 교수(co-teaching)를 통해 두 교사 모두 다양한 과제를 해결하고 최적의 학습 환경을 만드는 데 필요한 지원을 제공할 수 있다. 학생들은 쓰기에 대해 배우고 쓰기 능력을 적용하도록 두 가지의 교육과정 안에서 교육받는다.

쓰기는 초보와 숙련된 작가 모두에게 어렵고 힘들다. 학습자의 참여를 유도하고 지속적인 쓰기 동기를 부여하기 위한 또 다른 효과적인 UDL 전략은 주제 선택과 작문 방법을 제공하는 것이다. 협력 교수는 Saunders와 Drew가 문학과 역사 그리고 학생들의 대중문화에 대한 흥미와 지식을 결합시켜 주는 통합적인 수업을 설계하는 데 도움을 준다. 그들의 간학문적 과제는 ELA와 역사를 어떻게 가르쳐야 하는지에 대한 필수요소이다. 결론적으로, 학생들은 학습에 더 많은 투자를 한다고 느낀다. 학생들은 자신의 배경지식과 전문 지식을 이용하여 그들에게 의미 있는 관점에서 허클베리 핀과 다른 단원의 주제들에 대해 글을 쓸 수 있다.

교육과정 학습을 위한 쓰기

UDL 협력 교수의 보기로 제시된 이스트 고등학교 교사들은 학생들을 위한 여러 가지 수업목표의 교육적 효율성을 보여 주고 있다. 교사들은 학교, 사회 그리고 표준적인 가치의 쓰기를 한다. 그 결과, 그들은 ELA와 역사 교과 전반에 걸쳐 글을 쓰는 것에 초점을 맞추는 것이 각각의 교육 내용에 대한 학습과 사고를 용이하게 하는 타당한 방법이라고 결론지었다. Drew와 Saunders가 그들의 협력 교수 설계에 적용한 몇 가지 전략은 다음과 같다.

- ELA와 역사 교과를 위한 교육과정 목표는 각각 상당한 사전 지식을 요구한다. 교사들은 학생의 배경지식에 대해 가정할 수 없기 때문에, 학생들의 이해를 극대화하기 위해서는 반드시 '사전 교수(preteach)'가 이루어져야 한다.

- 이러한 교사들은 역사와 ELA 과목이 모든 학생에게 흥미로운 것이 아니라는 사실을 알고 있다. 그러나 교육목표 달성을 위해서는 참여가 필수적이다. 허클베리 핀을 예로 들면, 교사들은 학생들의 관심을 극대화하고 가르침을 강화하기 위해 몇 가지 기법을 이용하였다. ① 역사적인 사건과 현재 사건과의 연결고리 만들기, ② 유명한 사람들(예: Thomas Jefferson)의 중요 자원 사용하기, ③ 글쓰기 과제에서 주제와 구조에 대한 선택 제공하기.

- 역사와 ELA의 많은 서적은 우리가 일반적으로 사용하는 영어와는 다른 언어적 구조를 가지고 있다. 허클베리 핀에 대한 지원을 제공하기 위해, 교사들은 종종 수업 시간에 큰 소리로 글을 읽어 준다. 그리고 나서 교사들은 희귀하거나 오래된 단어나 어구의 의미가 무엇인지 공개적으로 토론하고, 문자 그대로 오래된 영어를 이해할 수 있는 현대적 언어로 '번역'한다.

형성평가 시행 및 장점

교사들이 쓰기를 평가할 때는 학습목표에 맞추어진 평가 기준을 선택하는 것이 중요하다. 쓰기 수업에서 학습목표는 쓰기 관련 초보 학습자들을 유능한 작가가 되도록 돕는 것이다. 쓰기과정을 마스터하는 것은 양질의 에세이를 작성하는 데 중요하다. 따라서 평가 자료는 학생들의 학습과정을 향상시키기 위해 사용되어야 한다(Graham, Harris, & Hebert, 2011). 앞서 제시된 처음 두 가지 예시는 '형성평가(formative assessment)'의 세 가지 양식, 즉 진전도 모니터링(progress monitoring), 동료평가(peer assessment) 그리고 자기평가(self-assessment)를 보여 준다. 그들은 학생들의 학습과정을 지원, 지도, 모니터링하기 위한 목적으로 학생과 교사 양쪽에 의한 학생의 쓰기에 대한 직접적인 평가라는 공통의 목표를 공유한다. 평가에 학생을 참여시키면 쓰기를 더 잘할 수 있다(Amato & Watkins, 2011; Murphy & Yancey, 2008; Topping, 2009). 다음은 형성평가의 유형에 따른 간략한 설명과 실행 방식 그리고 장점에 관한 것이다.

'진전도 모니터링'은 교육상 조정 정보를 제공하기 위해 자주 사용되었던 평가 시스템이다. 이러한 평가가 교육과정에 직접 연계되어 있을 때 '교육과정중심 측정(curriculum-based measurement: 이하 CBM)'이라고 한다. CBM은 유효하고 안정적인 진전도 모니터링 시스템으로 교사들이 학생들에게 제공한 쓰기 중재의 효과를 평가할 수 있도록 해 준다. 중재가 효과적이지 않을 때 교사는 중재를 수정할 수 있으며, 추후 이러한 수정에 대해 다시 평가할 수 있다. 이와 같은 유형의 진전도 모니터링은 이 장의 첫 번째 보기로 제시되었던 MassONE Writer에 내장되어 있다.

MassONE Writer의 진전도 모니터링 기능은 주기적(한 달에 두 번)으로 교사가 학생에게 쓰기 과제를 할당할 수 있도록 한다. 학생들은 쓰기 과제를 완성하기 위해 내장된 단어 편집기를 이용한다. 그러면 교사들은 학생들이 작성한 글의 내용, 문맥, 일관성 그리고 기법(철자, 문법 등)을 평가하고, 오류를 표시하고 주석을 추가한다. 교사는 학생들과 일대일 회의를 통해 그들의 쓰기결과를 검토할 수 있다. 이들은 서로 협력하여 다양한 쓰기 영역(내용, 스타일, 흐름, 완전성 그리고 작문 기법)에서의 발전을 논의할 수 있다.

또한 교사들은 이 자료들을 사용하여 그룹과 개인 기반의 학생들을 위한 쓰기 수업에 대한 결정을 내릴 수 있다. 교사는 학생들을 위한 지침을 수정하고, 연습을 제공한 다음 추가적인 진전도 모니터링을 수행하여 중재 또는 수정된 지침이 학생의 쓰기 능력을 개선하는지 여부를 평가할 수 있다. 따라서 MassONE Writer는 쓰기 도구, 스캐폴딩 그리고 쓰기 수업 지원을 원활하게 통합하고 진전도 모니터링 기능을 제공한다.

'동료평가'는 평가자와 피평가자 사이에 상호적으로 조정되는 지속적인 활동이다. 교사들은 학생들을 지도하고 학생들과 함께 학생들의 쓰기를 평가하기 위한 기준을 만들어 낸다. 그들은 의미 있는 피드백을 제공하기 위한 전략에 대해 논의한다. 학생들은 학급 동료들의 쓰기를 평가하고 피드백을 제공하기 위해 이 기준을 적용한다. 동료평가의 모든 단계에 적극적으로 참여하는 것은 쓰기과정에 대한 학생들의 깊이 있는 이해와 참여를 가져온다(Topping, 2009). 마지막으로, 교사와 동료의 빈번하고 정확하며 건설적인 피드백은 글쓰기 기술에서 상당한 이득을 가져다준다(Murphy & Yancey, 2008).

'자기평가'는 교사와 학생이 함께 쓰기평가를 위한 기준을 만들어 낸다는 점 그리고 피드백 전략에 대해 토론한다는 점에서 동료평가와 비슷하다. 자기평가가 동료평가와 다른 점은 자기평가는 학생들이 그들의 동료, 교사들의 피드백을 반영하여 그들 자신의 글을 스스로 평가하는 과정이라는 것이다. 자기평가는 학생들이 자신의 성과에 대해 평가하고, 모니터링하며, 반성하도록 독려한다(Murphy & Yancey, 2008).

앞의 '설득력 있는 쓰기 학습: JFK 중학교'에서 기술한 바와 같이, 동료평가와 자기평가는 쓰기과정 학습에 있어 필수적이다. 우선 Stevens는 교실 규칙을 엄격히 하고 학생들의 권리를 빼앗음으로써 논란을 일으켰다. 이것은 학생들이 논증에 대한 수업을 대비할 수 있도록 하였다. 시나리오가 전개되면서, 학생들과 교사는 논증의 정의에 대해 협의, 공동 구성하고, 논증을 평가하기 위한 기준을 결정하고, 효과적인 논증을 구성하고, 또래로부터 받은 피드백을 사용하는 연습을 수행한다. 반복 쓰기와 동료평가는 학급 토론에서 시작하여 학생들이 다른 관점에서 서로의 게시물에 반응하는 온라인 토론 포럼으로 이어진다. 나중에 학생들은 그들의 쓰기 및 논증 형성 전략을 학업적으로 설득하는 에세이에 적용한다. 동료평가는 이러한 학생들이 서로의 쓰기에 대해 평가하고 피드백을 제공하도록 도와주며 자기평가는 그들 스스로 자신의 글을 평가하고 수정하도록 돕는다. 학생들이 처음부터 쓰기와 평가과정에 진정으로 참여하는 것은 쓰기과정과 더 나은 에세이에 대해 더 깊이 이해할 수 있도록 해 준다.

글을 잘 그리고 자주 쓰는 작가로 성장시키기

오늘날, 학생들에게 쓰기에 필요한 지식과 기술을 제공하는 대신에, 쓰기 점수를 향상시키는 데 중점을 두는 것은 교사를 대규모 평가에 능숙한 기술자로 바꾸어 놓은 위험이 있다. 현재의 쓰기 교육과정, 교육 실습 그리고 교사 연수는 학습자, 효과적인 쓰기 수업, 그리고 웹 기반 테크놀로지에 대해 우리가 알고 있는 것을 활용할 필요가 있다. 학습자는 쓰기에 필요한 정보에 접근하고 이해하는 방식, 지식과 기술을 표현하는 방식, 참여하고 동기를 부여받는 방식이 각기 다르다. 쓰기는 다양한 형식과 내용 영역에 걸쳐 쉽게 전달되지 않는 기술이다. 한 가지 형태나 원리로 글을 쓰는 법을 배운 학생들이 다른 형식과 원리로 항상 그렇게 잘 쓰는 것은 아니다. 학생들은 각 분야에서 쓰기와 사고 방법에 대한 직접적인 가르침과, 각 분야에서 좋은 쓰기 모델을 연습하고 모방할 수 있는 기회가 필요하다. 유연한 수단과 적절한 지원 없이 높은 기대치를 설정하는 것은 학생들의 글쓰기에 대한 걱정과 두려움만 증가시킬 뿐이다.

UDL 프레임워크는 교육자들이 다양한 학습자의 요구를 충족시키기 위해 효과적인 쓰기 모델과 웹 기반 테크놀로지를 결합한 학습 전략을 설계하도록 유도할 수 있다. UDL 전략은 교육자가 명확한 목표를 설정하고, 이를 달성하기 위한 유연한 방법을 제공하고, 학생들에게 잘 그리고 자주 글을 쓰고자 하는 욕구를 심어 주는 데 도움을 준다.

참고문헌

Amato, J. M., & Watkins, M. W. (2011). The predictive validity of CBM writing indices for eighth-grade students. *Journal of Special Education, 44*, 195–204.

Applebee, A., & Langer, J. (2006). *The state of writing instruction: What existing data tell us.* Albany, NY: Center on English Learning and Achievement.

CAST. (2011). *Universal Design for Learning Guidelines version 2.0.* Wakefield, MA: Author. Retrieved from http://www.udlcenter.org/aboutudl/udlguidelines.

College Board. (2008). *SAT writing section.* Retrieved from http://www.collegeboard.com/student/testing/sat/about/sat/writing.html.

Gabriel, R. (2002). *Writers'workshops and the work of making things.* New York: Addison Wesley Longman.

Gersten, R., & Baker, S. (2001). Teaching expressive writing to students with learning disabilities: A meta-analysis. *Elementary School Journal, 101*(3), 251–272.

Graham, S., & Harris, K. (2000). The role of self-regulation and transcription skills in writing and writing development. *Educational Psychologist, 1*, 3–12.

Graham, S., Harris, K., & Hebert, M. (2011). *Informing writing: The benefits of formative assessment* (A report to Carnegie Corporation of New York). New York: Alliance for Excellence in Education.

Graham, S., MacArthur, C. A., & Fitzgerald, J. (Eds.). (2007). *Best practices in writing instruction.* New York: Guilford Press.

Graham, S., & Perin, D. (2007). *Writing next: Effective strategies to improve writing of adolescents in middle and high schools* (A report to Carnegie Corporation of New York). New York: Alliance for Excellence in Education.

Johnson, L. F., Levine, A., Smith, R. S., & Stone, S. (2010). *2010 Horizon Report.* Austin, TX: New Media Consortium.

Langer, J. A. (2009). Contexts for adolescent literacy. In L. Christenbury, R. Bomer, & P. Smagorinsky (Eds.), *Handbook of adolescent literacy research* (pp. 49–64). New York: Guilford Press.

McKee, R. (1997). *Story: Substance, structure, style and the principles of screenwriting*. New York: HarperCollins.

Murphy, S., & Yancey, K.B. (2008). Construct and consequence: Validity in writing assessment. In C. Bazerman (Ed.), *Handbook of research on writing: History, society, school, individual, text* (pp. 448-474). New York: Erlbaum.

National Center for Education Statistics. (2008). *The nation's report card: Writing. Percentage of students by writing achievement level*. Retrieved from http://nces.ed.gov/nationsreportcard/pdf/main2007/2008468.pdf.

Olson, C. B. (2011). *The reading/writing connection: Strategies for teaching and learning in the secondary classroom* (3rd ed.). Boston: Pearson.

Stein, M., Dixon, R., & Barnard, S. (2001). What research tells us about writing instruction for students in the middle grades. *Journal of Direct Instruction, 1*(2), 107-116.

Topping, K. J. (2009). Peer assessment. *Theory into Practice, 48*, 20-27.

Zinsser, W. (1988). *Writing to learn*. New York: Harper & Row.

과학 수업에서의
보편적 학습설계

JEREMY FOREST PRICE · MINDY JOHNSON · MICHAEL BARNETT

과학 용어, 개념 및 결과에 대한 이해와 참여는 교육받은 사람, 정보에 입각하고 활동적인 시민, 성공적인 노동자 및 지식이 풍부하고 비판적인 소비자라는 의미에서 훨씬 더 중요한 측면이 되고 있다. 전미과학아카데미(The National Academy of Sciences)의 『Taking Science to School』(Duschl, Schweingruber, & Shouse, 2007)은 과학 분야에서의 성공적인 교육 경험이 어떻게 서로 관련이 있고 어떤 형태로 얽혀 있는지에 대한 매우 훌륭한 설명을 제공한다. 이상적으로, 과학 수업에 있어 큰 흐름은 학습자가 기대하는 것으로 구성되어야 한다. 이 보고서에 따르면, 과학을 '배운다는 것(learning)'은 과학에 대해 '아는 것(knowing)'으로, 과학을 '이용하는 것(using)' '해석하는 것(interpreting)' 그리고 '참여하는 것(participating)'에 관한 것이라고 한다. 이와 같은 접근법은 직접적인 경험과 연관된 과학 학습 환경에서 성공할 수 있는 다양한 개인을 대상으로 과학 학습의 장을 열어 준다.

특히 이 접근법에서 과학 수업 시간에 성공적으로 참여하기 위해서는 많은 기술(skill), 태도 및 지식과 같은 일련의 세트가 필요하다. 과학 수업에서 '주변에 있는(in the margins)' 학생들—능력이 뛰어나거나 장애학생 혹은 언어, 문화 및 경험적 배경이 다른 학생들—은 우리가 '쉽게' 도달할 수 있는 학생들과는 프로필이 맞지 않기 때문에 가장 쉽게 좌절하고 자주 방치된다. 테크놀로지의 신중한 사용과 함께 UDL의 실용적인 지침을 사용하면 다양한 학생, 특히 주변에 있는 학생들을 성공적으로 포함시킬 수 있는 지원적인 학습환경을 제공할 수 있다.

이 장에서는 과학 수업과 관련하여 다양한 능력과 경험을 가진 학생들이 교실에서 과학 수업을 듣는 데 있어 직면할 수 있는 잠재적인 걸림돌에 대해 살펴볼 것이다. UDL 가이드라인을 고려한 테크놀로지의 사용이 다양한 학습자가 교실에서 과학 수업에 깊이 그리고 성공적으로 참여할 수 있는 기회를 제공하는 방법에 대해 설명한다. 또한 가정, 야외 그리고 과학관과 같이 교실 밖에서 테크놀로지를 사용하는 방법뿐만 아니라 UDL 주도의 테크놀로지가 과학 학습 평가에 미친 영향에 대해서도 살펴볼 것이다.

과학 학습에서의 잠재적 장벽

장애, 경험 그리고 배경지식과 같은 능력의 범위 안에서 학생들이 과학 수업에서 직면할 수 있는 잠재적인 장벽을 논의하기 위해 우리는 과학 활동에의 높은 참여 수준을 이루기 위해 필요한 몇몇의 과정, 기술 그리고 지식에 대해 기술할 것이다. 과학을 가르치기 위해 무엇이 전달되어야 하고 연습되어야 하는지에 대하여 생각하는 것이 아니라 대신 학생들이 과학을 학습할 때 무엇을 경험할 수 있는지를 생각해 보기 위해 다음 세 가지 종류의 과학 학습 활동을 제시한다(〈표 5-1〉 참조).

표 5-1	과학 학습에서의 잠재적 장벽: 과학 활동에 대한 요구 사항
과학에서의 사고하기	• '과학적인' 접근방식('상식적' 접근방식과는 대비되는) • 개방형 질문
과학에서의 말하기	• 숫자를 통해 세계에 대한 지식을 얻고, 해석하고, 표현하기 • 과학 어휘와 구조를 사용하여 이해하고 창출하기
과학에서의 행동하기	• 과학적 프로토콜 따르기 • 과학 수업에서의 협력

과학에서의 사고하기

과학 수업에서 무엇인가를 배우고 참여하려면 정보에 대한 특별한 사고 방법 및 분석 방법을 필요로 하는데, 이는 세상에 대한 의미를 만들고 이를 이해하기 위해서이다. 그리고 세상에 대한 의미와 감각을 만들기 위해서는 특별히 생각하고 분석하는 방법을 필요로 한다. 이와 같은 견해는 몇몇의 '마음의 습관(habits of mind)'* 또는 사고 방법을 포함하는데, 학생들은 과학 수업이 진행되는 동안에 습득할 수 있을 것으로 기대된다(Lee & Fradd, 1998). 마음의 습관은 흔히 '상식(common sense)'과는 다르다. 과학적 탐구 자체는 심지어 결과물이 과학적인 합의와 일치하고 있을 때조차도 완전히 열려 있고 혼란스러운 경험을 제공하는데(Donnelly, 2002), 다양한 학생에게는 이러한 일들이 걸림돌이 될 수 있다.

---

* 역자 주: 답을 모르는 문제가 주어졌을 때 지적인 사고과정을 통해 해결하는 포괄적인 능력이다. 여기에는 인내심, 책임감, 사고의 개발성, 유연성, 초인지(metacognition), 호기심, 창의성 등이 포함된다. [출처: 류태호(2017). 4차 산업혁명, 교육이 희망이다. 서울: 경희대학교 출판문화원.]

학생 사례

6학년 여학생이 스포츠 팀에 있어서 홈그라운드 이점의 유효성을 주제로 실험 보고서를 쓰고 있었다. 이 학생은 한 시즌 기간에 모든 경기의 점수를 수집하기 위해 10개 야구팀을 따라다녔다. 수집한 자료는 비록 몇몇 팀이 홈구장에서 더 많은 경기를 이긴 것처럼 보였지만, 전반적으로 홈그라운드의 이점은 이번 시즌 동안에는 없었다. 홈경기에서 많은 팀이 평균적으로 승리하기도 하고 패배하기도 하였다. 하지만 이 학생은 몇몇 팀들이 홈경기에서 더 많은 승리를 하였기 때문에 그녀의 이론인 홈그라운드의 이점에 대한 타당성을 인정하였고, 아직까지 그녀는 야구팀에게 홈그라운드의 이점이 존재한다고 믿고 있다. 홈그라운드의 이점이라는 대중적인 문화적 믿음이 그녀의 결과 해석에 영향을 주었다. 그녀는 홈그라운드 이점이 있을 것이라는 예상과 그녀가 수집하고 분석한 자료를 과학적으로 분리하지 못하였다. 일부 결과가 그녀의 예상을 지지하였기 때문에 그녀는 그녀의 해석이 타당하다고 느꼈다.

과학에서의 말하기

과학 학습에 있어 '마음의 습관'이 중요하다는 것 외에도, 학생들은 '과학자처럼 말할(talk like a scientist)' 것이 기대된다. 이것은 과학처럼 '들리고(sound like)', 과학처럼 '보이도록(look like)' 생각이나 자료를 표현할 수 있는 것을 포함한다. 많은 경우 숫자를 이용한 작업과 표, 그래프 그리고 보고서를 작성하는 것과 관련된다. 이것은 많은 학생에게 새롭고, 어려우며, 혼란스러운 경험이 될 수 있다.

학생 사례

9학년 학생에게 종이에 1800년부터 2008년까지의 인구 추정이 나와 있는 데이터 표를 이용하여 인구 성장 그래프를 그리도록 하였다. 그러고 나서 학생에게 2025년까지 데이터를 추정하도록 하였다. 주어진 자료는 산발적이었다. 비록 1960부터 2008년의 연간 자료는 있었지만, 초기 몇 십 년의 자료는 빠져 있었다. 학생은 축에 숫자를 부여하기 위해 동일한 간격을 사용하는 대신 주어진 연도를 그래프의 점으로 사용하였다.

비록 이 학생이 수학 시간에 많은 그래프를 만들어 왔지만, 공백과 일관성이 없는 정보를 포함하는 '실제(real)' 자료를 사용하는 것이 혼란을 초래하였다. 이 학생은 시간을 보여 주는 숫자들과 사람의 수를 보여 주는 숫자들의 개념을 완전히 이해하는 데 어려움을 겪었다. 또한 숫자가 너무 크기 때문에(그래프의 외삽은 Y축이 최소한 100억 개를 필요로 하였다), 익숙하지 않은 숫자(예: 1,000백만＝1십억)로 눈금과 간격을 만드는 것은 너무나 추상적인 작업이었을 것이다.

과학에서의 행동하기

마지막으로, 과학은 사고와 관련된 것일뿐만 아니라 실험, 자료 수집 및 구축과 같은 실행(doing)에 관한 것이기도 하다. 실험실 실습과 같이 실행은 종종 특정 방법의 사용 그리고 특정 프로토콜을 따라 하는 것과 관련이 있다. 다양한 학생에게 연습을 위한 지도와 계획은 놀라울 정도로 다양한 단계를 제공하고, 그것은 너무 복잡하거나 자세하며 경우에 따라서는 충분히 자세하지 않을 수도 있다. 덧붙여 협동학습의 다양한 이점 때문에 실험실 실습은 종종 쌍으로 혹은 그룹으로 행해진다. 이 그룹 형태는 결국 장애물을 만들어 낼 가능성을 가지고 있다.

학생 사례

3학년 학생은 주어진 다양한 물체가 자석에 붙는지 알아보기 위해 시험해 보기로 했다. 이를 위해 고무 밴드, 알루미늄 못, 철못, 종이클립, 자철석 그리고 사암을 준비하였다. 활동의 말미에 이 학생은 무엇이 자석에 붙는지에 관해 규칙을 만들기로 했다. 학생은 처음에 두 종류의 못과 종이클립이 자석에 붙을 것이라 예측하였다. 그는 아마도 금속 물체가 자석에 붙는다고 추정한 듯하다.

실험 후, 학생은 그의 예측과 일치하지 않는 혼란스러운 결과를 얻었다. 2개의 못 중 단지 철못 만이 자석에 붙었고 암석 중에서는 자철석만이 자석에 붙었다. 교사는 각각의 물체가 무엇으로 만들어졌는지 알아보고자 했으나 학생은 혼란스러운 결과를 사용하여 자석에 붙는 것에 대한 자신만의 규칙을 만들게 되었다. 비록 그 학생은 교사가 의도한 대로 조사 활동을 했지만 자석에 붙는 물체들 간의 유사점을 알아내는 것은 어렵게 되었고, 더욱이 이 결과를 바탕으로 한 규칙을 일반화시키는 것도 어렵게 되었다.

UDL 그리고 테크놀로지를 이용한 과학 수업의 장애물 해결하기

교실에서의 테크놀로지(UDL과 함께 설계되고 사용된)는 학생들과 교사들에게 앞서 기술한 장애물을 최소화하거나 극복하는 강력한 기회를 제공할 수 있다. UDL에 내재된 기본 개념은 다양한 경험, 장점, 약점, 흥미 그리고 배경을 가진 학생들은 현재 존재하고 있으며 앞으로도 항상 존재할 것이라는 것으로, 여기에서 반복 강조할 만한 가치가 있다. 테크놀로지는 좋은 교육과정과 효과적이고 지지적인 교수와 함께 내용, 목표, 방법 그리고 평가에 유연성을 제공할 수 있다. 이 유연성은 학생들에게 높은 수준과 기대치에 부응하면서 그들 자신의 방법과 속도에 따라 학습하고 성공할 수 있는 기회를 모두에게 제공할 수 있다.

UDL 가이드라인(CAST, 2011)은 교육자와 교육과정 개발자들에게 내용, 목표, 방법, 평가를 설계하고 개발하는 것뿐만 아니라 이러한 수업의 구성요소를 사용하는 전략적 틀을 제공한다. 이 책의 2장에서 Lapinski, Gravel과 Rose에 의해 자세히 설명된 것처럼 UDL 가이드라인은 표상, 행동/표현, 참여라는 UDL의 세 가지 원리에 따라 조직되어 있다.

이 장에서 설명되는 세 가지 학습 활동—과학에서의 사고하기, 과학에서의 말하기, 과학에서의 행동하기—은 각각 이러한 원리의 측면을 포함한다. 예를 들어, 실험실 연습을 완료하는 것은 과학에서의 표준 활동이다. 첫째, 교사는 자료의 표상에 대해 고려해야 하고(텍스트 중심의 수업을 보완하기 위해 스캐폴딩과 지원을 제공하고 그와 같은 텍스트가 어떻게 작성되는지 결정하는 측면에서), 뿐만 아니라 실험실에서 학생들이 접할 수 있는 다른 표상에 대해서도 고려해야 한다(화학적인 색깔 변화, 냄새 등). 이러한 모든 것이 UDL의 원리에 속한다.

또한 실험실 실습은 어떻게 자료와 상호작용하고, 요구되는 단계를 따르며, 자료와 발견한 것을 기록하고 보고하는 것과 같은, 각 학생의 행동과 표현(UDL 원리 II)을 위한 기회를 고려할 것을 요구한다. 끝으로, 실습은 학생의 참여의 질을 고려할 것을 요구한다(UDL 원리 III). 예를 들어, 연습을 과학 교육과정의 중요한 부분으로 만드는 것, 학생의 삶과의 관련성, 그리고 학생의 정체성에 대한 함의를 고려해야 할 것이다(참여). 〈표 5-2〉는 UDL 가이드라인의 유용한 체크포인트와 함께 세 가지 유형의 과학 학습 활동을 보여준다.

표 5-2 UDL 및 테크놀로지를 이용한 과학 수업의 장애물 해결하기

	표상을 위한 스캐폴딩	행동과 표현을 위한 스캐폴딩	참여를 위한 스캐폴딩
과학에서의 사고하기		• 과학적 사고와 탐구의 모델링 • 배경지식과 경험의 활성화 • '과학에서의 사고하기'와 '일상에서의 사고하기'를 비교 대조할 기회 제공	• 학생들의 선입견을 바꿔야 할 대상이 아닌 성장의 기회로 삼기
과학에서의 말하기	• 어휘 지원 • 핵심개념을 강조하고 단어, 표, 그래프에 대한 안내 질문 첨부 • 스크린리더의 활용	• 수 관련 인식을 개발시키기 위한 모의실험 • 과학적 보고서를 위해 문서구조와 스캐폴딩 제공 • 멀티미디어를 사용하여 과학적 지식을 표현할 기회 제공	• 중요한 과학기관과 지역사회 참여를 위한 기회 제공
과학에서의 행동하기	• 장황한 지침을 쉬운 과제들로 세분화 • 과제의 예를 비디오나 사진으로 제공	• 자료 수집을 위한 탐구도구 사용 • 그룹 구성원에게 과제 분배, 자료와 발견 공유	• 일상생활 경험과 현상의 접목

과학에서의 사고하기

앞서 언급한 바와 같이, 과학 수업은 학생들이 구체적이고 방법론적인 방식으로 세상을 생각하고 관찰할 것을 요구한다. 문제 해결에 대한 과학자의 객관적 견해와 문제 해결 접근법은 경험이나 기술로 인해 다양한 학생의 '기본(default)'적인 접근 방식과 충돌할 수 있다(또는 적어도 매우 이질적으로 보일 수 있다). 비록 모든 학생이 과학자가 되는 것이 필요하지 않고 원하지도 않을지라도(현실로 실현되면 그것은 항상 흥미롭고 희망적이지만), 과학에서의 주장과 현상을 평가하고 조사하기 위해 학생들은 일정 수준의 '지적 독립(intellectual independence)'을 숙달하는 것이 필요하다고 과학 교육자인 Munby와 Roberts(1998)는 지적한다. 이것은 학생들이 과학에서의 사고하기와 같은 특별한 사고방식을 인식하고, 생산적이고 효과적인 방법으로 그러한 사고에 참여할 수 있도록 요구한다.

또한 과학에서의 전문적인 사고방식을 인식한다는 것은 학생들이 일반적으로 자연 세계에 대해 참여하고 생각하는 방식과 '과학의 방식(science way)'을 비교하고 대조할 수 있다는 것, 그리고 이러한 다양한 방식으로 대화에 참여할 수 있음을 의미한다. 지적 독립은 스스로 이것을 수행할 수 있다는 것뿐만 아니라, 이러한 비교를 하는 일에 있어 언제 도움을 구해야 하는가를 아는 것이다. UDL을 염두에 두고 설계되고 사용되는 테크놀로지는 적절한 스캐폴딩과 지원으로 과학 수업에서의 자료를 보완함으로써 이러한 독립성에 도달하는 데 도움이 될 수 있다.

배경지식

UDL 가이드라인은 과학 수업에서 학생들이 사고할 때 '배경지식' 활성화의 중요성을 지적한다. 과학의 의미 생성과정에서 학생들이 인지적으로 그리고 경험적으로 이미 '공론화된 것(bring to the table)'과의 공통점과 연관성을 발견하도록 돕는 것이 중요하다. 여러 교과목에도 똑같이 말해질 수 있겠지만, 과학에서의 사고와 일상적인 사고방식 간의 차이점을 고려해 볼 때 이 과제는 특히 과학에서 어렵다.

이 과정을 스캐폴딩하는 방법으로, 앞서 언급했듯이 학생들이 과학에서 학습하고 있는 것과 그들이 이미 알고 있거나 경험한 것 사이의 연관성을 알 수 있도록 돕는 것이 중요하다. 또한 학생들이 그들이 어디에 있고(그들이 알고 있는 것 그리고 세상에 대해 어떻게 생각하는가에 대한 관점), 그리고 과학 수업에서 기대하고 있는 바가 무엇인지(세상을 특정한 방식으로 이해하는 것)를 알 수 있도록 도와야 한다.

모델과 시뮬레이션

전형적으로 잘못 이해되고 있는 개념에 대해 관련 모델이나 모의실험을 제공하는 것은 학생들의 잘못된 개념에 정면으로 대처하여 더 많은 심층 토의와 이해 확장을 위한 스캐폴딩을 제공할 수 있다. CAST의 Science Writer (http://science-writier.cast.org)는 과학 탐구과정에서 조력자나 가이드 역할을 하는 온라인 가상 아바타를 학생들에게 제공한다([그림 5-1] 참조). 이 아바타

[그림 5-1] Science Writer 애플리케이션에서 과학적 실험의 모델을 제공하는 애니메이션 요원
(http://sciencewriter.cast.org)

출처: CAST (2011). 허락하에 게재

들은 학생들이 자신의 과거 경험과 지식에 비추어 새로운 생각과 새로운 자료를 고려하도록 유도할 뿐만 아니라, 과학적 문제 해결을 위한 여러 다른 접근을 모의로 제시해 준다. 이것은 학생들이 이러한 기술과 접근 그리고 세계에 대한 사고방식을 연습할 수 있도록 한다.

토론

또한 교사는 아바타에 의해 모델링된 접근법을 따를 때 무엇이 학생들에게 놀랍고 새로운지, 왜 아바타에 의한 접근법이 '좋은 과학'에 대한 접근 방식인지, 그리고 학생들이 문제에 접근하고 조사하는 것과는 어떻게 다를 수 있는지에 대해 개별 학생 대상 혹은 학급 전체 토론을 할 수 있다.

토론의 유용성을 고려할 때, 이와 같은 대화에서 '오해(misconceptions)'와 '선입견(preconceptions)' 사이의 차이를 기억하는 것 또한 중요하다. 학생들은 백지상태가 아니며, 항상 인지적으로 그리고 경험적으로 무언가를 교실로 가져온다. 물리학자이자 교육학자인 Martin Eger(1992)는 이 선입견은 학생들이 그들의 과학 개념과 현상에 대한 지식과 이해를 확장시키는 중요하고 자연스러운 시작점이라는 것을 우리에게 상기시킨다. 그것들이 반드시 잘못 인식된 개념, 즉 바꾸거나 고치기엔 선천적이고 고질적인 실수인 것만은 아니다. 오히려 이러한 선입견은 과학, 과학적 사고방식 그리고 자연현상에 대한 성장, 발전 그리고 더 깊이 있는 이해를 위한 기회들이다. 선입견은 과학 교실에서 매력적이고 안전하며 포괄적인 학습 환경을 조장하도록 돕기 위해 가치를 인정받을 필요가 있다.

앞서 제시된 첫 번째 사례에서 과학적으로 수집되고 분석된 데이터와 자신의 경험을 구별하는 데 어려움을 겪고 있는 학생은 지식과 결론을 개발하는 두 가지 방법의 차이에 대한 논의에서 이점을 얻을 수 있다. 소리 내어 생각하기(think-aloud)와 같은 과학적 탐구에 사용된 방법의 실제 모델을 제공하면 과학적 사고와 경험적 사고의 차이를 이해하는 데 도움이 될 수 있다.

과학에서의 말하기

텍스트 기반의 의사소통(읽기)

과학에서의 말하기는 단지 과학적으로 자신을 표현하는 것만을 의미하지 않는다. 그것은 읽기, 쓰기, 협상하기 그리고 말하기를 포함해서 과학에서의 폭넓은 의사소통 활동에 참여하는 것을 의미한다. 앞서 언급했듯이, 과학은 학습자가 많은 전문 어휘를 선택하도록 요구한다. 디지털 텍스트는 텍스트 정의뿐만 아니라 사진과 다이어그램을 제공하는 내장된 그리고 주문형 어휘 기반 스캐폴딩을 제공할 수 있다([그림 5-2] 참조). 이러한 형태의 스캐폴딩은 어떤 현상이나 개념의 사례(example)와 비사례(nonexample)를 제공함으로써 학생들이 개념적 경계를 이해하도록 도울 수 있다. 적절한 디지털 형태로 자료를 제공하면 학생들은 해독 지원을 위해 스크린 리더(screen reader)를 이용할 수 있음은 물론 재생 가능한 점자정보단말기를 사용할 수 있으며, 텍스트를 큰 형식으로 표시하거나 필요한 색상 조합으로 표시할 수도 있다. 이와 같은 교육 자료의 적응성을 통해 교사는 학생들이 텍스트의 의미에 집중할 수 있는 개별화된 형식을 제공할 수 있다.

UrbanEcoLab은 고등학교 수준의 도시 생태학 커리큘럼으로, 온라인으로 그리고 대화형으로 학생들에게 본문 내에 내장된 주문형 어휘를 지원한다. 학생들은 각각의 키워드를 클릭함으로써 그것의 정의를 읽고, 그 단어를 나타내는 도표나 그림을 보고, 그 단어의 사례와 비사례를 볼 수 있다. 학생들

The lot has become a brownfield, which is an abandoned lot that is contaminated with hazardous substances. A dangerous chemical or part of an ecosystem (more) such as petroleum , lead , and mercury . You remember the underground gasoline storage tank was leaking, and that it could be petroleum that is contaminating the soil. It must be cleaned before the land can be used.

[그림 5-2] UrbanEcoLab에서 제공하는 읽기 지문의 예

*'위험한 환경(hazardous substances)'이라는 용어가 텍스트의 내용 내에서 정의되고 주요 개념이 강조되었다. 학생들은 필요에 따라 이러한 형태의 스캐폴딩 설정을 활성화시킬 수 있다.
출처: CAST (2011). 허락하에 게재

은 또한 핵심 개념이 강조되도록 선택할 수 있는데, 이는 본문의 중요 부분을 알아보기 쉽게 도와준다. 과학 교재를 더 잘 읽게 되고 핵심 개념을 인지하는 데 더 유능해질수록 학생들은 이러한 형태의 스캐폴딩을 덜 필요로 하고 덜 의존하게 된다.

CAST의 UDL Book Builder(http://bookbuilder.cast.org)는 교사가 학생을 위해 이미지가 있는 온라인 텍스트를 만들 수 있는 능력을 제공한다. 이러한 텍스트는 잘 구성된 HTML 형태로 제공되어 있어서 그것으로 혜택을 볼 학생들에게 내장된 스크린리더의 사용을 용이하게 한다. 또한 교사는 어휘 지원, 오디오 향상 및 애니메이션 요원과 같은 내장된 지원 및 스캐폴딩을 쉽게 만들 수 있어 학생들에게 또래와 같은 대화형 모델, 힌트 및 전략을 제공할 수 있다. 학생들 또한 UDL Book Builder를 사용해서 과제를 마치고 포트폴리오와 같은 방식으로 조직할 수도 있다. Book Builder Public Library는 교사 혹은 학생이 만든 수천 권의 책을 보유하고 있어 교실에서 즉시 사용할 수 있다.

과학 수업에 학생들 참여시키기

이 장에서 여러 번 언급했듯이, 과학과 학생들의 일상생활 또는 경험들 간에 연결점을 그들이 찾도록 하는 것은 많은 학생이 과학은 흥미롭고 실생활과 관련이 있다는 것을 알아내는 데 도움이 될 뿐만 아니라 그들이 과학적 감각을 배우고 만들어 가는 것을 돕는 데 있어서도 중요하다. 과학교육자 Angela Calabrese Barton(2002)은 과학교육의 한 가지 목적이, 특히 도시 소재의 교실들에 있어서, 학생들에게 '주요 과학 기관(critical science agency)'을 접해 볼 기회를 제공한다는 것이다. 다시 말해서, 과학은 학생들이 그들의 사회와 이웃들과 관계를 맺고 과학적 요소를 가진 화제들이나 문제들을 다루는 방법을 제시하여야 한다(Hashimoto-Martell, Mcneill, & Hoffman, 2011 참조). 이러한 목적을 위해, 테크놀로지는 이러한 방식의 참여를 지원하기 위한 다양한 방법으로 사용될 수 있다.

- 지역사회의 뉴스와 이슈를 연구하고 비슷한 이야기를 나눌 수 있는 공동체 찾기
- 이메일 또는 화상 회의를 통해 교실의 문제와 관련된 지역사회 구성원, 관련 기관 연결 및 개인 방문 연계
- 이메일이나 화상 회의를 통해 과학 영역 그리고/또는 공공의 참여 분야에서 경험을 가진 과학자 연결
- 참여 계획을 작성하고 게시하고 블로그 또는 위키(wiki) 형태를 통한 다양한 이해 관계자의 피드백 수집을 용이하게 함.

물론 이 목록이 전부는 아니다. 또한 교사는 참여를 목적으로 하는 테크놀로지의 사용은 양날의 칼이 될 수 있다는 것을 인식해야 할 필요가 있다. 즉, 이것은 많은 학생에게 놀랍고 효과적인 실현 가능성과 동기부여 요소가 될 수 있는 반면, 존재하는 장애를 악화시킬 수도 있으며 이전에는 인식하지 못했던 새로운 장애를 만들어 낼 수도 있다.

교사들이 필요한 테크놀로지 기기를 구매하기 위해 자금을 필요로 하는 경우, 웹사이트 DonorsChoose(http://www.donorschoose.org)는 자금 투자를 필요로 하는 교실 프로젝트에 대한 제안서를 게시함으로써 전국 그리고 전 세계의 기부자가 기금을 기부할 수 있게 한다. 더욱 자세한 정보는 웹사이트를 참조하기 바란다.

이미 학급에서 사용 가능한 온라인 텍스트—예를 들면, 위스콘신 대학교의 The Why Files(http://www.whyfiles.org)는 '뉴스 뒤의 과학(science behind the news)'과 같은 유용한 자료를 찾을 수 있는 자원이다. 이 외에도 교사들은 Diigo(http://www.diigo.com)와 같은 웹 페이지 주석 프로그램을 사용할 수도 있다. Diigo는 교실에 연결되어 있으며 이메일 주소가 필요하지 않은 무료, 특별, 보호, 비공식 학생 계정과 함께 교사에게 무료 계정을 제공한다. Diigo를 사용하면 교사가 HTML 웹 페이지의 중요한 포인트를 강조 표시하여 수업과 공유할 수 있을 뿐만 아니라, 이러한 하이라이트에 메모를 첨부하여 학생들에게 단어 또는 개념에 대한 정의를 제공하거나 이를 고려할 수 있는 안내된 질문을 제공할 수도 있다. Diigo는 또한 이러한 메모 내에서 대화가 일어날 수 있으므로 교사는 텍스트의 특정 부분에 관하여 질문할 수 있으며 학생

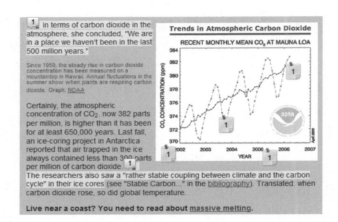

[그림 5-3] The Why Files의 'Blue Earth Day'에서 작동되는 웹 주석 도구인 Diigo의 한 예

*정보에서 중요한 부분을 나타내기 위해 텍스트 내에서 하이라이트를 할 뿐만 아니라 중요한 특징을 보여 주는 디지털 'sticky notes'를 적어 준다.
출처: 내용—University of Wisconsin Board of Regents(2012). 소프트웨어—Diigo, Inc.(2012). 허락하에 게재

은 답할 수 있다([그림 5-3] 참조).

텍스트 기반의 의사소통(쓰기)

UDL을 염두에 두고 설계된 테크놀로지는 관찰된 것들에 대해 파악하고 조직해 나가는 것뿐만 아니라 과학 또는 실험 보고서를 작성하기 위해 지원되는 환경을 제공할 수 있다. CAST의 Science Writer(http://sciencewriter.cast.org)는 과학적 탐구에 접근할 수 있도록 스캐폴딩과 모델링을 제공할 뿐만 아니라 보고서 작성에도 도움을 준다. 학생들은 표준문서 구조의 형태(서론/주제, 방법/절차, 결과 그리고 결론/논의)로 스캐폴딩과 함께 힌트, 팁, 그리고 온라인 애니메이션 아바타의 지속적인 지원을 통해 그 과정을 모델링한다. 학생들은 한 번에 한 섹션씩 이 구조에 접근하여 특정 사고와 글쓰기 기술에 집중할 수 있도록 하거나, 한 번에 보고서를 작성할 수 있다. 학생들은 또한 보고서의 각 부분을 검토하면서, 글을 다듬기 위해 복습 및 교정하는 과정을 따르도록 권장된다.

수치 의사소통

과학적 의사소통은 단지 문자뿐만 아니라 많은 숫자로도 이루어진다. 학생들은 표, 차트, 그래프를 읽고 해석하고 만들어야 한다. 이것은 학생들 수준에서 새롭고 어려운 경험이 될 수 있지만 UDL을 염두에 둔 테크놀로지는 아주 적절하고 내장된 지원을 제공할 수 있다. UDL로 설계된 테크놀로지는 차트와 그래프를 작성하기 위한 구조를 제공함으로써, 차트가 필요한 학생들이 차트 작성 시 보다 실용적이고 경험이 많으며 사용이 편한 단계별 절차를 안내한다.

지체장애, 시각장애, 미세한 운동이나 운동 계획 장애를 가진 학생들은 종이에 그래프를 그리는 데 필요한 기술로 인해 극도로 힘든 시간을 보낼 수 있다. 컴퓨터 보조 도표 작성 도구는 이러한 학생들에게 필수적이다. 이러한 도구가 없으면 학생들은 해당 활동에 완전히 참여할 수 없다. Create A Grapher (http://nces.ed.gov/nceskids/createagraph)와 같은 웹상에서 무료로 이용 가능한 온라인 그래프 자료들과 프로그램들은 Diigo를 사용하여 향상시킬 수 있다. Diigo는 교사가 자유롭게 움직이는 스티커 메모를 이미지나 그래프의 위 부분을 포함하여 한 페이지의 어느 곳에나 위치시킬 수 있도록 한다. 이 기능을 통해 교사는 축, 척도 및 제목과 같은 그래프의 다양한 보편적 특성을 지적하고 그래프가 무엇을 말하려고 하는지 이해하는 데 필요한 그래프의 중요한 추세를 지적할 수 있다. 다시 말해, 이러한 특징들은 요구에 의한 것들이며 사용될 수도 있고 그렇지 않을 수도 있다. 학생들이 그래프를 읽고 이해하는 데 있어 더욱 능숙해질 때 그들은 이러한 내장된 지원들을 점점 덜 필요로 할 것이다.

시뮬레이션은 학생들이 과학에서 숫자로 의사소통하도록 돕는 또 다른 공학적 지원 방법이다. 컴퓨터 기반 시뮬레이션은 학생들에게 기본 수치 구조와 데이터를 그래픽 및 동적으로 표현할 수 있는 대체 기능을 제공한다. 학생들은 포식자나 먹이의 수와 같은 변수를 조작하고 즉각적인 피드백을 받을 수 있다. Concord Consortium(http://www.concord.org)은 여러 과학 관련 분야에 있는 고품질의 시뮬레이션 및 시각적 모델링 소프트웨어 프로그램들을 제공한다. 그러나 많은 학생들이 화면에 나타나는 아이콘이나 색상, 기본 숫자와 구조들 사이를 연결 짓는 데 있어서, 특히 시작 부분에서 어떠한 도움을 필요로 할지도 모른다는 것을 명심해야 한다. 또한 과학은 많은 멋진 실제 경험을 제공할 수 있기 때문에, 학생들은 주변 세계를 탐험할 때 손을 더럽히는(dirty, 비유적으로 또는 문자 그대로) 테크놀로지를 통해서 이와 같은 경험을 보완하는 것이 중요하다. 이것들은 실험실, 학교 운동장, 마을의 공원에서 일어날 수 있다.

멀티미디어 의사소통

UDL을 프레임워크로 하여 테크놀로지에 접근하는 것 또한 교사들이 그들 자신과 그들의 과학적 기반을 표현하기 위해 학생들에게 멀티미디어 도구를 제공할 수 있게 한다. 예를 들어, 테크놀로지는 비디오, 애니메이션, 오디오 클립을 쉽게 만들게 해 주고 교사들과 학생들이 접근할 수 있도록 한다. Mac과 PC는 비디오를 만들기 위한 소프트웨어 묶음(각각 Apple의 iLife와 Windows의 Movie Maker)이 제공되며 사용하기 수월하다.

이에 더해 만화는 정보를 전달하는 매력적이고 정교한 매체이다. 전미영어교사협의회(National Council of Teachers of English: NCTE)와 국제독서협회(International Reading Association: IRA)는 무료 온라인 ComicCreator(http://www.readwritethink.org/classroom-resources/student-interactives/comic-creator-30021.html)를 제공한다. Plasq는 무료는 아니지만 기능이 풍부한 Comic Life(http://plasg.com)를 제공한다.

전통적인 과학 모드(예: 실험실 보고서)에서는 의사소통 및 해석에 필요한 기술과 지식이 가장 중요하지만, 멀티미디어는 많은 학생이 과학에 대한 기본적인 신뢰와 이해를 구축하는 데 도움을 줌으로써 매력적인 지원을 제공한다. 또한 이러한 비전통적 과학 커뮤니케이션 모델은 복잡한 과학 개념을 대중에게 전달하는 데 유용한데, 이는 과학자와 비과학자 모두에게 점점 더 중요해지고 있는 기술이다.

과학에서의 행동하기

과학에서 행동하기—즉, 과학 교실에서 기대되는 활동들을 수행하는 것—는 어지럽고 혼란스러운 경험이 될 수 있다. 활동은 주로 그룹에 의해 완성되며 학생들은 실시간으로 그들이 관찰한 것들을 기록해야 한다. 적절한 스캐폴딩이 없다면, 이는 다양한 학생에게 대단히 큰 도전 과제가 될 수 있다. 그러나 UDL에 기반한 테크놀로지는 학생들이 이런 장벽들을 만났을 때 극복할 수 있는 몇 가지 중요한 방법을 제공해 줄 수 있다. 이와 같은 일련의 단계를 통해서, 학생들에게 과학에서의 활동들이 그들의 지난 경험이나 외부 세계와 어떻게 연결될 수 있는지 상기시켜 주는 것은 중요하다. 그렇지 않으면, 실험이나 다른 활동들은 단지 학교 졸업을 위한 과업이나 활동으로만 보일지도 모른다.

예를 들어서, 테크놀로지는 데이터를 추적하는 것에 요구되는 인지적 · 신체적 에너지의 일부를 제거하는 데 도움을 줄 수도 있다. Concord Consortium의 CCProbeware(http://www.concord.org/research/probeware) 또는 다른 손바닥 크기의 컴퓨터 기기(handheld devices)에서 사용 가능한 많은 유사한 애플리케이션들과 같은 프로브웨어(Probeware)*를 사용하면 학생들은 온도계와 같은 실험도구(probe)를 포켓용 컴퓨터 장치에 연결할 수 있다. 그 소프트웨어는 조건이 변하거나 학생들이 새로운 환경에서 실험도구 사용을 시도할 때 실시간으로 변경 사항(예: 온도)을 추적한다. 학생들은 다시 돌아가서 자신이 조작한 변수에 대한 메모를 추가할 수 있다. 이를 통해 다양한 학생이 데이터를 수동으로 신속하게 작성하는 작업에서 벗어나 기본 질문 및 데이터

---

*역자 주: 정보 수집 및 분석에 활용되는 소프트웨어나 장치이다.

분석에 집중할 수 있다.

또한 테크놀로지의 사회적 특성이 부각됨에 따라 학생들이 과학 시간에 연습과 실험을 과도하게 하지 않고도 정보와 자료를 공유할 수 있어 실제 과학 학습에 집중할 수 있다. 자주 해 왔던 것처럼, 과제는 실험실 그룹 내의 학생들에 의해 세분화될 수 있지만 데이터 입력은 한 번만 완료하면 된다. Google Docs Spreadsheet(http://docs.google.com) 또는 Zoho Sheet(http:/sheet.zoho.com)와 같은 것을 사용하면 자유롭게 사용할 수 있다.

테크놀로지, UDL 그리고 교실 밖의 과학

학습과 논의를 위한 주제로서의 과학은 교실 밖에서 자주 발견할 수 있다. 사실, 이렇게 풍부한 자원과 경험을 연결시킬 수 있는 잠재력은 과학을 흥미롭고, 재미있고, 적절하고, 중요하게 만들 수 있다. 과학은 학생들의 뒤뜰에서, 학교 운동장에서, 마을 공원에서, 또는 과학관이나 자연사 박물관에서 찾아낼 수도 있다. 식물, 새, 동물들을 알아보기 위해서 온라인 자원들을 찾아보는 것은 과학을 매개로 부모와 아이들을 연결시켜 주는 한 가지 좋은 방법이 될 수 있다. 조류의 개체 수나 날씨 패턴을 추적하는 것과 같은 테크놀로지 지원 '시민 과학자(citizen scientist)' 이니셔티브에 참여하는 것 또한 아동들에게 과학 학습의 중요성을 소개하는 좋은 방법이다.

또한 과학관과 대학의 많은 과학자는 블로그를 보유하고 있기 때문에, 이메일이나 비디오 또는 사운드 파일을 통해 질문을 보내는 것은 잠재적으로 아동들의 흥미와 자신감을 쌓는 활동으로, 특히 능력, 언어, 경험, 또는 문화적 이유로 인해 어려움을 겪는 이들에게는 더욱 그렇다. 추가적으로, 많은 과학관은 그들의 전시에 대한 정보뿐만 아니라 웹사이트에 광범위한 자료를 제공한다. 교사는 학생들과 함께 앉아 방문을 계획하는 것이 가치 있는 일이라는 것을 알게 될 것이다. 또한 과학관들은 오디오 여행, 토론, 실습 및 테크놀로지 기반의 스캐폴딩 및 지원과 같은 학생들에게 더 나은 경험을 제공할 수 있는 테크놀로지 기반 서비스(장애가 있거나 그렇지 않은 방문객의 요구를 충족시키기 위해 전문화됨)를 제공할 수 있다.

최근 과학교육연구소(Institute of Education Sciences)의 지원을 받은 CAST 의 UDL Science Notebook(http://cast.org/research/projects/snudl.html)이 초등학교 교실에서 사전 시험되었는데, 컴퓨터 접근 그리고/또는 공간이 제한적이거나 그룹 데이터 수집이 선호되는 교실에서 이런 그룹 활동과 데이터 수집을 용이하게 하는 기능을 사용한다. 그룹 데이터 수집이나 필기가 완료되면, 학생은 '그룹 작업(group work)' 버튼은 클릭하고 그룹에서 학생들의 이름을 선택한다. 그 활동은 선택된 학생들의 노트에 자동으로 전송된다. 이와 같은 과정을 거쳐 공유 페이지는 각 학생의 개별 노트의 일부분이 되었기 때문에 학생들은 그들 자신의 수정이나 덧붙임을 추가할 수 있다.

활동 혹은 운동과 관련한 수업은 긴 목록을 제공하는 경우가 많은데, 긴 텍스트 블록을 읽거나 긴 지침 목록을 따르는 데 어려움을 겪는 학생들(예: 실행기능 장애학생)에게는 하나의 장벽이 된다. 수업을 관리 가능한 정보 단위(chunk)로 구분하는 것도 좋지만, 테크놀로지 기반 디스플레이를 사용하여 학생들이 선호하는 수업을 선택하게 할 수도 있다(긴 목록 또는 청크 목록). 마지막으로, CAST의 UDL Book Builder(http://bookbuilder.cast.org)와 같은 도구를 사용하여 수업을 하는 경우, 그들의 그룹 안에서 다른 사람들과 상호작용하는 시기와 방법을 알려 줄 필요가 있는 학생들을 위한 스캐폴딩을 포함하여, 동일한 어휘와 개념을 활동을 위한 수업 내용 안에 포함시킬 수 있다. 교사는 또한 이러한 단계와 작업에 대한 사진이나 비디오를 포함할 수 있다.

평가에 대한 함의

전통적 평가에 대한 일반적인 비판은 수업과 실행 사이에 거리가 있고, 학생들의 학습에 대한 정보가 부족하고, 종종 특정 학습자의 요구를 고려하여 설계되지 않았다는 것이다. 웹 기반과 기타 디지털 테크놀로지를 이용하면 모든 평가가 과학 콘텐츠뿐만 아니라 과학적 프로세스에 대한 학생의 이해를 수집하기 위해 역동적이고 보편적으로 설계될 수 있다. 대부분의 표준이 과학적 과정과 내용의 강력한 통합을 언급하기 때문에 이와 같은 후자의 측면은 과학에서 특히 중요하다.

전자 매체의 장점들 중 하나는 학생들이 명시적으로 그리고 내장된 평가를 통해 다양한 방법으로 평가될 수 있다는 것이다. 후자는 평가를 위한 별도의 수업 시간을 할애하지 않더라도 자세한 정보를 제공하기 때문에 특히 매력적이다. 예를 들어서, Concord Consortium은 초등학년이 프로세스, 방법 및 결과에 대한 이해를 입증하기 위해 실제 데이터를 조작하고 수집하는 초등학교 등급에 대한 일련의 가상 실험실을 개발하였다. 예를 들어, UDL 프로젝트(http://www.concord.org/projects/udl)의 일부로, Concord Consortium은 학생들이 프로브웨어를 사용하여, 실제 데이터를 수집하도록 하여 데이터가 '스마트 그래프(smart graph)'에 표시되도록 한다. 스마트 그래프는 학생들이 그래프의 요소들을 분석하여 더 깊이 심사숙고하고 더 깊이 이해할 수 있도록 해 준다. 그래프를 해석하는 것은 학생들(특히 초등학생들)에게는 다소 어렵게 느낄 수 있다. 하지만 스캐폴딩과 이해를 위한 검사를 그래프 안에 포함시키는 것은 학생들에게 그들의 그래프 해석이 정확한지 여부에 대한 즉각적인 피드백을 제공한다.

Concord의 작업은 스마트 그래프에 국한되지 않는다. 또한 그것은 학생들이 그들의 생각과 사고를 다양한 수단을 통해 표현할 수 있는 방법을 제공한다. 예를 들어, 학생들은 질문에 대한 도움을 신속히 제공받고, 그들이 텍스트나 그림을 통해 배운 것을 보여 주는 선택권을 제공받는다([그림 5-4] 참조). 이와 같은 방식으로 학생들은 데이터 수집에서부터 데이터 표현과 해석에 이르기까지 과학적 조사 전반에 걸쳐 지원을 받는다. 추가적으로, 학습에 대한 평가는 과정의 마지막뿐만 아니라 그들의 조사과정 전체에 걸쳐 포함되어 있다.

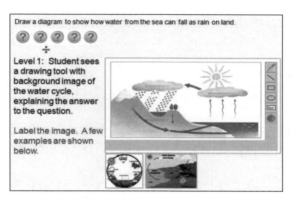

[그림 5-4] 물 순환에 관한 학생들의 아이디어에 대한
더 나은 이해를 위해 지원된 평가를 사용한 예

출처: 내용—Concord Consortium (2012). 이미지—Boulder Language Technologies (2012). 허락하에 게재

　그러나 마찬가지로 중요한 것은 교사들이 학생들의 작업결과에 쉽게 접근할 수 있도록 하는 것이다. Concord Consortium 프로그램에서 교사들은 웹포털을 통해 내장된 평가에 기초하여 학생들의 진전 상황을 모니터링하고 그에 따라 각 학생에 대한 설정(스캐폴딩의 양)을 변경할 수 있다. 또한 학생들의 실험결과와 그들의 아이디어는 교사들에게 보내는 다양한 상호작용 보고서에서 모니터링되고 요약된다. 최상위 보고서는 각 학생이 어떤 단계를 완료했는지 그래픽으로 보여 준다. 교사는 학생들의 작업을 확인하고 학생들에게 반응을 보내기 위해 이러한 단계들을 자세히 조사할 수 있다. 동일한 최상위 보기를 사용하여 교사는 각 학생에게 제공할 스캐폴딩의 양을 설정할 수 있다([그림 5-5] 참조). 특히 교사는 학생들이 자료를 어떻게 사용하는지, 각 과제에 얼마나 많은 시간을 사용했는지, 학생들이 얼마나 많은 도움을 요청했는지, 그리고 얼마나 많은 스캐폴딩을 요구하는지를 쉽게 추적할 수 있다.

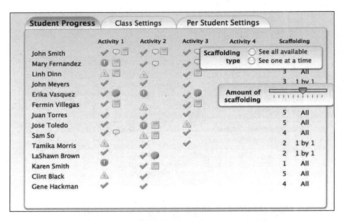

[그림 5-5] 스캐폴딩 설정 변경을 위한 교사 페이지

출처: Concord Consortium (2012). 허락하에 게재

결론

테크놀로지는 UDL과 함께 사용되어야 학생들이 과학 수업에서 배우고 성장할 때 포괄적이고 지원적인 환경을 제공할 수 있다. 학생들의 사고, 말하기 그리고 과학 공부에 있어서의 발전은 다양한 형태의 ① 표상, ② 학생의 행동과 표현 그리고 ③ 참여의 UDL 원리를 고려함으로써 촉진될 수 있다. 정보 및 통신 공학은 이러한 유연성을 제공하는 역할을 할 수 있으며, 이 장에 제공된 예시에 설명된 바와 같이 이미 그러한 역할을 수행하고 있다. 과학이 우리의 일상생활, 활동, 정치 구조에서 점점 더 중요한 측면이 되어 감에 따라, 과학의 역량, 경험, 또는 배경과 무관하게, 모든 학습에 있어 훨씬 더 중요해진다. 테크놀로지와 UDL은 이 과정에서 중요한 역할을 할 수 있다.

학생들에게 개별화된 스캐폴딩 설정과 지원을 제공하기 위한 테크놀로지의 사용에도 불구하고, 교사들은 과학의 교수-학습 과정에서 중심적이고 중요한 역할을 한다. 우리는 교사들이 매일 교실에 가져오는 사려 깊은 판단과 필요한 기술들을 과소평가하고 싶지 않다. 교사는 자신의 학생을 개인—그들의 요구, 관심사, 잠재력—으로 알아야 할 필요가 있을 뿐만 아니라, 주제에 대한 깊은 이해와 이러한 모든 것이 어떻게 상호 관련되고 상호작용하는지에 대해 깊이 이해해야 한다. UDL은 교사들이 과학으로 가득 찬 세상에서 학생들이 성장하고 발전하는 데 도움이 되는 방식으로 테크놀로지를 사용할 수 있는 프레임워크를 제공한다.

참고문헌

Calabrese Barton, A. (2002). Urban science education studies: A commitment to equity, social justice and a sense of place. *Studies in Science Education, 38*, 1–37.

CAST. (2011). *Universal Design for Learning Guidelines version 2.0.* Wakefield, MA: Author. Retrieved from http://www.udlcenter.org/aboutudl/udlguidelines.

Donnelly, J. F. (2002). Instrumentality, hermeneutics and the place of science in the school curriculum. *Science and Education, 11*(2), 135–153.

Duschl, R. A., Schweingruber, H. A., & Shouse, A. W. (Eds.). (2007). *Taking science to school: Learning and teaching science in grades K–8.* Washington, DC: National Academies Press.

Eger, M. (1992). Hermeneutics and science education: An introduction. *Science and Education, 1*(4), 337–348.

Hashimoto-Martell, E. A., McNeill, K. L., & Hoffman, E. M. (2011). Connecting urban youth with their environment: The impact of an urban ecology course on student content knowledge, environmental attitudes and responsible behaviors. *Research in Science Education.* Retrieved October 3, 2011, from http://dx.doi.org/10.1007/s11165-011-9233-6.

Lee, O., & Fradd, S. H. (1998). Science for all, including students from non-English-language backgrounds. *Educational Researcher, 27*(4), 12–21.

Munby, H., & Roberts, D. A. (1998). Intellectual independence: A potential link between science teaching and responsible citizenship. In D. A. Roberts & L. Östman (Eds.), *The problem of meaning in science curriculum* (pp. 101–114). New York: Teachers College Press.

수학 수업에서의
보편적 학습설계

ELIZABETH MURRAY · JACOB BROOKOVER

지금까지 수학 성취도가 높았던 적은 없었다. 중등학교에서 성공적으로 수학을 공부한 학생들이 대학에서 성공하고, 이후에 높은 수준의 직업을 획득할 가능성이 더 높다. 또한 수학은 일상생활에서 중요하다. 우리는 시간과 돈을 관리하고, 뉴스에 나타난 데이터를 이해하며, 집안일(예: 요리 또는 정원 가꾸기)을 처리하는 데 수학을 사용한다. 여전히 많은 학생은 수학의 개념, 절차 및 사실을 배우기 위해 애쓰고 있다. 국내 및 국제적인 평가는 미국의 모든 학년에서 효과적인 수학 교수와 학습을 필요로 함을 보여 주었다.

Adding It Up으로 명명되는 종합적인 연구를 통해, 전미연구심의회(National Research Council)의 위원회는 수학의 숙달과 관련된 다섯 가지 특성을 보고하였다(National Research Council, 2001, p. 116).

① 개념적 이해(수학적 개념, 사칙연산 및 관계의 이해−예: 뺄셈은 덧셈의 반대임을 이해함)

② 절차적 유창성(절차를 유연하고 유창하며 적절하게 수행하는 기술−예: 문제의 수나 변수에 관계없이 간단한 2단계 대수 방정식을 풀 수 있음)

③ 전략적 역량(수학 능력을 공식화하고, 표현하며, 문제를 풀 수 있는 능력−예: 여러 개의 창문과 문이 있는 방을 칠하는 데 필요한 페인트가 최소 몇 통이 사용될 것인지 결정)

④ 적응적 추론(논리적 사고, 반성, 설명 및 정당화를 위한 능력−예: 패턴에 대한 일반화를 공식화하고 설명)

⑤ 생산적 성향(수학을 자신의 효능과 근면에 결합시켜 합리적이고 유용하며 가치있는 것으로 보는 습관적 경향)

이와 같은 특성은 UDL의 세 가지 원리의 기초를 형성하는 뇌의 세 가지 네트워크에 따라 분류될 수 있다. 첫째 특성은 인지적 네트워크의 기능에 해당한다. 다음의 세 가지 특성은 전략적 네트워크와 관련된다. 그리고 마지막 특성은 정서적 네트워크와 관련된다. 이와 같은 특성들은 학생들이 직면하는 장애물에 초점을 맞추기 위해 사용한다.

수학과 인지적 네트워크

학생들이 수, 사칙연산, 규칙 및 표상에 대한 기본 개념을 이해하지 못한다면, 비록 그들이 학교에서 배우는 절차에 따라 약간의 기술을 향상시킬 수는 있으나 수학을 완전히 이해할 수는 없다. 인지적 네트워크는 개념적 지식의 발달에 중요한 역할을 하는데, 의미 있는 방법으로 이러한 표상들을 연결하는 것을 포함한다(Dehaene, 1997; Hasselbring & Moore, 1996; Hiebert

& Lefevre, 1986; Smith & Katz, 1996; Marshall, Superfine, & Canty, 2010; Thelen
& Smith, 1994). 수학의 많은 구성요소는 인지적 네트워크에 의존한다. 예
를 들어, 학생들은 숫자와 사칙연산 모델을 해석하고 내재화해야한다. 물체
간의 공간적 관계를 인식하는 것은 수학의 여러 측면에서 필수적이다(van
Garderen & Montague, 2003). 대수학을 숙달하기 위해서는 그들을 대표하는
숫자의 규칙과 기능 사이의 관계를 이해하는 능력을 필요로 한다[Brown &
Mehilos, 2010; National Council of Teachers of Mathematics(NCTM), 1998, 2000].
또한 수학의 개념적 이해는 학습자가 표상을 탐구하고 조작할 수 있는 기
회를 가질 때 향상된다(Eisenhart et al., 1993; Moreno & Mayer, 1999; Moyer,
Niezgoda, & Stanley, 2005). 기본적인 사실을 학습하는 것도 숫자에 대한 개념
을 잘 이해함으로써 촉진된다(Crespo, Kyriakides, & McGee, 2005; Jordan, 2010;
Jordan, Glutting, & Ramineni, 2010; Jordan, Hanich, & Kaplan, 2003). 수학적 개
념에 대한 확실한 이해가 없으면 수학은 일련의 자동화된 절차를 따르게 된
다(Ginsberg, 1997; Poncy, Duhon, Lee, & Key, 2010; Rittle-Johnson, Siegler, &
Alibali, 2001; Wood & Sellers, 1997).

개념적 이해의 장애물(수학적 개념, 사칙연산 및 관계에 대한 이해)

수 감각

수학적 개념을 이해하는 것은 많은 학생에게 어려울 수 있다. 이러한 이해
의 핵심은 흔히 '수 감각'이라고 불리는 것으로 이는 숫자가 의미하는 바에 대
한 감각과 숫자 암산하기, 계산·비교하는 것, 일상 활동에서 수학을 사용하
는 것을 의미한다. 수 감각이 좋은 학생들은 숫자의 규칙을 인식할 수 있고, 숫
자를 다른 방식으로 나타내며, 다른 절차를 이용해 계산할 수도 있다(자신이
스스로 찾아낸 방법을 포함). 수 감각이 좋은 학생들은 계산의 오류 여부를 판단
하기 위해 어림 기술을 사용할 수 있다. 예를 들어, 학생이 분수 7/8과 8/9를

더할 때, 답은 2보다 약간 작을 것임을 어림한다. 이와 같은 오류에 대한 인식은 추가적으로 이루어지는 점검 절차의 일부가 아닌 자동으로 이루어진다.

많은 학생은 수 감각이 약하기 때문에 수학에 어려움을 겪는다. 그들에게 수학은 암기되어야 할 임의의 기계적 시스템이다. 예를 들어, 구구단을 외울 수는 있지만 곱셈의 개념을 이해하지 못하고, 덧셈을 통해 곱셈 문제를 푸는 다른 방법을 생각하지 않는다.

마찬가지로, 분수를 전체의 일부로 이해할 수는 있지만, 예를 들어

그들은 물체의 부분집합과 같은 다른 방법으로 분수를 생각하지 않을 수도 있고,

혹은 다음과 같이 비율이나 부분으로 생각하지 않을 수도 있다.

각각의 어린이들이 2개의 쿠키를 가지고 있다. 어린이 1명/쿠키 2개

$$\frac{\text{어린이 1명}}{\text{쿠키 2개}}$$

수학적 개념의 다양한 표상을 이해하고 연관시키는 것도 개념적 이해에 매우 중요하다. 예를 들어, 학생들은 다음 표상들을 동일한 개념(2와 3을 더함)으로 보아야 한다.

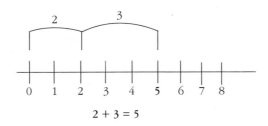

2 + 3 = 5

선수 지식 연결하기

수학적 개념을 이해하는 또 다른 주요 요소는 선수 지식에 연결하는 능력이다. 많은 교육자는 학습자가 수학의 다양한 영역(예: 대수, 기하학, 확률)에 걸쳐 적용되는 상호 의존적인 개념과 기술을 이해해야 한다는 점을 수학의 고유 주제로 생각한다. 또한 새로운 개념을 배우는 것은 초기 개념의 숙달에 달려 있다. 학생들이 현재 공부하고 있는 것과 그들이 이미 배운 것을 연결하지 못할 때, 수학은 관련 없는 주제들의 연속물이 되며, 이해는 거의 필요로 하지 않는 많은 양의 암기술을 필요로 하게 된다.

문제는 현재의 수학 교육과정에 의해 더해지는데, "1마일의 넓이와 1인치의 깊이(a mile wide and an inch deep)"라고 묘사되어 있다(Cogan & Schmidt, 1999, p. 2). 이는 한 해 동안 주어진 많은 주제를 다루도록 하고는 있으나, 일반화에 필요한 깊이 있는 이해를 개발하는 데는 조금의 시간만이 허용됨을 의미한다. 또한 대부분의 학생은 숫자에 대한 기본적인 인식을 가지고 학교에 입학하지만, 공식적인 수학교육에 직면했을 때 직관적인 이해를 빨리 포기한다는 것이다. 그들은 문제를 해결하기 위해 '하나의 올바른 길(one right way)'을 배우는 것에 집중하며, 항상 올바른 해결책은 하나뿐이라고 믿는다. 이것은 수학의 목표를 이해가 아닌 엄청난 수의 절차를 배우는 방향으로 밀어 넣고, 학생들은 다양한 상황에서 잘못 적용할 수 있다.

언어 및 기호의 해석

또한 수학적 개념의 이해에 기여하는 것은 수학의 언어 및 기호를 해석하는 것이다. '평균(average)'과 같은 단어는 일상 언어로서 한 가지 의미를 갖지만, 수학에서는 보다 정확하고 다른 정의를 가질 수 있다. 마찬가지로 학생들은 다음과 같이 간단한 수학적 표기는 물론

$$5 < 8$$

다음과 같이 복잡한 수학적 표기를 해석하는 방법도 배워야 한다.

$$x = \frac{-b \pm \sqrt{b^2 - 4ac}}{2a}$$

수학의 '문장'을 해석하는 것은 많은 학생에게 어려움이 될 수 있다. 기호 체계에 의해 부과된 어려움의 예는 학생들이 등호(=)를 해석하는 방법에서 볼 수 있다. 학생들은 종종 기호를 아래의 문제와 같이 등호 왼쪽은 문제로 그리고 등호 오른쪽은 정답을 의미하는 것으로 잘못 해석한다.

$$7 + 2 = \underline{\quad}$$

이 문제에 대한 정답은 9이며, 대부분의 초등학생과 중학생이 올바르게 해결한다. 그러나 다음과 같은 문제가 제시되면

$$7 + 2 = \underline{\quad} + 4$$

많은 경우 답을 9라고 한다. 많은 학생은 등호를 양쪽 변(side)의 값이 동일해야 한다는 의미로 해석하지 않는 것이다.

종종 문장제 문제를 통해 수학에 대한 학생들의 개념적 이해를 증명할 것을 요구하기도 한다. 그러나 이 형식은 읽기에 어려움을 겪는 학생들뿐만 아니라 많은 학생에게 장애물을 부과한다. 이러한 문제에 성공적으로 참여한 학생들은 각 문제 상황에 대한 정신적 모델(mental model)을 만들어, 이 모델

을 사용하여 해결책을 찾는다. 그러나 많은 학생은 해결책을 제시하는 핵심 단어를 찾는다. 이와 같은 접근법의 문제점은 다음에서 볼 수 있다.

Matt는 5개의 사과를 갖고 있다. Matt는 Sally보다 3개가 더 많다.
Sally는 몇 개의 사과를 갖고 있을까?

핵심 단어 접근법을 사용하는 학생들은 '더 많은'이라는 단어를 '더하다'의 의미로 해석하고, 8을 문제의 정답으로 제시한다. 일부 수학 교과서가 문장제 문제에 대한 다양한 형식을 제시하지 않고 핵심 단어 접근 방식을 사용하도록 유도하고 있기 때문에 이러한 어려움은 가중되고 있다. 그러나 이러한 접근법은 비효율적일 뿐만 아니라 개념 개발 및 전략적 이해에 방해가 되는 것으로 나타났다. 그리고 또 다른 문장제 문제의 장애물로 단순하면서도 혼란스러운 언어 구조를 들 수 있는데, 이는 특히 초등학교 저학년에서 많이 나타난다.

수학과 전략적 네트워크

학생들이 수학적 개념을 근본적으로 이해하면, 해당 개념을 조작하는 기술을 반드시 습득해야 한다. 전략적 네트워크에는 일상적인 행동이나 절차를 제어하는 네트워크와 문제 해결을 위한 적극적인 전략을 수립하는 데 사용되는 네트워크 모두가 포함된다. 전략적 행동은 행동이 일어나게 될 목표와 맥락에 크게 의존한다(Campanella & Shallice, 2011; Cooper, Shallice, & Faringdon, 1995; Dehaene, 1997; Jeannerod, 1997). 학생이 효과적인 학습자이자 문제 해결자가 되기 위해서는 기본적인 기술과 절차가 일상적으로 또는 자동적으로 이루어져야 하는 것이 필수적인 만큼, 학생들이 개념적 지식을 적용하는 데 더 많은 관심과 노력을 기울일 수 있도록 해야 한다(Gersten & Chard, 1999; Hiebert & Lefevre, 1986; Jordan et al., 2003, 2010). 학생은 적절한 절차를 선택하고 결정할 수 있어야 하며, 목표를 달성하거나 문제를 해결하는 것에 대한 효과를 모니터링할 수도 있어야 한다(Cary & Carlson, 1999; Hiebert & Lefevre, 1986; Lesh & Harel, 2003; Pressley, 1991). 또한 학생들은 복잡한 문제를 해결하기 위해 적절한 전략을 선택하고 효과적으로 정보를 구성하는 방법을 알아야 한다(Jitendra, DiPipi, & Perron-Jones, 2002; Siegler, 2003).

절차적 유창성의 장애물

사실과 알고리즘에 대한 학습과 회상

절차적 유창성의 주요 장벽은 학생들이 기본적인 사실과 알고리즘 (algorithm)을 배우고 회상하는 데 어려움을 겪는 것이다. 대부분의 학생은 기본적인 사실을 배울 때 예측 가능한 패턴을 가진다. 예를 들어, '2 + 3'을 계산할 때, 한 손은 두 손가락을 펴고 다른 손은 세 손가락을 편 후 모든 손가락의 수를 센다(counting all, 모두 세기). 다음 단계는 '이어 세기(counting on)'로, 학생들은 2(첫 손의 손가락 수)에서 시작하여 합계를 얻기 위해 3, 4, 5를 세기 시작한다. 다음으로 학생은 순서가 중요하지 않다는 것을 학습하게 된다. 큰 숫자(3)로 시작해서 이어 셀 수 있다(4, 5). 이상의 과정을 거치면서 학생들은 기본 사실들을 내재화하게 된다.

또한 학생들은 '두 배'(1 + 1=2, 2 + 2=4 등)의 개념을 배운다. 두 배의 개념을 사용하면 다른 사실을 회상하는 데 도움을 준다(예: 3 + 4는 3 + 3 + 1과 같다). 대부분의 아동은 이러한 단계를 직관적으로 수행하는 것으로 보이며, 각기 다른 단계를 사용하여 답을 찾고 기억에 통합한다. 이와는 대조적으로, 일부 아동은 수 세기 단계를 넘지 못한다. 그들에게는 자동성의 부족이 더 높은 수준의 문제를 해결하는 데 방해가 된다. 흥미롭게도 이러한 아동들은 일반적으로 수 감각에 문제가 없으나—이 아이들은 궁극적으로는 올바른 답을 찾을 수 있다—그들의 의식적인 노력은 자동적으로 수행되어야 하는 기술에 전념한다. 반면에, 과정 자체는 학생들이 수학의 기초가 되는 수학적 개념을 이해하지 못할 때 장벽이 될 수 있다. 예를 들어, 분수를 줄이기 위해 교차 곱셈 절차를 배우는 일부 학생은 실제로 왜 그렇게 해야 하는지를 이해하지 못할 수도 있으며, 심지어는 더 간단한 방법으로 문제를 해결할 수 있는 경우에도 이것을 적용하기도 한다.

유창성 도구

절차적 유창성은 자, 각도기, 계산기와 같은 수학 도구에 대한 능숙함뿐만 아니라 읽기 쉽고 정확하게 쓰는 능력도 포함한다. 아래에 제시된 2학년, 7세인 Brian의 예를 보자. Brian이 쓴 숫자는 능숙하지는 않으나 읽을 수 있는 정도는 되는데, '7+2=9'라는 글을 쓸 때는 두 가지 쓰기 방법(가로와 세로)에 대해 혼동하고 있으며, 두 가지를 조합하여 끝맺고 있다.

미세 운동장애가 있는 학생의 경우 쓰기가 어렵기 때문에 컴퓨터가 유용한 도구이기는 하지만, 수학 표기법을 기록하기에는 이상적이지 않으며(예: 위에서 살펴본 바와 같이 수학 문제를 세로로 쓰는 Brian의 경우), 일부 도구는 마우

스로 화면 조작이 어렵기도 하다.

전략적 역량의 장애물(수학적 문제의 공식화, 표상 및 해결 능력)

전략적 역량은 목표 달성을 위해 목표 설정, 행동 계획 수립, 정보 관리, 진도 모니터링 등 실행기능의 모든 측면을 활용한다. 수학적 문제 해결이란 간단한 계산을 완료하는 것을 의미하는 것이 아니라 더 복잡하고 어려운 문제를 해결하기 위해 취하는 접근법을 의미한다. 이러한 접근법은 문제를 해결하고, 계획을 모니터링하고, 필요에 따라 목표를 수정하기 위한 계획이나 전략의 개발을 필요로 한다. 문제 해결 중 자신의 생각을 모니터링하고 취해진 조치 및 해결 방법이 질문의 맥락에서 이치에 맞는지를 확인하는 것이 전략적 역량에 중요하다.

전략 사용

수학 문제로 어려움을 겪고 있는 학생들은 문제 해결 전략을 거의 사용하지 않을 뿐만 아니라 유연하지 못한 방법을 사용한다. 어떤 전략이 하나의 문제에 유용할 때, 학생들은 그 전략이 모든 문제에도 유용하기를 기대한다. '읽기, 계획, 풀이 및 확인'과 같은 일반적인 경험적 방법은 학생들이 성취하는 데 유용할 수 있지만, 일부 학생에게는 충분한 지침을 제공하지 못하며 유연성이 떨어질 수 있다. 학생들이 문제에 접근하는 법을 처음 배우는 경우, 표면적인 특성에 집중하는 경향이 있기 때문에 부적절한 해결 전략으로 이어질 수 있다. 일부 수학 교과서는 이와 유사하게 구조화된 문장제 문제를 제시함으로써 이를 강화시키는데, 이는 적절한 전략 사용에 대한 보다 깊이 있는 이해를 증진시켜 주지 못한다.

앞서 언급했듯이 많은 학생은 문제를 읽고 해결 전략을 수립하는 데 어려움을 겪는다. 그들은 핵심 단어와 숫자와 같은 보다 피상적인 측면에 초점을 맞춘다. 또 다른 문제는 학생들이 문제를 해결하는 데 도움이 되는 시각적 표현을 직접 만들 때 발생한다. 이 접근법을 성공적으로 사용하는 학생들은 문제의 본질을 표현하고 관련성 없는 세부 사항을 무시하는 도식표를 만들 수 있다. 하지만 수학에 어려움을 겪는 학생들은 문제 해결에 필요하지 않는 정보가 포함된 그림을 만드는 경향이 있다. 다음에 제시한 예시를 통해 차이점을 살펴보자.

> Mary는 자전거를 타고 Marla의 집까지 3마일을 갔다.
> 그리고 Mary와 Marla는 버스를 타고 4마일을 갔다.
> 그들은 버스에서 내려 아이스크림 가게까지 1마일을 걸었다.
> Mary는 총 몇 마일을 여행하였는가?

성공적으로 문제를 푸는 학생의 문제에 대한 답은 다음과 같다.

여기에는 문제를 해결하는 데 필요한 중요한 정보로, 관련 없는 세부 정보는 없다. 이에 반해 성공적이지 못한 학생들은 다음과 같이 그리는 경향이 있다.

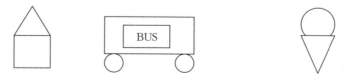

여기에는 이야기의 요소는 포함되어 있지만, 문제 해결에 필요한 정보는 포함되어 있지 않다. 이와 같은 접근법을 사용하는 학생들의 대부분은 정답을 찾지 못한다(van Garderen & Montague, 2003).

작업기억

문제 해결 기술과 관련된 또 다른 요소는 '작업기억(working memory)'으로, 정보를 유지하고 조작할 수 있는 능력을 의미한다. 이와 같은 정신적 '작업 공간(work-space)'은 많은 인지 활동에 중요하지만, 특히 암산과 같은 정보의 동시 저장 및 처리를 필요로 하는 사람들에게 더욱 중요하다. 작업기억은 여러 단계를 거치는 문제에서 중요하며, 학생들이 문제를 해결해야 할 때 질문을 기억하기 위해서도 필요하다. 성공적인 문제 해결을 위해 학생들은 작업기억을 관리하는 전략(예: 중간 단계 기록하기)을 개발하고, 해당 전략을 적용할 시기를 이해하여야 한다. 그러나 너무나 자주, 학생들은 인간의 두뇌로는 그러한 일을 할 수 없는 상황에서 '머리 속에서(in their heads)' 문제를 해결하려고 한다. 작업기억은 학생들의 문제 해결 능력을 강력하게 예측한다.

적응적 추론의 장벽(논리적 사고, 추론, 설명 및 정당화를 위한 수용력)

추론 능력은 수학를 이해하기 위해 필수적이다. 이 능력에는 아이디어의 개발 및 탐구, 예측 및 일반화, 결론에 도달하고 결론을 정당화하는 것이 포함된다. 수학적 추론을 적용한다는 것은 단순히 절차를 따르거나 사실을 회상하는 것이 아니라 수학을 '이해하는 것(making sense)'을 의미한다.

수학과 정서적 네트워크

정서적 네트워크는 개인에게 의미 있거나 중요한 것을 결정하는 데 필수적인 구조이다. 정서적 네트워크의 구조는 물건이나 상황이 두려운 것인지, 필요한 것인지, 조사해야 하는 것인지, 무시해야 할 것인지 등을 결정하는 데 중요하다. 따라서 정서적 네트워트 구조의 전형적인 기능은 행동에 대한

'why'—우리가 하는 일에 대한 이유 또는 '동기'라고 부르는—를 불러일으킨다(Damasio, 1994; LeDoux, 1996).

이러한 정서적 네트워크는 수학 학습과 어떤 관련이 있는가? 정서적 네트워크는 수학의 연산을 인식하거나 그 연산을 수행하는 데 있어 중심은 아니다. 하지만 정서적 네트워크는 수학에 참여할 것인지와 관련해서 중심에 있다(Hoffman, 2010). 어떤 순간이든 주의를 끌기 위한 많은 자극과 많은 행동이 제시된다. 그러나 아동이 수학 기호에 관심을 보일지 또는 문제 해결의 종류에 관심을 보일지는 정서적 네트워크에 따른 자극의 상대적 가치(또는 중요성)에 크게 달려 있다.

생산적 성향에 대한 장벽

수학은 학생들에게 불안감을 유발시키고 기피하게 하는 다양한 상황을 제공한다. 문제 해결 단계를 기억하는 것은 기억에 문제가 있는 학생에게 스트레스를 줄 수 있다. 수학적 의사소통을 강조하는 것은 언어장애 학생 그리고 동료들 앞에서 말하는 것에 대해 걱정하는 학생들에게는 어려운 상황이다. 좋은 문제 해결사는 문제에 대한 다양한 접근법을 시도해 보는 것에 익숙해질 필요가 있으며 '한 가지 올바른 방법'만 있는 것이 아니라는 것을 알아야 한다.

많은 학생은 수학을 잘 하지 못한다'는 생각을 키워 나간다. 수학을 위협으로 보는 학생들은 수학을 학습할 수 없으며, '더 열심히 공부하는 것'이 도움이 되지 않는다고 자주 생각한다. 이러한 학생들은 정확도를 속도로 대체함으로써 복잡한 문제에서 더 많은 오류를 범하는 경향이 있다. 실질적으로 미국 학생들은 선천적인 능력이 노력보다 훨씬 중요하다고 가정하며, 수학 학습에 노력을 기울이지 않는 것이 사회적으로도 용인되는 것으로 가정할 가능성이 더 높다.

어떤 학생들은 수학이 지루하다고 느낀다. 예를 들어, 기술을 연습하기 위한 문제가 포함된 교과서는 이미 해당 기술을 습득한 학생들에게는 도전적인 과제를 제시하지 않는다. 훌륭한 교수란 참여의 기술을 통해 수학 학습에 대한 동기를 부여하고 이를 통해 자신의 능력에 자신감을 갖게 하는 것이다.

수학의 가치에 대한 학생들의 인식은 중학년(middle grades)부터 떨어지며, 수학에서의 자기효능감에 대한 느낌도 마찬가지이다. 교사들은 실제 상황에 적용 가능한 것보다는 교과서와 교육과정에서 제시하는 방대한 양의 기술을 가르치는 것을 선호하기 때문이다. 그러나 이와 같은 예를 제외하면, Cogan과 Schmidt(1999)가 묘사한 바와 같은 넓지만 얕은(wide but shallow) 교육과정에 찬성하여 수학의 무용론에 대한 학생들의 믿음을 강화하고 개념적 이해를 강조하지 않는다.

UDL이 어떻게 도울 수 있는가

앞서 설명된 장애물은 많은 학생에게 중요한 영향을 미친다. 약 7%의 학생이 수학의 한 가지 이상의 측면에서 개념 및/또는 절차를 배울 수 있는 능력을 저해하는 수학 학습장애를 가지고 있다. 그리고 35%는 수학적으로 어려움을 겪는 학생으로 볼 수 있다. 이들은 앞서 설명한 여러 가지 이유로 수학 학습에 어려움을 겪는 학생들이다. 또한 운동 또는 감각 장애가 있는 학생들은 수학 내용에 접근하고 학습하고 있는 것을 보여 주기 위한 특별한 요구가 필요할 수 있다. UDL 원리는 이와 같은 모든 학생에게 다양한 방식을 제공한다(Mazzocco, 2007). 다음은 UDL 원리 내에서 기초공학 및 첨단공학을 통해 수학에 어려움을 겪고 있는 학생들을 지원할 수 있는 방법의 사례이다.

인지적 네트워크 지원

맞춤형 정보 제시 방식

학생들은 내용이 제시되는 방식 때문에 수학에 어려움을 겪을 수 있다. 수학 교과서는 수많은 텍스트 설명, 삽화, 지침, 예제 및 해결해야 할 문제가 포함되어 있는데, 이와 같은 모든 것은 학생들을 어떻게 해야 할지 모르게 할 수 있다. 교과서의 배치(layout)를 단순화하고 페이지당 제시되는 정보를 줄이는 방법은 학생들이 수학에 집중하는 데 도움이 될 수 있다. 도움이 되는 다른 전략은 큰 글꼴 사용하기, 페이지당 문제 수 줄이기, 정답 상자 제공하기 등이다. Microsoft Word 또는 다른 워드프로세싱 프로그램에서 워크시트를 만드는 것은 사용자 맞춤형 페이지를 만드는 방식이다. 시각장애와 같은 감각장애 학생에게는 특별한 배려가 필요하다. 종종 전통적인 형식은 이들 학생이 접근하기가 쉽지 않기 때문에 적절하지 않다. 이러한 경우에는 개념을 표현하기 위한 대체 형식이 필요하다. 텍사스 맹농학교의 웹사이트(http://www.tsbvi.edu/math)는 이와 같은 학생들을 위한 좋은 참고 자료가 된다.

어휘 및 기호 정의하기, 수학 표기법 해독하기

수학은 학생들이 학습해야 할 특정한 언어와 상징을 가지고 있다. 종종 '차이(difference)'와 같이 일반적으로 사용되는 단어는 수학에서 특별한 의미를 가지며 학생들은 올바르게 사용하는 방법을 알아야 한다. 그리고 '다항식(polynomial)'과 같은 단어는 전문적인 수학 어휘의 일부이다. 뿐만 아니라 수학에는 고유한 기호가 있으며 학생들은 해당 의미를 이해해야 한다. 학생들에게 수학 언어를 이해하는 데 도움이 되는 수학 사전 및 새로운 어휘 미리보기와 같은 추가 지원이 필요할 수도 있다. 멀티미디어 수학 사전을 온라인에서도 사용할 수 있다. Harcourt Math Glossary(http://www.harcourtschool.com/glossary/math2/index_temp.html)는 유치원부터 6학년까지의 학생들을 위해 제작되었으며, 오디오 및 영상 이미지를 모두 포함한다. The Interactive Mathematics Dictionary(http://intermath.coe.uga.edu/dictnary/homepg.asp)는 모든 학년을 대상으로 설계되었으며, 용어 설명을 위한 애니메이션 및 상호 작용과 같은 특징을 포함하고 있다.

다른 표상을 이용한 주요 개념 설명

수학을 이해하려면 상징적 · 언어적 · 물리적 표상으로 표현된 수 개념에 대한 인식 및 해석이 요구된다. 예를 들어, 5가 3보다 큰 수라는 개념은 다음 과 같이 나타낼 수 있다.

'5는 3보다 크다'(언어적)

5 > 3 (상징적)

1 2 3 4 5 (물리적-수 나열)

또한 각각의 형식 내에서 하나의 개념은 여러 가지 방식으로 표현될 수 있 다. '3은 5보다 작다'는 '3 < 5'의 또 다른 표현이다. 물리적으로 우리는 칩 (chips), 베이스 10 블록(Base 10 Blocks), 수 막대(Cuisenaire Rods) 또는 각기 다른 특성을 갖고 있는 무수한 다른 재료를 사용하여 3과 5 사이의 관계를 나 타낼 수 있다. 학생들은 이와 같은 각각의 형식으로 제시된 수학적 개념뿐만 아니라 그들 사이의 관계를 인식하는 것이 매우 중요하다.

우리는 통상적으로 다양한 미디어 및 형식을 통해 개념을 제시하는 것이 가장 좋다고 생각하지만, 항상 그런 것은 아니다. 만약 동일한 개념을 다른 형식으로 제시하는 경우, 해당 개념을 보다 명확하게 인식할 수 있도록 하는 형식을 신중하게 선택함으로써 학생들은 각각을 다른 개념으로 받아들이지 않을 것이다. 형식이 신중하게 선택될 때, 다양한 미디어와 형식의 사용은 학 습을 향상시킬 수 있다. 그러나 새롭거나 익숙하지 않은 형식을 사용하는 경우, 학생들이 기본 의미를 파악하고 이 새로운 표상을 이미 알고 있는 표상과 연결할 수 있는지 확인하는 것이 중요하다. 어른들에게는 명백하게 보이는 것이 종종 학생들에게는 전혀 명확하지 않을 때가 있다.

몇몇 웹사이트는 다른 표상을 통해 수학 개념을 지원하도록 설계된 웹사이트상의 프로그램을 제공한다. The National Library of Virtual Manipulatives (http://nlvm.usu.edu)는 초·중등학생을 위한 웹 기반 쌍방향 가상조작 도구 도서관이다. 쇼더 교육재단(Shodor Educational Foundation)의 Interactivate (http://www.shodor.org/interactivate)는 150개 이상의 도구와 활동을 포함하고 있다. Illuminations(http://illuminations.nctm.org)는 전미수학교사협의회(National Council of Teachers of Mathematics: 이하 NCTM)와 MarcoPolo 간의 파트너십을 통해 개발되었으며, 학년별로 분류되고, NCTM 표준과 연결되어 수학 개념을 탐구하는 것을 지원하는 대화식 도구가 포함되어있다. GeoGebra(http://www.geogebra.org/cms)는 중학생 및 고등학생들을 위한 역동적인 무료 프로그램으로 대수학, 기하학, 통계학 및 미적분학을 대화형 그래프 및 표로 연결하고 있다.

배경지식 제공 또는 활성화, 새로운 지식을 선수지식과 연결하기

새로운 지식은 그것을 이전에 학습한 것과 통합될 때 가장 잘 학습된다. NCTM 표준 중 하나는 선수학습 내용에 새로운 학습을 연결하는 것의 중요성을 명시하고 있다(NCTM, 2000). 학생들은 수학적 개념을 일상생활에 적용하는 것을 이해해야 한다. 또한 수학적 개념의 전반적인 틀 안에서 그들이 배우고 있는 수학을 이해해야 한다. 우리는 수학 콘텐츠 영역의 복잡한 수학적 표상이 점진적으로 웹상에서 구현되기를 원한다.

주요 특징, 목적(Big Ideas) 그리고 관계의 강조

학생들은 중요한 요소를 인식한 후 이러한 요소에 대한 가설을 세우고 검사함으로써 수학적 구조와 규칙을 배운다. 우리는 가르치고 있는 개념의 예를 신중하게 선택해야 하며, 학생들이 관련 기능에 집중하도록 해야 한다. 초보 학습자는 기본적 구조보다는 피상적 요소에 집중하는 경향이 있다. 따라서 새로운 정보를 도입할 때는 중요한 구조적 특징을 명시적으로 강조해야하며, 다양한 형식을 사용할 때는 학생들이 구조적 유사점을 지니고 있다는 것을 확인하도록 해야 한다. 학생들이 의미에 집중할 수 있도록 하는 학생용 워크시트를 만들어서 '강조표시(highlighting)'를 하게 할 수도 있다. 예제는 학생들이 현재 개념 이해에 기초하여 신중하게 선택되어야 하며, 이를 확장하는 데 사용되어야 한다. 예를 들어, 새로운 관점에서 무언가를 제시한다면 학습자가 이미 알고 있는 것과 명확하게 연결되어야 한다. 앞서 언급한 웹사이트상의 수학 프로그램에는 교사가 주요 기능에 집중할 수 있도록 도와주는 활동이 포함되어 있다.

전이 지원하기

종종 학생들은 수학 개념을 분리된 방식으로 배운다. 익숙한 문제에는 이와 같은 개념들을 적용할 수 있지만, 새로운 상황에 그들의 프로그램을 전이하는 방법에 대해서는 알지 못한다. 학생들은 다양한 상황에서 수학적 개념을 적용할 수 있을 때만 수학적 개념을 올바르게 이해한다. 학생들에게 이러한 새로운 상황을 제공하고 보다 익숙한 것들과 관련이 있다는 것을 이해하도록 안내하는 것이 중요하다. Math WebQuests(http://www.webquest.org)는 수학적 개념을 배우고 연습하기 위한 새로운 상황을 제공하는 사이트이다.

전략적 네트워크 지원하기

상호작용 및 답변하기에 대한 다양한 방법 제공

학생들은 연필과 종이를 이용한 전통적인 방식으로 시험을 치르는 것 이외에도 다양한 방법으로 배운 것을 보여 줄 수 있다. 게임을 만들고 규칙을 결정하는 것과 같은 개방형 과제는 학생들로 하여금 새로운 방식으로 지식을 적용할 수 있게 한다. 학생들은 각 학생이 일부 책임을 지는 프로젝트에 참여하거나 그룹으로 시뮬레이션을 만들 수 있다.

지식을 입증하기 위해 선택된 방법 자체에 문제가 없어야 한다는 것이 중요하다. 예를 들어, 필기에 문제가 있는 학생은 서면보다는 구두로 답변할 때 더 성공적일 수 있다. 마찬가지로 수업 중 이야기할 때 불안해하는 학생은 자신의 설명을 글로 써서 나타낼 수 있다. 수학에서의 어려움의 근원은 수학 자체가 아니라 답변을 표현할 수 있는 능력일 수 있다. 학생들에게 다른 방식을 활용하여 답변하도록 하는 것은 어디서부터 오해가 비롯되었는지를 파악하는 데 도움이 된다. 글쓰기 또는 말하기에 어려움이 있는 지체장애 학생은 특별히 고려해야 한다. 글쓰기 및 그리기에 어려움이 있는 학생의 경우, Efofex(http://www.efofex.com/mathpack.php)의 FX MathPack에는 교사와 학생이 수학의 그림, 기호, 그래프 및 방정식을 만들 수 있는 도구가 포함되어 있으니 참고하면 도움이 된다. 30일간 무료 평가판을 사용할 수 있으며, Efofex는 특별한 도움이 필요한 학생들에게 무료로 제품을 제공한다. 디자인 사이언스(Design Science)에서 제공하는 MathType(http://www.dessci.com/en/products/mathtype)을 이용하면 스크린 리더를 통해 수학 콘텐츠에 접근할 수 있으며 수학 점자로도 제시해 준다. 또한 Microsoft Word에서도 작동하여 수학 방정식 작성에 어려움을 겪고 있는 학생들을 지원한다.

연습과 실행을 위한 스캐폴딩 제공

수학적 사고의 일부가 되는 많은 과정은 학생들에게 모델링될 수 있다. 예를 들어, 교사는 특정 문제에 대해 가장 적합한 추정 방법을 결정할 때 사용된 추론 과정을 설명하기 위해 '소리 내어 생각하기'를 사용할 수 있다. 또한 이러한 추론은 텍스트와 삽화로 학생들에게 주어질 수 있다. 알고리즘을 적용하는 것과 같이 일상적이거나 자동적이어야 하는 기술의 경우, 참조용으로 단계를 제시하거나 계산기를 사용할 수 있다. 학생들은 참고로 사용할 수 있는 문제의 사례를 제공받을 수도 있다.

수학의 많은 기술—예를 들면, 기본적 사실, 알고리즘에서의 단계, 혹은 추정 규칙 회상하기, 데이터 디스플레이(data display) 만들기, 혹은 계산기 사용하기—은 일상적이거나 자동적이어야 효과적으로 사용할 수 있다. 학생이 이들 중 어느 하나에 추가적으로 노력을 기울인다면, 문제 해결에 필요한 고차원적 사고를 위한 노력은 줄어든다. 그러나 연습은 단순한 훈련을 의미하지 않는다. 지원되는 연습은 학생들이 수학 수업과 일상생활에서 제시되는 문제 모두에서 이 기술을 언제 그리고 어떻게 활용할 수 있는지 알 수 있도록 맥락 안에 기술을 배치하는 데 도움이 된다. 많은 수학 애플릿(applet)은 학생들에게 지원되는 연습을 제공할 수 있다. 검토를 위해 교육공학 실행센터(Center for Implementing Technology in Education, 2008)를 참조하라.

적절한 도구 제공

다른 고려 사항은 기술이 자동적이지 않을 때 학생이 필요로 하는 지원이다. 예를 들어, 많은 학생이 곱셈 알고리즘의 모든 단계를 기억하지 못하더라도 상대적으로 복잡한 문제를 해결하기 위한 곱셈의 개념적 이해를 적용할 수 있다. 만약 학생들이 계산을 해야 한다면, 대부분의 에너지는 문제를 분석하고 개념적 지식을 적용하기보다는 이와 같은 단계를 기억하는 데 전념할 것이다. 계산기를 사용하거나 계산에 능숙한 학생과 짝이 되게 하는 것과 같은 계산에 대한 지원을 제공하면 학생들은 문제 해결 기술을 개발하고 개선할 수 있는 충분한 기회를 갖게 된다. Microsoft Mathematics(http://www.microsoft.com/education/en-us/teachers/guides/Pages/Mathematics-guide.aspx)에는 교사와 학생 모두를 위한 여러 가지 도구가 포함되어 있다.

지원 계획 및 전략 개발

교사는 학생들이 새로운 문제(해결책이 분명하지 않거나 둘 이상의 정답이 있을 수 있는 문제)를 해결하기 위해 전략을 선택하고 적용하고 적응해야 하는 상황을 제시해야 한다. 이러한 유형의 문제는 학생들이 사용하고 있는 문제 해결 과정과 그것이 효과적인지 여부를 반영하도록 권장한다. 제공되는 상황은 하나 이상의 접근 방식이 작동하고, 학생이 진행 상황을 반영하고 조정해야 하는 상황이어야 한다. 이러한 기회의 목표는 반드시 학생들이 정확해야 하는 것은 아니지만, 기술을 효과적으로 적용하고, 과제를 수행하면서 자신의 과정을 반영하고, 적절한 대안 접근법을 배우는 것이다. Cut the Knot(http://www.cut-the-knot.org)은 게임, 퍼즐, 역설(paradoxes), 착시(illusions), 문제 해결 및 반성을 촉진하는 데 사용할 수 있는 여러 가지 유형의 활동이 포함된 웹사이트이다. PBSKids의 Cyberchase(http://pbskids.org/cybefchase)는 아동들이 강화된 수학 및 문제 해결 기술을 개발할 수 있도록 돕기 위해 고안된 모험 시리즈 웹사이트이다.

정보 및 자원 관리 촉진하기

종종 수학 문제는 복잡하기 때문에 여러 단계를 필요로 하고, 여러 출처의 정보를 활용하고 추적해야 하는 경우가 있다. 많은 학생은 효율적으로 정보를 사용할 수 있도록 조직적인 방식으로 정보를 유지하기 위한 좋은 전략을 갖고 있지 않다. 이러한 목적을 달성하기 위해 그래픽 조직자(graphic organizers)와 같은 지원을 받을 수 있다. 도표와 그래프 또한 정보 구성에 유용할 수 있다. 학생들은 이러한 도구의 다양한 형식의 장점에 대해 알아야 한다. 일부 학생은 문제를 해결하고 데이터를 추적하기 위해 메모지를 사용하는 방법을 배우는 것에서 이득을 얻을 수도 있다. 학생들에게 작업기억에 대한 아이디어를 설명함으로써 이와 같은 유형의 메모를 사용하여 정보를 관리하는 것이 왜 근본적으로 필요한지 이해하도록 돕는 것도 도움이 될 수 있다. Inspiration(http://www.inspiration.com/Inspiration)은 많은 사람이 아이디어와 정보 구성에 유용한 멀티미디어 개념지도(concept-mapping) 도구이다. 아동용 버전인 Kidspiration(http://www.inspiration.com/Kidspiration)도 있으며, 두 프로그램 모두 30일 무료 평가판을 제공한다.

진행 상황 모니터링을 위한 역량 강화

학생들이 오류를 분석하고 오류를 수정하는 방법을 찾도록 도움을 받으면 수 개념과 응용 프로그램에 대한 이해가 향상된다. 학생들은 자신이 수행한 과제에 의문을 제기하고 여러 가지 문제 해결책을 찾아야 한다. 그러나 진행 상황을 모니터링한다는 것은 완료된 작업을 평가하는 것만을 의미하지는 않는다. 정답을 정확하게 추론하고 마지막에 오답이 발견될 때 전체 문제를 삭제해야 할 가능성을 최소화하기 위해 각 문제 전반에 걸쳐 수행되어야 한다. 또한 교사는 배경지식이나 필요한 절차의 한계로 인해 학생들이 모니터링 중에 추가 지원이 필요한 상황을 인식해야 한다.

정서적 네트워크 지원

선택권 제공하기

학생들에게 내용과 도구를 선택하도록 제공하면 특정 개념과 기술을 배우는 것에 대한 관심과 열정을 높일 수 있다. 현재의 학습을 특정 관심 분야와 연결시킬 수 있는 기회가 있으면 학습이 쉬워질 수 있다. 학생들은 그들이 즐길 수 있는 활동에 포함되어 있을 때 기술을 연습할 가능성이 더 크다. 학생들은 수학 문제 자체에 관해서도 선택할 수 있다. 예를 들어, 교과서에 여러 가지 유사한 문제가 있는 경우 학생들은 모든 것을 해결하기보다는 그들이 풀고 싶은 세 가지를 선택할 수 있다.

관련성, 가치 및 실제성 강화, 위협, 주의 산만 줄이기

많은 학생이 많은 소프트웨어 프로그램에서 제공하는 멀티미디어 프레젠테이션 유형을 즐겨 사용하고 있으나, 이와 같은 상황을 지나치게 보는 사람들도 있다. 학생들은 가능할 때마다 그들의 학습 환경 광경과 소리를 통제할 필요가 있다.

많은 학생은 답을 찾는 데 필요한 수의 사실과 알고리즘을 기억하는 것에 어려움을 겪기 때문에 수학에서 성공할 수 없다고 생각한다. 다른 학생들은 사실과 알고리즘의 정확성을 즐기지만, 하나 이상의 정답이나 여러 가지 정답이 있을 수 있다는 개방적인 문제 해결 측면에서 불편해한다. 두 유형의 학생들 모두 교실에서 지원을 받아야 한다.

이상적인 수학 학습의 보상은 주제에 내재되어 있어야 한다. 그러나 많은 경우 외적 보상을 제공해야 한다. 학습을 게임이나 퍼즐 형식에 포함시키는 것이 이를 수행하는 한 가지 방법이다. 교사는 학생의 성과에 대한 보상으로 상품을 제공할 수도 있지만 궁극적으로는 가능한 한 내적 보상으로 이동해야 한다는 것을 명심해야 한다.

도전과 지원 수준의 변화

학생들에게는 지루하지 않을 정도의 너무 쉽지 않은, 혹은 더 많은 노력이 요구될 정도로 어렵고 도전적인 과제가 필요하다. 이와 같은 최적의 도전 수준은 학생마다 다르다. 과제 맥락 및 학습과 직접적으로 관여되지 않는 기타 요소(예: 가정의 관심)에 따라서도 다르다. 일부 학생은 자신이 배우는 것을 자주 연습할 수 있는 기회를 가지면서 조금씩 향상되는 것을 편안하게 생각할 수 있다. 반면, 다른 학생들은 더 크고 개방적인 학습 상황에 대한 도전을 즐긴다. 적응 가능한 수준의 도전은 이 두 집단의 학생들이 실패에 대한 위협을 받지 않고 최적의 도전 수준에서 수행할 수 있도록 한다.

숙련 기반 피드백 증가시키기

피드백은 추론 및 문제 해결 전략 개발에 필수적이다. 적절한 피드백은 학생들이 자신의 노력이 성과를 내고 수학에서 성공할 수 있다는 감각을 키울 수 있게 도와준다. 수학적 언어를 사용하여 피드백을 제공하면 학생들이 자신의 수행에 반영하기 위한 전략으로 의사소통을 사용하는 방법을 배울 수 있다. 또한 피드백은 학생들이 사고과정에서 문제를 찾아내고 시도할 수 있는 대안적 접근법을 찾도록 하며(학생들이 해결책에 대한 판단을 내리는 데 도움을 준다), 다른 사람들의 수학적 사고와 전략을 평가하도록 권장해야 한다. 학생들이 일상적이거나 자동화해야 하는 기술을 배우고 있을 때도 피드백은 필요하다. 관련성 있는 피드백을 위해서는 학생이 올바르게 수행했는지 여부만 나타내는 것이 아니라 올바른 것으로 만들기 위해 학생이 무엇을 변경해야 하는지를 알 수 있도록 도와야 한다. 예를 들어, 많은 학생은 받아내림 (regrouping)의 문제로 인해 뺄셈에 오류를 일으킨다. 이 학생에 대한 피드백에는 받아내림이 자릿값과 어떤 관련이 있는지 포함될 수 있다.

결론

수학은 현재의 교육 환경에서 점점 더 강조되고 있다. 교사들은 더 이상 '일부 학생은 수학이 서툴다.'고 말할 여유가 없다. UDL 원리를 수학 수업 및 평가에 적용함으로써 교사는 개념적 이해, 절차적 유창함, 전략적 능력, 추론을 지원하는 유연한 학습 환경을 조성할 수 있으며, 동시에 수학이 유용하며 학생들이 마스터할 수 있는 과목임을 학생들에게 보여 줄 수 있다. UDL은 모든 학생들이 수학을 성공적으로 학습하는 데 도움이 되는 유용한 방법이다.

참고문헌

Brown, S. A., & Mehilos, M. (2010). Using tables to bridge arithmetic and algebra. *Mathematics Teaching in the Middle School, 15*(9), 532-538.

Campanella, F., & Shallice, T. (2011). Manipulability and object recognition: Is manipulability a semantic feature? *Experimental Brain Research, 208*(3), 369–383.

Cary, M., & Carlson, R. A. (1999). External support and the development of problem-solving routines. *Journal of Experimental Psychology: Learning, Memory, and Cognition, 25*(4), 1053-1070.

Center for Implementing Technology in Education. (2008). Practicing math online: Fun, free, and cool! Retrieved from http://www.ldonline.org/article/24850.

Cogan, L. S., & Schmidt, W. H. (1999, Fall). Middle school math reform. *Middle Matters, 8*, 2-3.

Cooper, R., Shallice, T., & Faringdon, J. (1995). Symbolic and continuous processes in the automatic selection of actions. In J. Hallam (Ed.), *Hybrid problems, hybrid solutions* (pp. 27-37). Amsterdam: IOS Press.

Crespo, S. M., Kyriakides, A. O., & McGee, S. (2005). Nothing "basic"about basic facts: Exploring addition facts with fourth graders. *Teaching Children Mathematics, 12*(2), 60-67.

Damasio, A. R. (1994). *Descartes'error: Emotion, reason, and the human brain.* New York: Putnam.

Dehaene, S. (1997). *The number sense: How the mind creates mathematics.* New York: Oxford University Press.

Eisenhart, M., Borko, H., Underhill, R., Brown, C., Jones, D., & Agard, P. (1993). Conceptual recognition falls through the cracks: Complexities of learning to teach mathematics for understanding. *Journal for Research in Mathematics Education, 24*(1), 8-40.

Gersten, R., & Chard, D. (1999). Number sense: Rethinking arithmetic instruction for students with mathematical disabilities. *Journal of Special Education, 44,* 18-28.

Ginsberg, H. P. (1997). Mathematics learning disabilities: A view from developmental psychology. *Journal of Learning Disabilities, 30*(1), 20-33.

Hasselbring, T. S., & Moore, P. R. (1996). Developing mathematical literacy through the use of contextualized learning environments. *Journal of Computing in Childhood Education, 7*(3-4), 199-222.

Hiebert, J., & Lefevre, P. (1986). Conceptual and procedural recognition in mathematics: An introductory analysis. In J. Hiebert (Ed.), *Conceptual and procedural recognition: The case of mathematics* (pp. 1-27). Hillsdale, NJ: Erlbaum.

Hoffman, B. (2010). I think I can, but I'm afraid to try: The role of self-efficacy beliefs and mathematics anxiety in mathematics problem-solving efficiency. *Learning and Individual Differences, 20*(3), 276-283.

Jeannerod, M. (1997). *The cognitive neuroscience of action.* Cambridge, MA: Blackwell.

Jitendra, A., DiPipi, C. M., & Perron-Jones, N. (2002). An exploratory study of schema-based word-problem-solving instruction for middle school students with learning disabilities: An emphasis on conceptual and procedural understanding. *Journal of Special Education, 36*(1), 23-38.

Jordan, N. C. (2010). Early predictors of mathematics achievement and mathematics learning difficulties. In R. E. Tremblay, R. G. Barr, R. D. Peters, & M. Boivin (Eds.), *Encyclopedia on early childhood development (online)* (pp. 1-6). Montreal: Centre of Excellence for Early Childhood Development. Retrieved

February 23, 2012, from http://www.child-encyclopedia.com/documents/ JordanANGXP.pdf.

Jordan, N. C., Glutting, J., & Ramineni, C. (2010). The importance of number sense to mathematics achievement in first and third grades. *Learning and Individual Differences, 20*, 82-88.

Jordan, N. C., Hanich, L. B., & Kaplan, D. (2003). Arithmetic fact mastery in young children: A longitudinal investigation. *Journal of Experimental Child Psychology, 85*, 103-119.

LeDoux, J. (1996). *The emotional brain.* New York: Simon & Schuster.

Lesh, R., & Harel, G. (2003). Problem solving, modeling, and local conceptual development. *Mathematical Thinking and Learning, 5*(2-3), 157-189.

Marshall, A. M., Superfine, A. C., & Canty, R. S. (2010). Star students make connections: Discover strategies to engage young math students in competently using multiple representations. *Teaching Children Mathematics, 17*(1), 38-47.

Mazzocco, M. M. M. (2007). Defining and differentiating mathematical learning disabilities and difficulties. In D. Berch & M. M. M. Mazzocco (Eds.), *Why is math so hard for some children?: The nature and origins of mathematical learning difficulties and disabilities* (pp. 29-48). Baltimore: Brookes.

Moreno, R., & Mayer, R. E. (1999). Multimedia-supported metaphors for meaning making in mathematics. *Cognition and Instruction, 17*(3), 215-248.

Moyer, P. S., Niezgoda, D., & Stanley, J. (2005). Young children's use of virtual manipulatives and other forms of mathematical representations. In W. J. Masalaski & P. C. Elliott (Eds.), *Technology-supported mathematics learning environments* (pp. 17-34). Reston, VA: National Council of Teachers of Mathematics.

National Council of Teachers of Mathematics (NCTM). (1998). An NCTM statement of beliefs. *NCTM News Bulletin, 35*(1), 5.

National Council of Teachers of Mathematics (NCTM). (2000). *Principles and standards for school mathematics.* Reston, VA: Author.

National Research Council. (2001). *Adding it up: Helping children learn mathematics*. Washington, DC: National Academies Press.

Poncy, B., Duhon, G., Lee, S., & Key, A. (2010). Evaluation of techniques to promote generalization with basic math fact skills. *Journal of Behavioral Education, 19*(1), 76-92.

Pressley, M. (1991). Can learning-disabled children become good information processors?: How can we find out? In V. Feagans, E. J. Short, & L. J. Meltzer (Eds.), *Subtypes of learning disabilities: Theoretical perspectives and research* (pp. 137-162). Hillsdale, NJ: Erlbaum.

Rittle-Johnson, B., Siegler, R. S., & Alibali, M. W. (2001). Developing conceptual understanding and procedural skill in mathematics: An iterative process. *Journal of Educational Psychology, 93*(2), 346-362.

Siegler, R. S. (2003). Implications of cognitive science research for mathematics education. In J. Kilpatrick, W. B. Martin, & D. E. Schifter (Eds.), *A research companion to principles and standards for school mathematics* (pp. 219-233). Reston, VA: National Council of Teachers of Mathematics.

Smith, L. B., & Katz, D. B. (1996). Activity-dependent processes in perceptual and cognitive development. In R. Gelman & T. Kit-Fong (Eds.), *Perceptual and cognitive development* (2nd ed., pp. 413-445). New York: Academic Press.

Thelen, E., & Smith, L. B. (1994). *A dynamic systems approach to the development of cognition and action*. Cambridge, MA: MIT Press.

van Garderen, D., & Montague, M. (2003). Visual-patial representation, mathematical problem solving and students of varying abilities. *Learning Disabilities Research and Practice, 18*(4), 246-254.

Wood, T., & Sellers, P. (1997). Deepening the analysis: Longitudinal assessment of a problem-centered mathematics program. *Journal of Research in Mathematics Education, 28*(2), 163-186.

CHAPTER
07

보편적 학습설계를 이용한
Doing History

KRISTIN H. ROBINSON · ANNE MEYER

우리 대부분은 교사가 설명하고 교과서가 정보의 원천이었던 교실에서 역사를 배웠다. 교과서 그리고 교사들은 아마도 역사를 해당 분야의 몇몇 학자에 의해 정의된 '사실적인' 이야기를 암기하기 위해 깔끔하게 포장된 사실 집합으로 제시하였을 것이다. 그러나 'Doing History'라는 다른 접근 방식이 등장하고 있다. Doing History는 학생들로 하여금 역사가들이 하는 방식으로 사고하고 과제를 해결할 것을 권장한다(Seixas, 1993; Wineburg, 2001).

특히 이와 같은 문제 기반 탐구 접근법(problem-based inquiry approach)은 학생들에게 역사적 사건과 추세에 대한 통찰력을 얻기 위해 편지, 신문 기사, 그림, 삽화 또는 개인 계좌와 같은 다양하면서도 때로는 상충되는 자료를 통해 역사 관련 사건과 통찰력을 배우도록 가르친다. 이러한 전략에는 학생들이 사건에 대한 자신의 이해를 발전시키기 위해 자격 부여하기, 입증, 맥락화 및 1차 자료를 종합하는 것이 포함된다. 이를 통해 그들은 복잡하면서 정보로 포화된 세계에서 지구촌 시민으로서 참여하는 데 필요한 매우 중요한 비판적 추론 능력을 배운다.

Doing History는 매력적이고 효과적일 수 있으나 전통적인 '교사의 설명, 교과서(teacher talk, textbooks)' 모델이 교사 양성과정에서 지배적이기 때문에 부분적으로 학생과 교사 모두에게 도전이 될 수 있다(De La Paz, 2005; Van Sledright, 2002). 준비도(preparedness), 언어, 문화적 배경, 능력 및 관심의 차이가 존재하는 교실에서 학습자의 다양성 역시 도전 과제에 해당된다. Doing History는 교사의 참여를 필요로 할 뿐만 아니라(Saye & Brush, 2006) 다양한 학습자를 지원한다(De La Paz, 2005).

그러나 이러한 명백한 도전은 실제로 교육자와 출판사가 역사와 사회 수업을 중요한 방식으로 변형시킬 수 있는 독특한 기회를 창출한다. 핵심은 UDL이다. UDL 가이드라인(Lapinski, Grazel, & Rose, 이 책 제2장)을 사용하여 교육과정의 목표, 방법, 자료 및 평가에 대해 다시 생각해 볼 수 있다. 새롭게 개념화된 교육과정 서비스에 디지털 테크놀로지를 적용할 수도 있다. 교육과정 자체를 재구성함으로써 우리는 모든 참여자에게 새로운 교수 및 학습 기회를 창출할 수 있다.

이 장에서는 UDL 원리에 따라 설계된 디지털 학습 환경을 개발하고 Doing History 접근법을 지원하기 위해 다년간 수행된 프로젝트를 통해 얻은 통찰력에 대해 설명한다. Grant R. Miller와 공동으로 진행된 이 과제는 Doing History에 대한 UDL 접근법이 학생들에게 역사가의 전문적인 사고방식을 개발하고 1차 자료에 질문을 제기하고 도전하는 기술, 풍부한 콘텐츠를 개발하는 데 도움이 되는 강력한 방법임을 보여 주었다.

전통적 교육과정의 도전 과제

전통적인 교육과정에서의 자료는 모든 학습자에게 Doing History에 대한 진정한 기회를 제공하기에는 너무 융통성이 없다. 전미학업성취도평가는 고등학생의 13%만이 미국 역사 과목에서 '능숙한(proficient)' 수준이었으며, 절반 이하 (47%)는 '기본(basic)' 점수를 획득하였다(National Center for Education Statistics, 2007). 이와 같은 결과는 2001년, 1994년의 평가와 비교했을 때 조금 나아진 정도이다. 2001년의 실망스러운 결과를 분석하면서, 전미교육통계센터(National Center for Education Statistics: NCES, 2002)는 전미학업성취도평가의 역사 시험에 대한 고등학생들의 점수는 교사가 교실에서 1차 자료를 사용하는 것과 상관관계가 있다는 사실을 발견하였다. 그러나 1차 자료를 유연하게 사용하기 위해 교사가 필요로 하는 내용에 대한 깊이 있는 지식은 거의 없었다.

사회 그리고 역사 교과를 가르치는 데 있어 교과서 기반 접근법(textbook-oriented approach)은 누구에게나 학습에 대한 장애물을 제시한다. 교사와 학생은 자신들의 삶과 관련이 없을 뿐만 아니라 적용 가능한 이해와 기술의 개발도 지원하지 않는 사건과 장소를 암기하는 것을 지겨워한다. 일률적이고 변함없는 특성은 역사학이 적극적이고 참여적인 탐험의 과정을 통해 만들어지는 것과는 대조적이다.

전통적인 인쇄 기반 교육과정에 내재된 장벽은 단순히 미참여를 넘어선 것이다. 많은 사회 및 역사 교과서의 저자는 모든 학생이 동일한 배경지식을 공유한다고 잘못 생각할 수 있으며 사건에 대한 불완전하거나 부적절한 설명을 제공할 수 있다. 교과서는 학생들에게 학습목표를 명확하게 설명하지 않으며, 왜 그들이 특정 인물, 사건 또는 기간을 연구하는지에 대해 명확하지 않다(Beck, McKeown, & Gromoll, 1989).

이러한 한계의 영향은 배경지식, 가정에서 사용하는 언어, 능력 등이 다양한 교실에서 더욱 강력하게 느껴진다. 교과서가 고무적인 질문, 주석이 달린 이미지, 현재의 사건 및 문제와의 연결을 포함하고 있더라도 인쇄 매체의 한계는 피할 수 없다. 인쇄물은 의미 있는 방식으로 조정되거나 작동할 수 없는 고정된 매체이다. 이것은 본질상 개인차에 유연하지 못하며 즉각적으로 반응하지도 않는다.

Doing History 접근법은 UDL 원리에 따라 설계된 디지털 자료를 사용하여 강의 시 교과서 기반 모델에 의해 제기된 학습에 대한 보다 분명한 장애물 중 일부를 극복한다. 어떻게 이러한 것이 가능할까? Doing History 탐구 기반 수업 모델(Doing History inquiry based instructional model)은 학습 과제를 수행하는 데 필요한 정보 습득에 대한 다양하고 유연한 접근 방식을 장려하고 동기부여를 유지하며 학습에 참여하도록 한다. 연구에 따르면 1차 자료는 학생들에게 역사적 사건에 대한 여러 시각을 제공하고 역사적 이해를 적극적으로 구성하도록 권장한다(Spoehr & Spoehr, 1994; Wineburg, 1991). 1차 자료로 과제를 수행하면 학생들이 수동적으로 정보를 습득하는 것보다 "그 사건에 대한 보다 풍부하고 상세한 정신적 모델을 형성함으로써 내용 지식을 향상"시킬 수 있다(Stahl, Hynd, Britton, McNish, & Bousquet, 1996, p. 434).

그러나 이 접근법은 학생과 교사에게 새로운 도전 과제를 제기한다(De La Paz, 2005, VanSledright, 2002). 연구에 의하면 특정 과제를 부여받고 여러 출처에 노출된 학생들은 복합적인 이해에 어려움이 있거나 자신의 조사 기술을 향상시키지 못했다. 여러 가지 출처에 노출하는 것은 필요하지만 이러한 기술을 개발하는 데는 충분하지 않았다. 학생들은 또한 정보를 전후 맥락에 연결짓는 방법에 대한 명시적인 교수와 지원을 필요로 한다. 의미를 부여하기 위해 문서를 찾고 분석하고 해석하는 방법, 그들이 발견한 것을 설득력 있게 표현하는 방법으로, 간단히 말하면 역사가처럼 사고하고 행동하는 방법을 필요로 한다(Stahl et al., 1996).

또한 1차 자료는 개인에게도 장애물이 된다. 예를 들어, 오래된 어휘 및 구문은 오늘날의 학습자가 이해하기 어려울 수 있다. 이런 종류의 수업을 위해 선택되는 많은 문서는 텍스트가 많으며 해독에 어려움을 겪거나 배경지식이 부족한 학생들에게 장벽이 된다. 또한 접근법에 익숙하지 않은 학생이나 학습에 어려움을 겪고 있는 학생들은 1차 문서의 어느 부분이 자신의 질문과 가장 관련이 있는지 파악하거나 다른 문서보다 신뢰할 수 있는 문서인지를 결정하기 어려울 수 있다.

연구자들은 교사와 학생 모두가 고차원의 분야별 사고에 참여하고 역사가가 한 것과 같은 방식으로 1차 자료를 사용한다면 역사적인 내용을 보다 효과적으로 학습한다는 사실을 발견하였다(Levstik & Barton, 2011; Gabella, 1994). 또한 교사가 UDL(Rose & Meyer, 2002)의 프레임워크에서 발견된 유연한 디지털 교육과정(수업 도구 및 방법)을 통해 다양한 학습자를 지원하고 참여시킬 수 있음을 보여 주었다. 이 두 가지 프레임워크를 결합하면 역사 교수(teaching)에 대한 강력하고 새로운 접근 방식이 제공된다.

UDL 방식으로 DOING HISTORY 하기

흥미롭고 활동적인 Doing History 접근법과 UDL을 결합하면 디지털 멀티미디어의 힘과 유연성을 활용하여 다양한 학습자가 역사적인 탐구에 적극적으로 참여할 수 있는 기회를 극대화한다. 첫째, 1차 자료의 디지털 버전은 도서관, 박물관 및 대학[1]에서 광범위하게 구할 수 있으며, 더 광범위하게 접근할 수 있도록 다양한 방법으로 향상시킬 수 있다. 둘째, 표현을 위한 다양한

---

1) 예를 들어, 미국 의회도서관의 American Memory(http://memory.loc.gov), 예일 대학교의 1차 자료(http://www.yale.edu/collections_collaborative/primarysources) 그리고 국가기록원(http://www.archives.gov)이 있다.

디지털 도구를 제공하여 학생들이 자신이 아는 것을 가장 잘 보여 줄 수 있는 방법으로 지식을 표현할 수 있는 기회를 제공한다. 셋째, 디지털 환경 내에서 역사를 학습하는 것은 학생들에게 역사 탐구 자체에 열의를 갖고 참여할 수 있는 옵션을 제공할 수 있다. 아래의 자료에 대한 토론에서 무료 온라인 도구(http://bookbuilder.cast.org)인 CAST의 UDL Book Builder로 개발된 UDL 디지털 학습 환경의 예를 소개한다. 이 보기는 아이디어를 설명하기 위해서만 사용된다. 무수한 웹 기반 도구를 무료 또는 저렴한 비용으로 제공하므로 이러한 환경을 구축할 수 있는 많은 방법이 있다.

UDL 프레임워크는 학생들이 지식, 기술 및 더 많은 것을 배우고자 하는 욕구를 지닌 숙련된 학습자가 되도록 돕기 위해 고안되었다. 핵심 목표 중 하나는 모든 학습 경험에서 적절한 수준의 도전과 지원을 제공하여 교사와 학습자가 모두 중요한 내용에 초점을 맞추어 수업 자체의 목표를 달성할 수 있도록 하는 것이다. 너무 많은 도전은 학습자를 좌절시킨다. 반면에, 충분하지 않은 도전은 그들을 끌어들이지 못한다. 또 다른 핵심 목표는 모든 학생에게 자신의 관심사, 기술, 능력 및 배경지식에 부합하고 지원하는 학습 경로를 제공하는 것이다. 두 가지 핵심 목표 간의 균형은 학생들이 다음과 같이 할 수 있는 방법을 제공함으로써 달성된다(Rose & Meyer, 2002):

- 정보 습득[학습의 '내용(what)'].
- 스스로 학습 과제에 접근하고 표현하기[학습의 '방법(how)'].
- 동기부여와 참여[학습의 '이유(why)'].

이 장의 나머지 부분에서는 이러한 핵심 원리가 어떻게 Doing History의 설계 및 구현을 UDL 방식으로 인도하는지 설명한다. 이 접근법은 여러 매체에서의 진정한 1차 자료의 지배력, 분야별 역사적 탐구 전략, 다양한 역사적 질문을 적극적으로 탐구하는 다양한 학습자 참여 옵션을 결합한다. 이하에서는 Doing History와 UDL을 통해 재구성된 교육과정의 네 가지 주요 요소, 즉 수업목표, 자료, 방법 및 평가에 대해 살펴보고자 한다. 목표와 자료에 대해 먼저 논의하고 방법 및 평가는 다음 절에서 다루게 된다.

수업목표

학습을 위한 명확한 목표는 모든 교육과정이 고려하고 있는 바를 안내한다. 학생들을 참여시키고 자신의 진행과정을 평가할 수 있도록 하기 위해, 학습목표 제시, 목표 달성을 위한 선택적 경로 제공, 성취 기준 전달, 학생들의 삶과의 명확한 관계를 형성해야 한다. 명확하지 않은 목표는 교사와 학습자 모두를 혼동시켜 불필요한 실패를 초래할 수 있다.

수업목표 또는 표준은 일부 학습자에게는 성공에 대한 장벽을 만드는 방식으로 목표와 그에 도달하는 수단이 불가분의 관계로 연결되도록 표현된다. 예를 들어, 다음 사항을 생각해 보자. "본문에서 보스턴 대학살(Boston Massacre)에 관한 부분을 읽고 이 사건에 기여한 세력을 설명하는 글을 작성하시오." UDL 관점에서 실제 수업목표는 다음과 같이 기술할 수 있다. "역사적 탐구 전략을 사용하여 보스턴 대학살에 기여한 세력에 대한 견해를 제시하고 표현할 수 있다." 그러나 전자의 방식으로 표현된 목표는 내용(읽기 텍스트)에 접근하는 하나의 방법과 지식을 표현하는 한 가지 수단(에세이 쓰기)만을 제공한다. 단어나 글을 해독하는 데 어려움을 겪는 학생들은 다른 방법을 통해 내용을 이해하고 지식을 표현할 수 있다. 이 과제물이 만들어지는 방식은 최고 수준의 인지 수준에서 기능하고 과제에 완전히 참여하는 능력을 저해한다.

UDL 프레임워크 내에서 다음과 같이 목표를 설정할 수 있다.

"이 수업에서 여러분은 보스턴 대학살에서 치명적인 총격을 당한 사람

이 된다는 것이 무엇을 의미하는지 생각하게 될 것이다. 이 단원을 공부하는 과정에서 여러분은:

- 역사적 사건을 읽고 과제를 수행함으로써 역사 탐구과정에 대해 이해한다.
- 역사 탐구과정을 이용하여 자신만의 연구를 수행한다.
- 에세이, 파워포인트, 비디오, 포스터 또는 기타 승인된 형식을 통해 주제에 대해 논한다. 다른 형식으로 표현하고자 할 경우 교사와 상의한다."

　지침이 성취 수단과 분리된 명확한 목표로 시작되면, 과제는 포괄적인 방식으로 작성되거나 완료될 수 있다. 학생들에게 지식을 습득하고, 전략을 적용하고, 알고 있는 것을 표현하기 위한 다양한 옵션을 제공할 수 있다.

　물론 많은 경우 수업목표는 텍스트를 읽거나 서면 에세이를 작성하는 것이다. 이 경우 과제는 읽기와 쓰기 모두 필요하다. 그러나 UDL 접근법은 이러한 결과에 도달하기 위한 다양한 경로를 포함한다. 목표는 단어의 해독을 배우는 것이 아니라 텍스트의 이해이다. 이 경우 텍스트 해독을 위해 TTS 프로그램을 지원하는 것이 적절할 것이다. 마찬가지로 에세이의 핵심은 아이디어를 명확하게 표현하는 것이다. 학생들이 생각을 정리하는 데 도움이 되는 기기(예 : 맞춤법 검사기기) 및 멀티미디어 도구(예 : 그림 또는 오디오 녹음)는 그들이 가장 잘 하는 방식으로 목표에 도달하는 데 도움이 된다.

　UDL 프레임워크 내에서 목표는 목표 달성을 위한 수단과 분리되며 성공을 위한 여러 경로가 제공된다. UDL 목표는 학생들에게 명확한 학습목표, 명확한 성취 기준 및 성공을 위한 유연한 경로를 제공한다.

자료

학생들이 UDL 방식으로 Doing History를 할 때 자료는 무엇인가? 전통적으로 사회와 역사 수업은 주로 교과서에 의존하지만, UDL은 학습자가 수업 목표를 달성할 수 있도록 적절하고 효과적인 것으로 알려진 모든 자료가 이용된다. 이와 같은 것들은 텍스트일 수도 있으며, 이미지, 오디오, 영화, 건축물, 웹 사이트 및 예술도 포함될 수 있다. 일부 학생은 텍스트를 읽을 때 가장 잘 이해하는 반면, 어떤 학생은 그래픽을 더 명확하게 이해한다. 또 다른 학생들은 구두로 제시되는 정보를 가장 잘 이해하는데, 많은 학생이 텍스트, 이미지 또는 그래픽을 오디오와 결합하면 역사 수업 내용을 이해하는 데 도움이 된다는 것을 알게 된다. 수업목표를 향해 나아갈 수 있는 기회가 제한된 학습 자료로 인해 방해받아서는 안 된다.

또한 Doing History는 정보의 다양한 유형 및 출처, 성공을 위한 많은 경로에 접근할 것을 제안한다. 이 모든 것이 학생들의 참여를 지원한다. 학생들이 선택할 수 있는 다양한 매체를 통해 광범위한 자료를 제공하면 그들에게 가장 의미 있고 동기가 부여되는 문서와 미디어를 선택할 수 있는 기회가 주어진다.

매우 다양한 자료와 매체의 유형을 수집하는 것은 어려울 수 있지만 신뢰할 수 있는 웹 기반 저장소에서 쉽게 얻을 수 있음을 이미 앞서 살펴보았다. 디지털 환경은 교실이라는 물리적 공간을 확장시키고 박물관 컬렉션(collection), 국가 및 지역 자료실, 역사학회 등의 텍스트, 이미지, 비디오 및 오디오 자료에 즉시 접근할 수 있게 한다. 이 모든 자료는 교실에서 사회 및 역사 수업의 자료로 즉시 사용할 수 있다.

그러나 다양한 자료를 즉시 사용할 수 있다고 해서 모든 학습자가 쉽게 접근 가능하고 사용할 수 있는 것을 보장하지는 않는다. 자료를 수집하는 일만으로 학생들이 역사 탐구의 핵심 분야별 전략을 배우거나 서술을 능숙하게 사용하여 논증을 세우는 것을 배울 수는 없다. 디지털 환경의 장점을 극대화하기 위해 교육과정은 유연하고 내장된 지원 및 도전 과제뿐만 아니라 다양한 학습자가 적절하게 접근할 수 있는 옵션으로 구성되어야 한다. UDL 가이드라인(Lapinski et al., 제2장 참조)은 지식에 대한 접근성, 전략적 기술 개발, 다양한 학습자에게 다가갈 수 있는 참여 옵션 및 수업목표 유지 등에 대한 기본 틀을 제공한다.

Doing History에 대한 UDL 접근 방식 지원은 쉽게 사용할 수 있는 온라인 도구 및 응용 프로그램을 사용하여 만들 수 있다. 예를 들어, 이 장에서는 무료 온라인 도구인 CAST의 UDL Book Builder(http://bookbuilder.cast.org)를 사용하였다. 이 도구는 UDL 저작(authoring)을 지원하도록 설계되었으므로 디지털 미디어의 장점을 활용하는 몇 가지 기능을 내장하고 있다. 학생들은 수동적인 방식으로 학습 내용을 '수용'하기보다는 역사 전문가가 되기 위해 필요한 기술을 개발한다. 이러한 기술은 전통적인 교육에서 표면적으로 이해한 역사적 내용을 더 깊이 있게 이해하는 수단이 될 것이다. 이와 같은 보기는 학생들이 교육 내용에 접근하고, 학문과 관련된 전략을 배우고 적용하며, 지속적으로 수업에 참여하게 하기 위한 적절한 수준의 도전과 지원을 찾는 데 학생들을 지원하는 방법을 보여 주는 한 가지 사례일 뿐이다.

MAKING HISTORY: UDL 기반 온라인 환경

Making History(Robinson, 2010)는 역사 탐구 기술 개발을 모델링하고 지원하기 위해 고안된 멀티미디어 단원이다. 수업은 학생들을 위한 인지 구조의 틀(schema)을 제공함으로써 시작된다. TTS 지원, 용어집 링크 및 하이퍼링크를 포함한 학습 지원 기능의 개요, 학생들을 위한 개요 혹은 '로드맵(road map)' 형태로 된 역사 탐구 과정의 개요가 이에 속한다. 학생들은 내장된 TTS 기능을 이용하여 텍스트로 되어 있는 페이지를 들을 수 있으며 하이퍼링크[2]를 통해 상황별 단어의 의미에 접근할 수 있다.

Making History eBook은 프로세스의 각 단계에 대한 확장된 사고방식을 제공함으로써 역사적인 탐구를 모델링한다. 예를 들어, 배경지식 구축, 필수 질문 작성, 자료 수집, 정보 수집, 수집된 정보에 대한 평가, 정보를 각각의 필수 질문에 적용하기를 통한 과제 해결, 증거 수집, 논의를 위한 조합에 대한 모델링이 가능하다. 학생들은 모델링된 기술을 자신의 역사 탐구 프로젝트에 적용하기 위해 과정의 각 단계마다 촉구된다.

세 가지 온라인 코치는 학습의 인지, 행동/표현 및 참여의 측면(세 가지 UDL 원리에 해당)에서 학생들을 지원한다. 코치 지원은 텍스트와 오디오의 두 가지 방식으로 제공되며, 학생들은 필요에 따라 코치 지원을 다시 읽거나 청취할 수 있다(코치의 예는 [그림 7-1] 참조). 어휘는 책 전체에 걸쳐 멀티미디어 용어집을 통해 지원된다([그림 7-2] 참조). 단어와 구문은 학생에게 친숙한 용어로 정의되며 많은 정의에는 학습자를 지원하기 위한 이미지와 오디오가 포함된다.

각각의 수업이 이루어지는 동안, 학생들은 텍스트 자료뿐만 아니라 시각 자료를 비롯한 여러 가지 기초 자료를 조사할 수 있다. 자료에 대한 하이퍼링크를 통해 학습자는 문서 자체를 학습하고 역사적인 자료로 의미를 만드는 과정에 참여할 수 있다. 각 페이지 하단에 주어진 학생 응답 영역은 학생들이 메모

[그림 7-1] 세 가지 온라인 코치의 예

*세 가지 코치는 학습의 인지, 전략 및 정서적 측면을 지원한다(UDL의 세 가지 원리와 일치).
출처: Robinson (2010)에서 인용. CAST (2010). 허락하에 게재

---

2) Making History의 교사 및 학생용 버전을 보고자 한다면, 참고문헌 목록에 제시된 Robinson(2010)이 제공하는 URL을 참고하기 바란다.

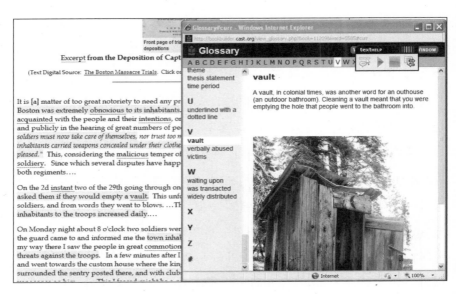

[그림 7-2] 멀티미디어를 통한 어휘 지원의 예

*어휘는 멀티미디어 용어집을 통해 지원된다.
출처: Robinson (2010)에서 인용. CAST (2010). 허락하에 게재

를 작성하고 질문에 답하며 과제 수행 내용을 추적하도록 한다. 응답은 단일
문서로 수집되어 메모에 대한 촉구, 질문 및 페이지 번호와 함께 저장된다.

역사 탐구 환경인 Making History는 교과서 또는 탐구 기반 교육과 같은
인쇄 기반 환경에서 유발되는 장벽을 줄이기 위한 한 가지 방법이다. 이 교육
환경은 여러 문서 선택을 모델링하고 다양한 양식의 자료로 작업하는 프로세
스를 지원한다. 역사적 탐구는 접근 방식으로서 학생들이 무엇을 해야 할지
에 대한 유연성(연구 영역 선택, 필수 질문 형성, 무엇을 배울지 결정)과 왜 그것
을 해야 하는지에 대한 유연성을 촉구한다.

UDL 디지털 환경은 기본적인 수준에서 학습에서의 불필요한 장벽을 제거
할 수 있다. 예를 들어, 학생들이 텍스트를 이해할 수 없다면 그들은 전달되
는 내용을 이해할 수 없다. 이것은 교사가 학생들이 마스터하기를 바라는 것
에 대한 중대한 장벽이다. 이에 탐구 기술을 사용하여 여러 자료를 분석하고

의미를 부여한다. 유연한 디지털 문서는 모든 학생이 접근할 수 있도록 하며, 디지털 용어집은 주요 문서의 단어 및 구문을 이해하고 역사적인 탐구의 어휘를 익히는 데 필요한 즉각적인 지원을 제공한다. 많은 학생이 필요로 하지 않을 수도 있으나 용어집 지원은 필요에 따라 제공되며, 모든 학생은 필요할 때 언제 어디서나 용어집 지원을 사용할 수 있다. 용어집을 사용할 학생들을 위해, 용어집은 그들에게 익숙하지 않은 단어에 대한 그들 자신의 멀티미디어 정의를 만들 수 있는 기회가 될 수 있다.

다른 주요 자료: DOHISTORY(http://dohistory.org)

DoHistory(http://dohistory.org) 모델로 불리는 웹사이트는 역사 탐구의 대화형 프로세스를 모델링하고 지원한다. 이 사이트는 18세기 후반과 19세기 초 메인(Maine) 지역의 산파(midwife)인 Martha Ballard의 일기 기록을 조사함으로써 역사적인 조사를 모델링한다. 이 사이트의 자료에는 1차 디지털 및 2차 텍스트 자료, 주석이 달린 이미지 및 그래픽 조직자가 포함된다([그림 7-3] 참조).

이 사이트는 안내된 실습을 통해 역사적인 탐구를 모델링한다. 일부 구조와 해석이 제공되지만, 이 조사는 배경 및 1차 문서에서 작업하고 의미를 만드는 사용자의 상호작용에 달려 있다. 사용자는 두 가지 '연구 주제(research topics)' 중 하나를 선택할 수 있으며 온라인 버전의 일기를 통해 Martha Ballard의 일기를 더 깊이 탐구할 수 있다. 이 사이트는 사용자에게 초기 개요 및 배경 정보를 제공하며, 1차 자료에 대한 링크와 주요 아이디어를 명확히 하기 위한 질문을 통해 보다 자세히 조사할 수 있다. 이후 조사의 각 단계에서 사용자는 1차 자료의 디지털 버전에 접근하고 온라인 일기를 검색할 수 있다. Martha Ballard의 일기에서 손으로 쓴 페이지를 전사하기 위해 전사하기, 해독하기 및 '마법의 렌즈(magic lens)' 사용에 대한 상호작용 연습은 역사가의 기술을 배우는 데 있어 더 많은 연습과 지원을 제공한다.

이 사이트는 History Toolkit으로 독립적인 역사 탐구를 수행하는 사용자를 지원한다. 역사 연구 단계, 다양한 유형의 1차 자료(필기 자료 포함) 작업에 대해 안내하고 역사적 자료에 접근할 때 묻는 질문을 조사한다.

이 사이트는 '반이 채워진(half-full)' 연습을 포함하여 광범위한 지침과 모델을 제공하기 때문에 1차 자료를 통한 역사 연구, 다양한 1차 문서 자료 사용 방법 및 역사적인 조사 자체 수행 방법을 배우는 학생들을 강력하게 지원한다.

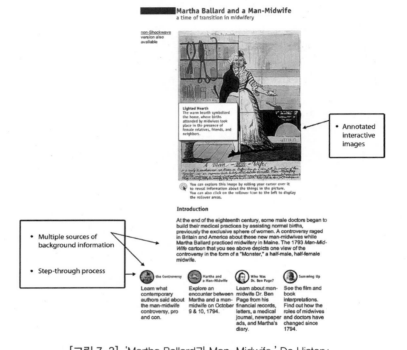

[그림 7–3] 'Martha Ballard과 Man–Midwife.' Do History.

코치는 역사적인 탐구와 이해를 위한 추가 지원을 제공한다. 학생들이 언제, 어디서든 지원에 접근하면 내용, 방법 그리고 이유에 대한 조언이 가능하다. 그것은 필요에 따라 스캐폴딩 역할을 한다. 이러한 융통성 있는 적시의 지원은 역사적인 질문, 어휘 및 이해력 전략에서 교사의 수업을 강화한다. 내장된 유연성, 선택 및 지원은 모든 학습자, 특히 학습에 어려움이 있는 학습자에게 교육과정에 참여하고 성공할 수 있는 기회를 제공한다.

Making History의 예제는 다양한 요구와 관심을 충족시키기 위한 웹 기반 디지털 학습의 유연성을 보여 준다. 이 유연한 소재는 UDL 방식으로 Doing History를 촉진한다. 그러나 자료는 퍼즐의 한 부분일 뿐이다. 교수 방법은 Doing History 및 UDL 프레임워크와 전략에 맞게 조정되어야 한다.

방법

UDL 프레임워크 내에서 교사가 학생의 이해, 기술 및 Doing History 참여를 용이하게 하기 위해 사용할 수 있는 학습 방법은 무엇인가? UDL을 반영하는 교수법은 정보를 이해하고 조직하고 행동하는 데 있어 다양한 학생을 지원해 주는 충분히 유연한 방법이다. 이러한 맥락에서 효과적인 교수를 위해서는 교사가 주요 정보를 전달하고 학생들은 전달받고 배우는 전통적인 'stand and deliver' 모델에서 벗어나야 한다. 학생들이 숙련된 학습자와 역사 탐구자가 되기 위해 자신의 탐구 기술을 충분히 개발할 수 있도록 교실은 전통적인 교실이 아닌 도제 환경(apprenticeship environment)과 같을 필요가 있다. 이러한 환경을 만드는 열쇠는 모델링, 지원되는 실습, 지속적인 피드백, 공동 작업 및 독립성 증대이다.

디지털 UDL 환경은 Doing History 접근법 연구에서 제공하는 교수 전략 및 방법을 지원한다. 예를 들어, 연구를 통해 교사는 생각을 시각적으로 나타내며 학생들의 현재 생활에 대한 배경지식과 연결을 제공하고 어휘 이해와 개발을 지원한다. 이 절에서는 UDL과 Doing History의 원리가 어떻게 조화를 이루는지 몇 가지 예를 집중적으로 살펴본다.

이와 같은 교수(teaching)를 위한 접근은 디지털 환경을 통해 지원되는데, 자료 자체가 이전에 교사의 개입을 요구했던 지원을 제공할 수 있기 때문이다. TTS 기능과 같은 내장된 지원의 도움으로 스크린을 통한 코칭, 링크된 어휘를 사용하면 학생들의 독립성이 향상된다. 또한 교사는 역사 탐구 기술을 개발하기 위해 개인이나 소집단과 가장 효과적으로 협력하는 곳에서 그들의 과제에 집중할 수 있다.

연구에 의하면 역사 탐구를 가르치는 것은 학생들이 역사적인 기술과 이해를 발전시키는 것을 지원하기 위해 촉구, 소리 내어 생각하기, 모델 및 멘토링을 제공함으로써 학습자에게 역사적인 사상의 시각화(making historical thinking visible)가 필요하다는 것을 보여 준다(Greenleaf, Schoenbach, Cziko, & Mueller, 2001). 의미를 부여하는 역동적인 과정이 학생들에게 가시화되고, 학생들이 자료에서 의미를 찾을 수 있도록 '꾸준히 공부하기(digging in)'를 지원받을 때, 사회 교과와 역사 교과는 적극적 인지 과목으로 재탄생된다. 학생들은 역사의 '어떻게(how)'에 대한 전문가가 됨에 따라 역사의 '무엇(what)'(내용)을 더 잘 이해하게 된다. 지원을 통해 모든 학생, 특히 학습에 어려움이 있는 학습자는 사회 교과와 역사 교과의 학습에 대한 이 역동적인 접근 방식의 이점을 누릴 수 있다.

UDL 기반 학습 환경에서 제공되는 지원의 종류는 학생들의 기술과 이해가 증가함에 따라 바뀔 수 있다. 교사는 탐구과정에서 멘토와 안내자로 봉사하며, 학생들은 전문가 멘토(스크린상의 코치와 더 중요한 것은 교사)가 제공하는 상당한 양의 지침, 모델링, 명시적인 소리 내어 생각하기, 도구, 그리고 기타 지원이 필요한 초보 단계서부터 시작한다. 교사는 분석적 사고의 숨겨진 과정을 명백하게 보여 주기 위한 모델링을 학생들에게 제공한다. 그들은 학생들에게 성공적인 학습자들이 읽고 이해하기 위해 무엇을 하는지를 보여 준다. 학생들은 이러한 기술을 역사적인 문서를 탐구하는 데 사용하고, 반성적 사고나 메타인지와의 상호작용을 통해 자신의 사고과정에 주기적으로 반영한다. 텍스트나 오디오를 이용해 메모하는 것은 학생들이 그들이 학습하는 방법 이외에도 학습 내용 및 다양한 유형의 문서가 어떻게 다른 기술을 필요로 하는지에 대해 생각할 수 있도록 도와준다. 이와 같은 도전적인 메타인지 작업을 통해 학생들은 학습자로서의 자신이 누구인지, 학습 과제에 어떤 강점을 갖고 있는지, 도전적인 텍스트를 다루기 위해 어떤 전략을 사용할 수 있는지 알 수 있다(Greenleaf et al., 2001; Palincsar & Brown, 1984).

탐구 기반 역사 교사들에게 또 다른 우선순위는 배경지식을 제공하는 것이다. 그럼으로써 학생들은 그들이 배우고자 하는 것이 그들이 이미 알고 있는 것 그리고 다른 역사적 사건들과 어떻게 관련되어 있는지 볼 수 있다. UDL 기반의 역사 수업에서는 학생들이 추가 정보가 필요할 때 언제 어디서나 접근할 수 있도록 자료에 기본 배경지식을 포함시킬 수 있다. 이를 통해 교사는 학생들과 함께 중요한 배경지식을 적극적으로 구축할 수 있다. 학생들과 함께 배경지식을 활성화하고 개발하면 학생들이 이미 알고 있는 것을 탐구하고 자신의 삶, 관심사 및 우선순위와 연관성을 맺도록 권장한다. 배경지식 만들기 활동은 교사가 학생들이 이미 알고 있는 것과 알지 못하는 것을 평가하고, 오류를 교정하며, 학생의 지식과 이해에서 부족한 부분을 채울 필요가 있는 것을 결정할 수 있도록 한다.

어휘 지원 제공(Providing vocabulary support) 역시 필수적이다. 학생들은 문서를 읽고 이해할 수 있어야 문서를 분석하고 그것을 역사적인 질문에 효과적으로 사용할 수 있다. 역사적인 문서는 옛날 어휘가 사용되었기 때문에 읽기가 어려울 수 있다. 학생들이 더 많은 1차 자료를 가지고 과제를 수행함으로써, 학생들의 현재 어휘와 과거 어휘 사이의 격차를 좁히는 것이 더욱 중요하다.

UDL과 모범적인 인물 프로젝트의 예

Christine Draper는 중학교 사회 교사로, 그가 담당하고 있는 학급은 학업성취도가 높은 학생, 전형적인 학생, 그리고 학습에 어려움을 겪고 있는 학생이 포함되어 있다. 매년 가을, 그녀는 7학년 학생들에게 탐구 기반 연구 프로젝트인 'Exemplary Human Being Project'를 실시한다.

Draper 박사가 모범적인 사람을 판별, 연구 및 보고하는 프로젝트 목표를 소개하면서 프로젝트가 시작된다. 과정을 시작하기 위해 수업에는 '모범적인(exemplary)'이라는 단어에 대한 그룹 토론이 있다. 그것은 누구를 의미하는가? 그룹원이 생각하는 모범적인 사람의 사례는 무엇인가? 그 사람을 모범적으로 만드는 것은 무엇인가?

다음으로 학생들은 자신과 자신이 되고자 하는 사람에 대해 생각한다. 그들이 보여 주고 싶은 특성은 무엇인가? 학생들이 프로젝트 루브릭(project rubric)에 자신의 모범적인 자질을 기록한 후에 이러한 자질을 보여 주는 사람을 찾기 위한 조사를 시작한다. 학생들은 자신의 자료를 선택하고 인쇄된 텍스트 및 웹 기반 자료를 비롯하여 다양한 조사 자료를 선택할 수 있다.

각 학생은 설득력 있는 에세이와 시각적인 프레젠테이션으로 구성된 프로젝트 결과물을 제작한다. 설득력 있는 에세이를 작성하는 과정은 프로젝트 기간에 강력하게 지원된다. 학생들은 작문 및 자기모니터링을 안내하는 프로젝트 루브릭을 사용한다. 능숙한 성과 모델과 성공을 위해 명확하게 정의된 기준이 있는 루브릭도 포함된다. 루브릭 외에도 학생들은 작문의 구조, 명확성, 주요 아이디어 및 세부 지원 정보에 대한 피드백을 제공하는 작문 실습 프로그램인 WPP Online을 사용한다. 첫 번째 초안을 작성하고 WPP Online을 통해 이를 평가한 후, 학생들은 자신의 에세이를 스스로 평가한다. 자기평가 중에 확인된 사항에 대해 주요 아이디어에 강조 표시하고, 세부사항을 지원하기 위해 기록하며 수정 사항에 주석을 단다. 프로젝트가 끝나면 각 학생은 루브릭, 초안 및 완성된 에세이를 포함한 모든 자료를 Draper에게 제출한다.

또한 각 학생은 연구 결과물로 시각적인 프레젠테이션을 만든다. 포스터, 그림, 시, 조각품, 모델, 콜라주(collage), 짧은 비디오, PowerPoint 또는 HyperStudio 프레젠테이션, 웹사이트 또는 모바일 등 시각적 프레젠테이션을 이용해 무엇을 만들지 선택할 수 있다. 루브릭은 모범적인 인물 프로젝트에 대한 성공적인 시각적 프레젠테이션을 위한 기준을 제공한다.

학생들은 3주간 수행되는 과제의 각 단계에서 Draper 박사와 상의하여 진도를 모니터링하고 잘못된 생각을 바로잡으며 이해와 행동/표현의 어려움을 해결할 수 있는 기회를 제공한다. 프로젝트에서 각 학생의 최종 학점은 완성된 강의, 주석이 달린 초안, 설득력 있는 글의 최종 초안 및 시각적 표현을 기반으로 한다.

모범적인 인간 프로젝트는 UDL을 수업의 목표, 방법, 자료 및 평가에 적용하는 한 가지 예를 제공한다. 이 수업은 학습자가 프로젝트를 완성하는 방법에 유연성, 선택 및 지원을 제공한다. Draper는 목표와 목표 달성을 위한 여러 가지 방법을 정의하고 모델링한다. 유연한 방법에는 교사 중심의 토론, 학생-교사 간담회, 자기평가 및 학생들에게 지속적인 피드백을 제공하는 WPP Online과 같은 공학적 도구를 활용하는 지원이 포함된다. 자료는 어떤 방식으로든 제한되지 않는다. 학생들은 가장 가치 있는 자료를 찾아 사용한다. 평가는 회의 및 자기평가를 통해 형성평가 방식으로 지속적으로 이루어지며, 최종 성적은 탐구과정 중 수행결과와 두 가지 다른 양식의 산출물로 구성된다.

어휘 지원 및 이해력에 관한 연구는 교사가 학생 친화적인 용어로 도전적인 단어의 의미를 설명하고 학생들이 자신의 단어로 작업하고 스스로 단어를 만들 수 있는 기회를 제공할 때 학생의 어휘 지식과 읽기 자료에 대한 이해가 향상되었음을 보여 준다(Beck, McKeown, & Kucan , 2002).

디지털 환경에서 여러 가지 접근법을 사용하여 모호한 단어가 장벽인 학생들을 지원할 수 있다. 한 가지 방법은 학생에게 친숙한 언어, 이미지 및 오디오를 사용하여 학생들이 이해할 수 있는 방식으로 용어를 정의하고, 설명하며 보기를 제시하는 용어집을 만드는 것이다. 다른 방법은 알 수 없는 단어가 현대의 동등한 단어로 대체된 현대판 텍스트를 제공하는 것이다. 목표는 학생들이 자료를 이해하는 것이지 고전 영어(Olde English)를 마스터하는 것이 아님을 기억해야 한다. 교사는 자료에 포함될 수 있는 지원 외에도 사고(thinking) 및 작업(working) 과정을 단어로 나타낼 수 있다. 그들은 자신이 어려운 단어의 의미를 어떻게 찾고, 어떻게 이 단어를 의미 있게 표현하는지 설명할 수 있다. 학생들은 그룹으로 자신의 '학생 친화적(student-friendly)' 정의를 만드는 연습을 할 수 있으며 개인 또는 공유된 그룹 용도로 자신의 용어집을 만들 수도 있다. 또는 어려운 문서를 현대어로 변환한 후 교사는 학생 그룹에게 관심 있는 1차 자료의 최신 버전을 만들 것을 요청할 수 있다.

역사 탐구에 대한 UDL 접근법에서 교사는 학생에게 정보를 전달하는 전문가로서의 역할과 방법으로부터 교사가 학습자를 촉구하고 안내하고 지원하는 멘토링 모델로 전환된다. 기술은 이러한 변화 속에서 학생과 교사를 지원하고 모든 학습자가 과거에 대해 더 잘 이해할 수 있도록 지원한다. 유연한 디지털 자료를 사용하여 교사는 문서 선택, 배경지식에 대한 접근, 어휘 개발 및 사건 이해 지원 측면에서 학생들에게 더 많은 옵션을 제공할 수 있다. 이러한 모든 옵션을 통해 학습자는 Doing History 자체의 과정에 더욱 집중할 수 있다. 교사는 점차 강의로부터 해방되고 역사적인 탐구과정에 대한 기술과 이해로 학습자를 인도하는 데 더 중점을 둔 학습의 도제 모델에서 학생들과 협력자가 된다.

의미 있고 적절한 평가 없이는 그 어떤 도구들과 기법들도 학생들이 역사 탐구 전문가가 될 수 없게 한다. UDL 방식으로 Doing History 수업을 하고 있을 때 평가는 어떻게 이루어져야 하는가?

평가

수업목표에 대한 학생들의 진전도를 자주 모니터링하는 것도 UDL의 핵심 요소이다. 교사와 학생의 진행과정에 대한 지식은 동기부여와 참여를 유지하는 데뿐만 아니라 좌절감을 느끼기 전에 문제를 해결하는 데 있어서도 중요하다. UDL 기반의 역사 수업에서 학생들은 성공을 위한 분명한 목표와 기준, 주제와 자료의 선택, 능숙한 수행 모델 그리고 자신의 이해를 표현하는 방법을 선택한다. 평가도 마찬가지로 이러한 것들을 반영해야 한다. 목표를 성공적으로 달성하기 위한 목표와 기준은 단원 초기부터 명확해야 하며 평가는 이러한 목표를 기반으로 해야 한다.

평가는 당연히 총괄적으로 진행되어야 한다. 지속적인 평가를 위해 학생이 한 단원과 한 학년에 걸쳐 만들어 낸 결과물은 기술과 이해의 진보에 대한 기록을 제공한다. 이와 같은 결과물들은 학생을 이해하기 위한 다차원적인 그림을 만든다. 디지털 학습 환경은 지속적인 평가에 도움이 된다. 예를 들어, 학생들은 구조화된 질문이 있는 디지털 그래픽 조직자를 사용하여 다양한 기본 자료에 대한 메모와 관점을 구성할 수 있다. 또는 학생들은 내장된 촉구에 응답하여 자료를 찾고 입증하고 평가하는 것과 같은 분야별 전략을 연습할 수도 있다. 학생들이 진행 중인 메모와 응답을 검토할 때, 교사는 학생들이 지속적으로 참여할 수 있도록 더 많은 지원이나 도전을 제공하는 과정을 수정할 수 있다.

Making History에서, 학습자는 탐구과정을 시작할 때 역사 탐구과정에 대한 개요를 제시한다. 이 개요는 학생이 명확하고 명료하게 숙달할 책임 있는 과정을 만들고 학생들이 탐구 프로젝트를 통해 작업할 때 이러한 단계를 실행하는 데 지원된다. 학생들이 과제를 수행할 때, 그들은 이 개요를 통해 그리고 과정의 각 단계에서 교사들과의 짧은 회의를 통해 그들의 진전을 반영한다. 이와 같은 회의를 통해 교사와 학생들은 자신이 어떻게 하고 있는지, 잘하는 학습 내용, 추가 지원이 필요한 시기를 파악할 수 있다. 결국, 학생들의 성적은 놀라운 일이 아닐 것이다. 왜냐하면 그들은 프로젝트 전반에 걸쳐 자신들의 성적을 평가하는 데 관여하였기 때문이다.

UDL 기반 교육은 학생들에게 선택, 지원 및 스캐폴딩을 제공하고 오늘날의 교실에서 학습자의 다양성을 지원할 수 있을 만큼 유연한 교육과정 자료를 만드는 것을 포함한다. 효과적인 평가는 학생들의 이해와 기술을 정확하게 측정하기 위해 동일한 원리를 사용한다. 개념과 숙련도에 대한 학생들의 이해를 평가할 때, 가장 확실한 평가 환경은 학생들이 배운 것과 동일하고 유연한 UDL 환경을 사용하는 것이다. 즉, 평가 형식은 수업의 형태와 일치해야 한다.

학생을 평가할 때 TTS나 용어집과 같은 지원을 제공하는 것이 직관적이지 않을 수 있지만 수업목표를 기억하고 학생을 평가하는 방법을 목표와 일치시키는 것이 중요하다. 비기준적인 지원(예: 평가되는 기술이나 지식에 직접적으로 도움이 되지 않는 지원)을 제공하면 학생들의 과제 마스터 여부에 대한 정확한 생각만 갖게 할 뿐이다. 따라서 일부 학생이 비디오, 구두 또는 예술 프레젠테이션을 사용하여 강력한 논증을 만들기 위해 자료를 평가하고 합성하는 능력을 가장 잘 입증할 수 있다면 이러한 옵션을 제공해야 한다. 운동장애 학생들에게 워드프로세서를 이용하여 에세이 쓰는 법을 가르치고 시험에서는 손으로 쓰도록 요청하는 것과 유사하다. 이것은 확실히 작문에서 그들이 가진 최적의 성능을 활용하지 못하게 할 것이다!

마찬가지로 UDL 기반의 총괄(단원의 마지막)평가 역시 학생들에게 수업과정에서 기술 및 내용을 방해하지 않을 때와 동일한 옵션과 지원을 제공해야 한다. 예를 들어, 평가가 보스턴 대학살의 원인에 대한 이해를 측정하기 위한 것이라면, 학생들은 그러한 이해를 표현하는 방법을 선택할 수 있다. 일부는 글쓰기를 선택하고, 일부는 자신의 이해를 보여 주는 구술 또는 시각적 문서를 만들 것이다. 정해진 시간 내에 정보를 회상하는 능력을 평가하는 것이 아니라면, 학생들이 공식적인 교실 환경 밖에서 총괄평가를 수행할 수 있도록 옵션이 제공되어야 한다.

결론

우리는 학생들에게 과거에 대한 폭넓은 이해와 오늘날의 학생들을 둘러싼 세계를 비판적으로 평가할 수 있는 기술의 개발을 원한다. 최근 연구에 따르면 학생들은 학습과정에 적극적으로 참여하고, 동기부여가 이루어질 때 학습이 가장 잘 이루어진다. 학생들이 역사적 사건을 깊이 이해하고 탐구 기술을 개발하기 위해서는 1차 자료에 의미를 부여하기 위해 적극적으로 참여해야 한다.

UDL 원리에 따라 설계된 Doing History 접근법은 학생들이 무엇을 배우는지, 어떻게 배우는지, 왜 이러한 도전적인 과제에 시간과 에너지를 투자해야 하는지를 이해하는 데 도움이 되는 프레임워크를 제공한다. 참여와 동기부여는 학습에 어려움을 겪는 학생들에게 특히 중요하다. Doing History는 학생들이 이러한 기술을 습득하고 이해할 수 있도록 유도하는 흥미로운 방법이지만 역사적인 문서는 많은 학생에게 장벽이 되고 있다. 학습자는 1차 자료에서 제시된 서로 다른 정보로부터 의미를 만드는 방법에 대한 지원과 지침이 필요하다.

유연한 디지털 자료와 도구를 통한 UDL 접근법을 이용하면 Doing History는 매우 다양한 학습자에게 더욱 강력하고 효과적이다. 학생들은 내장된 해독 및 이해력 지원을 통해 보다 다양한 문서에 접근할 수 있으며 이해할 수 있다. 또한 UDL 환경은 학생들에게 지원을 제공하고, 학생의 향상된 이해력과 기술을 표현하기 위한 유연한 방법을 제공하는 교사의 능력을 크게 향상시킨다. 부분적으로 학생들은 더 독립적으로 과제를 수행할 수 있기에 교사는 이제 학생들의 관심사에 초점을 맞추고 안내자 및 멘토로서의 역할을 통해 학생들의 이해와 기술 습득을 위해 협력할 수 있다. 교사가 학생들이 어휘 학습, 이해 전략 및 역사 탐구 기술을 지원함에 따라 학생들은 학습을 통제하고 모든 맥락에서 의미를 만들기 위한 비판적 사고 기술을 키울 수 있다.

참고문헌

Beck, I., McKeown, M., & Gromoll, E. (1989). Learning from social studies text. *Cognition and nstruction, 6*, 99-158.

Beck, I., McKeown, M., & Kucan, L. (2002). *Bringing words to life: Robust vocabulary instruction*. New York: Guilford Press.

De La Paz, S. (2005). Effects of historical reasoning instruction and writing strategy mastery in culturally and academically diverse middle school classrooms. *Journal of Educational Psychology, 97*(2), 139-156.

Gabella, M. (1994). Beyond the looking glass: Bringing students into the conversation of historical inquiry. *Theory and Research in Social Education, 22*(3), 340-363.

Greenleaf, C., Schoenbach, R., Cziko, C., & Mueller, F. (2001). Apprenticing adolescent readers to academic literacy. *Harvard Educational Review, 71*(1), 79-129.

Levstik, L., & Barton, K. (2011). *Doing history: Investigating with children in elementary and middle schools* (4th ed.). New York: Routledge.

National Center for Education Statistics. (2002). *The nation's report card: U.S. history 2001* (NCES 2002-483). Washington, DC: Author.

National Center for Education Statistics. (2007). *The nation's report card: U.S. history 2006* (NCES 20007-474). Washington, DC: Author.

Palincsar, A. S., & Brown, A. (1984). Reciprocal teaching of comprehension-fostering and comprehension-monitoring activities. *Cognition and Instruction, 1*(2), 117-175.

Robinson, K. (2010). *Making history: A guided exploration of historical inquiry.* Teacher edition retrieved from http://bookbuilder.cast.org/view.php?op=model & book=11209&page=1; student edition retrieved from http://bookbuilder.cast.org/view.php?op=view& book= 11209&page=1.

Rose, D., & Meyer, A. (2002). *Teaching every student in the digital age: Universal Design for Learning.* Alexandria, VA: Association for Supervision and Curriculum Development.

Saye, J. W., & Brush, T. (2006). Comparing teachers'strategies for supporting student inquiry in a problem-based multimedia-enhanced history unit. *Theory and Research in Social Education, 34*(2), 183-212.

Seixas, P. (1993). The community of inquiry as a basis for knowledge and learning: The case of history. *American Educational Research Journal, 30*(2), 305-324.

Spoehr, K. T., & Spoehr, L. W. (1994). Learning to think historically. *Educational Psychologist, 29*(2), 207-222.

Stahl, S. A., Hynd, C. R., Britton, B., K., McNish, M. M., & Bosquet, D. (1996). What happens when students read multiple source documents in history?

Reading Research Quarterly, 31, 430–456.

VanSledright, B. (2002). Confronting history's interpretive paradox while teaching fifth graders to investigate the past. *American Educational Research Journal, 39*(4), 1089–1115.

Wineburg, S. S. (1991). On the reading of historical texts: Notes on the breach between school and academy. *American Educational Research Journal, 28*, 495–519.

Wineburg, S. (2001). *Historical thinking and other unnatural acts: Charting the future of teaching the past.* Philadelphia: Temple University Press.

보편적 학습설계 그리고
예술 옵션

DON GLASS · KATI BLAIR · PATRICIA GANLEY

지난 25년 동안 미국 학교의 교실이 통합적이 되어 감에 따라 일반교육 교실에는 다양한 문화, 언어, 경험 및 능력을 가진 학생들이 배치되어 있다. 통합과정에서 교사는 통합된 환경에서 이와 같이 다양한 학습자를 지원할 수 있는 학습 기회와 옵션을 확장해야 한다. UDL에 대한 지식과 실천을 통해 교사는 다양한 학생이 내용에 접근하고 참여하며 자신이 이해한 것, 습득한 지식 및 기술을 입증할 수 있도록 융통성 있는 다양한 옵션을 제공할 수 있다. 예술은 이러한 옵션을 향상시키는 데 결정적인 역할을 할 수 있다.

UDL 구현 프로세스의 일부는 학습에 대한 다양한 경로를 지원하는 유연한 기초공학과 첨단공학 도구를 통해 참여와 관련 콘텐츠를 제공하는 것이다. 또한 학생이나 학생 집단의 특정 장애에 대응하여 수정 사항을 개조하는 것으로부터 보편적인 학습 기회와 공간을 설계하는 것에 이르기까지 교육자로서의 생각을 전환해야 한다. 즉, 우리는 모든 학생이 옵션을 이용할 수 있도록 교육과정의 장벽을 제거해야 한다. 저자들은 이 과정에 문제 해결 방향뿐만 아니라 우수성과 접근성이라는 핵심 원칙이 필요하다고 제안하는 바이다. CAST(2011)의 UDL 원리, 지침, 체크포인트는 우리의 생각을 이와 같은 방향으로 촉구한다.

이 장에서는 세 가지 수업 사례를 통해 예술교육을 위한 UDL 프레임워크를 살펴보고자 한다. 그러나 이에 앞서 예술 교육 및 학습에서의 옵션이 갖는 중요한 특징을 논의함으로써 몇 가지 맥락을 제시하고자 한다.

예술 선택

핵심적으로, 교육자는 모든 학생에게 항상 높은 기대와 기준을 유지해야 한다. 교사는 모든 학생이 공통의 학습결과를 달성하고 성공적으로 수행할 수 있는 다양한 기회를 가진 고품질의 도전적이고 의미 있는 접근 가능한 교육과정과 수업을 설계함으로써 이를 수행한다. Dennie Palmer Wolf(2008)는 특수교육 분야의 지식과 표준 및 형평성 운동에서 얻은 지식을 바탕으로, 예술 영역을 포함하면 수월성에 대한 정의를 확대할 수 있을 뿐만 아니라 다양한 분야의 학습에도 접근할 수 있다고 주장한다. 이 장에서 우리는 예술이 다양한 학생에게 풍부하고, 의미 있고, 매력적인 교수법과 학습 옵션을 제공할 수 있는 방법을 보여 줌으로써 이 주장을 뒷받침하고자 한다. 우리는 삽화를 통해 다양한 예술 분야에서 이끌어 낸 세 가지 예를 사용한다.

예술은 내용 표현, 의미 있는 표현과 행동을 위해 매력적이면서 다양한 대안을 제공할 수 있다. 예를 들어, 예술은 Newmann, Lopez와 Bryk(1998)가 높은 수준의 지적 작업(high-quality intellectual work)—지식 구축, 잘 훈련된 질문, 학교 밖에서의 응용—이라 부른 것과 일치하는, 풍부하면서 창의적인 교수 및 학습 기회를 제공할 수 있다. 예술에서 사용하는 재료와 절차를 이용하면 학생들에게 문화와 의미 만들기에 참여할 수 있는 기회를 제공할 수 있다. 예술은 종종 규율 있는 지침과 독립적인 연습, 기술과 아이디어의 탐구와 응용, 그리고 아이디어, 의미, 목적에 대한 정교한 의사소통을 필요로 한다. 간혹 예술은 창조적인 작업(예 : 완성된 시각적인 예술 작품 또는 공예품, 대중 공연, 영화 또는 미디어, 디자인 모델 등)의 세계에서 기대되는 것과 유사한 제품이나 공연을 포함한다.

처음 두 사례를 통해 살펴보겠지만, 예술은 다른 주제와 잘 통합되는 내용을 탐구할 수 있는 옵션도 제공할 수 있다. '예술 통합(arts integration)' 또는 예술적 기술/지식과 기타 과목 간의 학제 간 연계는 예술교육 분야에서 교육과정의 초점이 되어 왔다(Burnaford, Brown, Doherty, & McLaughlin, 2007). 이러한 매력의 일부는 예술, 특히 현대 예술의 형태가 개인 및 문화적 자아와 공동체를 이해하는 데 도움이 되는 개념을 탐구하기 위해 다양한 미디어를 사용하는 것에 초점을 주는 방식에서 비롯된 것 같다. 우리는 예술이 젊은이들의 삶과 관련이 있는 가치 있는 내용에 대한 '목적(big ideas)'(Chaille, 2008)과 '본질적 이해(essential understandings)'(Wiggins & McTighe, 1998)를 탐구하기 위한 도구 및 과정의 매우 풍부하고 매력적인 세트를 제공한다고 주장한다.

예술은 UDL의 많은 지침과 체크포인트를 교수적 옵션으로 가능하게 할 뿐만 아니라 많은 신경 네트워크에 대한 지원을 통해 참여 가능성을 높여준다. 예를 들어, 예술을 가르치는 것은 뇌의 인지적 네트워크와 관련된 내용을 표현할 수 있는 추가적인 다중 모드 기회를 제공할 수 있다. 또한 다양한 형태를 사용하여 정보, 상징, 은유를 비언어적이거나 범언어적으로 표현할 수 있는 기회를 제공한다. 학생들은 다양한 매체(말, 문학, 연극, 영화 및 혼합 매체, 시각 또는 조각 이미지, 음악, 사운드 등)를 이용할 수 있으며 내용에 대한 자신의 이해를 표현할 수 있다. 이것은 과목으로서 예술에 집중하는 것으로부터 학습 전략으로의 예술을 강조하는 것으로의 전환을 의미한다(Glass, 2010).

<h1 style="text-align:center">댄스 그리고 동작 선택</h1>

살펴보게 될 첫 번째 보기에서는 예술교사, 일반교육 교사 및 특수교육 교사가 댄스 및 동작과 결합된 통합적인 국어 단원을 설계하기 위해 어떻게 협력하였는지에 대해 설명한다.

장애물 판별 및 제거

보기에 제시되는 학생들은 다양한 능력을 가지고 있지만 동일한 학습목표를 달성하기 위해 노력하고 있다. 협력수업이 시작될 때 예술교사인 Marsha Parrilla는 다른 교사들과 함께 테이블에 앉아 댄스의 개념을 설명하는 동시에, 교사의 교육과정 목표에 대해 학습한다. 4명의 학생은 휠체어를 이용한다. 일부는 이동이 제한적이다. 한 학생은 저시력이고, 다른 학생은 과제와 관련 없는 반향어를 사용하며, 한 학생은 청각장애이다. 학생들 중 절반이 영어를 모국어로 하지 않는 영어 학습자로 확인되었다. 토론은 학생들의 요구와 강점으로 시작하여 학업 성과, 교육과정에서의 장벽 및 UDL 솔루션을 확인하는 방향으로 나아갔다.

그들은 텍스트의 이해라는 포괄적인 목표가 협력을 이끌 것이라고 결정하였다. 전형적으로, 학생들은 전체 집단 수업, 질의응답, 개별적인 읽기 및 쓰기를 통해 텍스트로부터 이해한 것을 사용하고 표현할 수 있는 기회를 갖는다. 그러나 이 협력은 예술교사가 학생들이 텍스트에서 이해한 것을 참여를 통해 보여 줄 수 있는 옵션으로 무용을 도입했다는 점에서 독창적이다. 이 수업은 학생들이 문학작품에 대한 반응의 일부로 무용수, 안무가 및 청중이 될 수 있는 기회를 제공하였다(〈표 8-1〉 참조).

표 8-1	댄스와 동작 통합을 통한 리터러시 단원에 추가된 UDL 옵션
다양한 방식의 표상 수단 제공 (원리 I)	체크포인트 2.5: 다양한 매체를 통해 의미를 보여 주기 예술교사는 다양한 감각을 사용함으로써 학생들의 내용에 대한 접근성을 높인다. 예를 들어, 예술교사는 이야기를 큰 소리로 읽고 삽화를 이용하여 이해를 증진시킨다. 체크포인트 3.2: 패턴, 핵심 부분, 주요 아이디어 및 관계 강조하기 큰 소리로 읽기 및 삽화 이외에, 예술교사는 즉각적인 질문을 통해 교육과정의 중요한 특징을 강조한다: 예측과 상상
다양한 방식의 행동과 표현 수단 제공 (원리 II)	체크포인트 4.1: 응답과 자료 탐색 방식을 다양화하기* 동작 연습에서 예술교사는 학생들이 문학에 반응할 수 있는 대안 옵션을 제공한다. 체크포인트 5.1: 의사소통을 위한 여러 가지 매체 사용하기 예술교사는 학생들이 연설, 음악, 동작 및 댄스를 통해 작문을 할 수 있는 다양한 방법을 제공한다.
다양한 방식의 참여 수단 제공 (원리 III)	체크포인트 7.1: 개인의 선택과 자율성을 최적화하기 예술교사는 학생들에게 협업 기계 및 냉각을 위해 사용할 수 있는 동작의 종류를 선택할 수 있도록 한다. 체크포인트 8.3: 협력과 동료 집단을 육성하기 교사는 학생들이 서로의 동작을 따라 할 수 있도록 소그룹으로 나누어 일하게 한다. 이를 위해서는 기계 부품이 전체적으로 잘 통합되고 기계의 기능에 맞추어질 수 있도록 공동작업 및 커뮤니티가 필요하다.

언어 과목 시작하기

보기에서 설명하는 세션은 학생들이 이야기의 다음에 일어날 일을 예측

---

* 역자 주: 원문에는 '신체적 반응 방식의 선택'으로 되어 있다. 이는 UDL Guideline 1.0에 의한 것으로 이후 발표된 Version 2.0에서는 체크포인트 4.1과 4.2(검색 방법의 선택)가 하나의 체크포인트로 통합되었다. 이 책에서는 Version 2.0을 기준으로 제시하였다.

하는 것을 돕고, 그들의 예측이 정당하거나 정당하지 않은 이유를 설명하도록 하는 데 목표를 두었다(CAST, 2009). 수업을 시작하기 위해 Marsha는 전체 학생 앞에 앉아 Antoinette Portis(2006)의 『Not a Box』를 읽었다. 본문에서 주인공은 그가 왜 앉아 있는지, 서 있는지, 스프레이를 뿌리고 있는지, 또는 상자를 엎어 쓰고 있는지 묻는다. 주인공은 매번 "상자가 아닙니다!"라고 주장한다. 반대편 페이지는 그가 골판지 상자로 상상할 수 있는 많은 것—경주용 자동차, 산, 불타는 건물, 로봇—을 보여 준다. Marsha가 이 책을 읽었을 때, 학생들은 그가 골판지 상자를 다시 만들 때 주인공이 무엇을 상상하고 있는지 예측하였다.

텍스트를 읽은 후, Marsha는 주인공이 상자를 가지고 무엇을 하는지를 학생들에게 질문하였다. 학생들은 주인공이 상상하고 있다고 대답하였다. 그런 다음 Marsha는 상상하는 것이 오늘 학교에 있는 동안 그들이 할 일이라고 설명하였다. 읽기와 듣기에서 동작으로 전환하기 위해 Marsha는 부드러운 음악 연주를 통해 학생들을 일련의 준비 동작으로 이끌었다.

동작과 무용 옵션 통합하기

Marsha는 동료 교사에게 그녀와 함께 일련의 동작을 같이 할 것을 요청하였다. Marsha는 손을 움켜쥐고 팔을 앞뒤로 움직였고, 동료교사에게 이 동작을 같이 할 것을 권하였다. 두 교사는 서로 반응하며 움직였다. Marsha는 학생들에게 "어떤 종류의 기계입니까?"라고 물었다. 이것의 목적은 교사들의 동작에 기초하여 교사들이 어떤 기계가 될 수 있는지 상상하는 데 학생들을 참여시키는 것이었다. 그리고 나서 학생들에게 그들의 대답에 대해 설명해 줄 것을 요청하였다. 이 모델은 연주자들이 창작물을 만들고 공유하는 데 있어서 어떤 역할을 할 것인지를 보여 주었으며, 관찰 증거에 기초하여 의미를 해석하는 적극적인 청중이 되는 방법도 보여 주었다.

이후 학생들은 4~5개의 소그룹으로 나뉘어 움직이는 기계를 만들거나 그들 자신이 스스로 움직이는 동작을 만들기 시작하였다. 그룹의 각 학생은 몸으로 기계의 일부를 만들었으며 그룹은 움직이는 기계를 표현하기 위해 함께 움직였다. 그들은 자신의 움직임으로 이미지를 만드는 개인 및 그룹 안무가였다. 학생들은 독창적인 아이디어를 만들고 동료와의 공동 작업 방식으로 아이디어를 전달할 수 있는 방법을 찾았다.

각 그룹이 수행할 때, 관객으로 참여하는 구성원들은 그들이 본 동작을 관찰, 설명 및 해석하는 데 적극적으로 참여하였다. 그들은 퍼포먼스(performance)를 관찰하고, 동작에서 본 세부 사항을 기반으로 각 기계의 기능을 예측하였다. 이와 같은 대화를 통해 각 댄스 제작자는 동료들이 자신의 동작을 어떻게 해석했는지 들을 수 있었다.

관객들은 댄스 제작자들로부터 그들의 예측이 옳았는지 혹은 옳지 않았는지뿐만 아니라 그룹이 동작을 통해 묘사하고자 했던 것은 어떤 기계였는지도 직접 들었다. 이 운동은 상상력의 행위를 창작, 해석 및 의사소통의 과정으로 확장시켰다. 일반교육 및 특수교육 교사는 매주 문학 수업 중에 댄스 연습을 계속함으로써 학생들에게 신체를 통한 이해와 의사소통에 접근할 수 있는 기회를 제공하였다.

시각 예술 옵션

이 절은 언어 과목 및 시각적 리터러시 모두에서 통합되고 강화된 중학생을 위한 통합 단원에 관한 것이다.

장애물 판별 및 제거

중학생이 되면 학생들에게 '읽기를 위한 학습(learn to read)'이 아닌 '학습을 위한 읽기(read to learn)'를 기대한다. 기본적인 읽기 기술은 표준 교육과정의 일부로 가르쳐지지 않는다. 학습의 초점은 문학을 통한 정보의 종합 및 구성 그리고 세상에 대한 광범위한 지식 습득에 중점을 둔다. 그러나 많은 수의 학생은 해당 학년 수준의 텍스트를 읽는 것이 어렵다. 오늘날 학교에서 학습에서의 장애물은 종종 학생들에게 배정된 과제와 특정 기술이나 정보를 습득하는 목적 간의 '분리(disconnect)'이다. 학생들은 고부담 시험(high stakes testing),* 주 및 연방의 법규(mandate), 필수 교육과정의 맥락에 자신의 의견을 제시할 수 있는 기회가 거의 없었다. 이 수업에 참여했던 학생들은 교실의 학생들이 홀로코스트(Holocaust)에 대해 배운 것에 감동받았고 할 말이 많다고 느꼈다. 그들의 생각을 발표할 수 있는 기회가 주어지자, 그들은 의사소통할 수 있는 강력한 도구를 찾는 데 참여하고 열정을 쏟았다.

학생을 비롯한 다른 일반적인 많은 사람이 시각 예술을 창조하는 데 있어서 직면하는 또 다른 장벽은 그들은 '예술가(artist)'가 아니며 그림을 그리거나 조각을 할 수 없으므로 강력한 메시지를 전달할 수 있는 이미지를 생성할 수 없다는 믿음이다. 시각적 요소 수업에 참여하는 학생들에게 가장 큰 장애물은 예술을 창조할 수 없다는 자신의 믿음이었다. 그러나 이미지가 단순하고 이해하기 쉬운 요소일 때 모두가 흥미롭고 강력한 예술을 생산할 수 있다는 것이 명백해졌다. 학생들이 이러한 시각적 요소를 이해하였을 때, 자신감 있고 경쟁력 있게 아이디어, 개념 및 감정을 전달할 수 있었다.

---

*역자 주: 진급 및 진학 시험 등과 같이 응시자에게 중요한 결과를 가져오는 시험이다.

언어 과목 시작하기

언어 과목 교사는 웹 기반의 보편적으로 디자인된 디지털 독서 환경을 활용하여 학생이 홀로코스트 소설 단원에 접근하고 이해할 수 있도록 하였다. 웹 기반 환경은 TTS, 어휘 및 배경 정보, 학생을 위한 상보적 교수 이해 프롬프트(prompt) 및 지원이 내장되어 있다(예 : 예측, 질문, 요약, 명료화하기, 연결하기 그리고 텍스트를 읽거나 듣는 동안 시각화하기).

디지털 환경에서 학생들은 키보드를 사용하거나 오디오 녹음을 통해 질문에 응답할 수 있는 옵션을 가지고 있다. 학생들의 학습 이력을 디지털로 기록한 기록물(digital log)은 교사가 실시간으로 학생들을 보고 그들에게 대응할 수 있게 해 주었으며, 학생들은 자신의 작업을 검토하고 수정할 수 있게 하였다. 이와 같은 모든 UDL 및 접근성 기능을 통해 다양한 교실의 학생들이 언어 과목 교육과정에 참여하였으며, 청소년 등장인물들의 이야기에 깊이 빠지게 되었고, 역사 속 기간에 유럽에서의 생활이 얼마나 공포스러운 것인지를 이해할 수 있게 되었다.

주 수준의 교육과정 기준에 의하면, 언어 과목의 학습목표는 문학 작품과 작문뿐만 아니라 문학 작품에 대한 연계성과 반응도 포함되어 있다. 아이디어를 전달하기 위해 멀티미디어를 사용하는 것은 표준의 각 영역에서 중복된 학습목표이다.

학생들은 로그(log)의 시각화 응답을 사용하여 자신이 선택한 스타일로 시를 썼다. 학생들은 '저자의 노트(author's notes)'를 작성하여 과정과 장르에 대한 지식을 보여 주었다. 시는 소설을 읽는 동안 학생들이 경험한 인물들과 감정들에 대한 강력하고 생생한 묘사였다. 다음의 보기는 해당 학습 단원의 일부로 학생이 작성한 시이다.

Not Me	난 아니야
Lonely, cold. Nazi	외롭고 추운. 나치는
is part of me. I	저의 일부입니다. 나는
am a stranger to	낯선 사람입니다.
myself.	내 자신에게.
TRAITOR	배신자
Who knows why?	이유를 누가 알까?
Not me. Not me.	난 아니야. 난 아니야.
NOT ME.	난 아니야.
I feel	나는 느껴
empty and heartless.	공허하고 무자비함을.
Destroying my	내 인생을 망치고 있는
motherland.	모국.
This person really isn't me.	이 사람은 정말로 내가 아니야.
My heart is	내 마음은
dying.	죽었어.
Frozen,	추위로 꽁꽁 얼어 있고,
shattered.	산산이 부서졌어.
No.	아니야.
This is not me.	이건 내가 아니야.
I am gone ……	나는 없어졌어……

시각 예술 옵션 통합하기

교사와 학생들은 자신의 작업결과의 질에 영감을 얻어 작업과 학습을 더 큰 공동체와 나누고 싶어 하였다. 제2차 세계대전 동안 테레진(Terezin) 수용소에 수감되어 있던 아동들이 쓴 시가 삽화와 함께 들어 있는 시집 『I Never

Saw Another Butterfly』(Volávková, 1993)로부터 영감을 받아, 그들은 자신들의 시집을 만들어 출판하기로 결심하였다. 또한 시와 함께 사용할 이미지를 만들기로 결정하였다. 문제는 모든 학생이 자신들이 만들어 낸 시만큼이나 강력한 이미지, 즉 자신들이 쓴 글의 감정과 강렬함을 전달하는 이미지를 만들어 낼 수 있는가라는 것이었다.

　교사는 프로젝터를 사용하여 시각적 리터러시의 기본 구성요소인 색상의 예에 초점을 맞추어 수업을 시작하였다. 수업은 유명한 추상화, 특히 Georgia O'Keeffe의 회화를 보여 주고, 예술가들이 주의 깊게 선택한 색과 모양이 어떻게 특정 분위기와 감정을 전달하는지 관찰하고 평가하기를 계속하였다. O'Keeffe의 〈Wall with Green Door〉는 부드럽고 따뜻한 베이지색과 녹색의 정사각형과 직사각형으로 이루어진 그림으로 안전한 만족감을 불러

[그림 8-1] 아티스트 노트

*"내 그림은 어두운 한탄(Dark Moaning)이라고 한다. 이 그림은 가장 어두운 색인 검정과 빨강으로 구성되어 있다. 검정은 나치의 어둡고 병든 마음을 의미한다. 빨강은 전쟁에서의 유혈 사태와 그것을 보고 있는 사람들의 분노로, 나치의 총 혹은 굶주림에 의해 매일 죽어 가는 자신의 가족에 대한 감정을 의미한다."

일으켰다. 그녀의 〈Black White and Blue〉는 주로 어둡고 기하학적이며 딱딱한 모양으로 이루어져 있어 수업 시간에 우울하거나 위험한 분위기를 자아냈다.

만자(卍字), 십자가, 깃발, 비둘기, 출입구, 도로, 빛과 어두움과 같은 예술작품과 시대의 정치에 대한 상징이 논의되었다. 수업은 시각적 요소와 예술가의 의도를 전달하기 위한 요소를 판별하기 위한 연습을 계속하였다. 그러고 나서 학생들은 그들이 소통하고 싶은 감정을 상기시키기 위해 시를 다시 읽는다. 학생들은 그들의 이미지를 위해 시각적 요소, 특히 색, 모양, 상징주의에 관한 결정을 내렸다.

시각 예술의 학습결과는 학생들이 기본적인 시각적 요소, 색, 모양 및 상징

[그림 8-2] 아티스트 노트

*"나는 시의 어두운 분위기를 반영하기 위해 추상적인 오일 파스텔/수채화 조각을 만들었다. 파스텔 뒤의 수채화는 왼쪽의 모든 빛을 어둡게 채우고 있음을 보여 준다. 나는 또한 오일 파스텔을 섞어서 특정한 모양을 만들 수 있는 방법도 좋아한다. 검은 심장은 반역자가 자신의 나라를 버리기로 한 선택을 상징하며, 흐릿한 배경은 한때 그의 삶이었지만 지금은 망각 속으로 사라져 버렸음을 나타낸다."

주의에 대한 지식을 이해하고 시연하는 것이었다. 평가결과는 각 학생이 제작한 이미지와 자신의 창의적인 과정을 설명하는 아티스트 노트를 기반으로 하였다. 그 결과, 이미지와 텍스트는 정교해졌으며 설득력이 있었다([그림 8-1] [그림 8-2] [그림8-3] 참조).

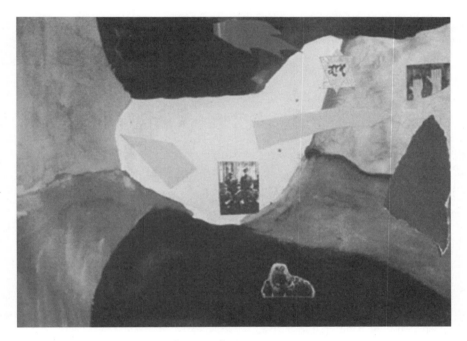

[그림 8-3] 아티스트 노트

*"작품 활동을 함에 있어 몇 가지 다른 것을 포착하려고 노력하였다. 밝은 색은 유대인들이 어디에 있고 그들이 탈출하기 위해 취할 수 있는 단 하나의 길을 나타낸다. 그래서 나는 내 그림을 '탈출(Escape)'이라고 명명하였다. 단색의 모양은 어두운 색으로 채워진 방 안의 나치로부터의 탈출과 자유를 향한 여행을 돕는 사람들을 대표한다. 사람들의 사진들은 그들이 다른 구역에서 어떻게 살았는지 보여 준다. 유대인 별(Jewish Star)은 나치의 경계를 넘어 자유롭게 되는 그들을 대표하고 싶었던 것이다. 손은 그들이 자유롭게 되는 길에 그들을 도와준 도움의 손길을 상징한다. 마지막으로, 나의 시와 함께 사용하기 위해, 너무 어둡지 않은 몇 가지 색을 추가함으로써 Pieter와 개 같은 사람들을 살려 준 나치 군인들을 나타내고 싶었다."

UDL 솔루션

홀로코스트 단원은 자료, 방법 그리고 평가의 유연성을 통해 모든 학생이 참여하고 높은 수준의 역량을 갖출 수 있도록 하였다. UDL이라는 렌즈를 통해 단원과 수업 내용을 보면 중학생 언어 과목에서 다양한 학습자를 지원해 준 원리를 알 수 있다.

'다중 방식의 표상'(UDL 원리 I)과 이해를 위한 옵션을 제공함으로써 학생들은 텍스트 읽기 또는 듣기 중 하나를 선택할 수 있었다. 내장된 이해력 지원은 학생들이 해당 학년 수준의 소설을 이해하고 몰입할 수 있도록 도움을 주었다. 또한 보편적으로 설계된 읽기 환경은 어휘에 대한 지원과 핵심 개념을 강조하여 제공하였다.

읽기 환경에서 '다중 방식의 행동과 표현'(UDL 원리 II)을 제공한다는 것은 학생들이 상호 읽기 전략에서 응답을 타이핑하거나 오디오로 녹음하는 것을 선택할 수 있음을 의미한다. 읽기와 관련된 질문에 응답하기 위해 여러 수준의 지원에 접근할 수 있을 뿐만 아니라 교사를 통한 연습 및 피드백에 의한 실행기능을 지원하였다. 시각적 요소 수업에는 시각적 요소를 판별하고 분석하는 연습이 있었다. 학생들은 유명한 예술가들의 그림을 자신의 작품을 위한 모델로 탐구하고 분석하였다.

'다중 방식의 참여'(UDL 원리 III) 제공은 단원 전반에 걸쳐 이루어졌다. 참여는 이 단원의 성공을 위한 핵심이었다. 모든 학생이 문학 작품에 접근할 수 있기 때문에, 학생들은 문학 작품에 의해 변화되었다. 영어가 모국어가 아닌 학생, 읽기장애 학생, 시각장애 학생, 소설 읽기를 성공적으로 완료한 적이 없는 학생 모두 지식을 공유하고 토론에 참여할 수 있었다. 그들의 작품을 출판한 것은 새로운 기술을 배우고 목표를 향해 노력하는 데 있어 더 많은 동기를 부여하였다.[1]

음악 옵션

　세 번째 사례는 청소년들이 음악을 만들 수 있도록 다양한 융통성 있는 옵션을 사용하는 교실에 관한 것이다. 악기 프로그램은 일반적으로 여분의 학교 시간에 참석하거나 주중에 이루어지는 수업에 참석하지 못한 학생들에게 제공된다. 예술가이자 음악 교육자인 Tim Archibald는 매사추세츠 주 보스턴의 헨더슨(Henderson) 학교에서 3학년, 4학년 및 5학년을 위해 완전히 포괄적인 악기 음악 수업을 준비하는 동안 다른 종류의 악기 프로그램을 만들 수 있는 기회를 가졌다.

장애물 판별 및 제거

　Tim은 실로폰을 사용하여 프로그램을 시작하였다. 그는 학생들이 필기하는 것을 지도하고 추가적인 시각적 지원을 제공하기 위해 각각의 실로폰 조각(bar)에 색깔이 있는 라벨을 붙였다. 실로폰은 대부분의 학생이 참여할 수 있도록 하였지만, 일부 학생에게는 여전히 장애물로 존재하였다. 몇몇 학생은 다른 학생들이 연주하는 실로폰 소리에 과도한 자극을 받았다. 다른 이들에게 실로폰 채(mallet)의 디자인은 음악을 연주하는 데 있어 신체적인 장애물이 되었다 또한 색깔이 있는 라벨은 전맹이나 저시력 학생에게 도움이 되지 못했다. 학생들이 어떤 음을 어떤 타이밍에 칠 것인지를 알 수 있도록 도와주는 내장된 지원이 없었기 때문에 많은 학생은 실로폰으로 노래를 배울 수 있을 만큼 오랫동안 참여 상태를 유지할 수 없었다. 악보를 읽는 것 역시

---

1) 홀로코스트 단원을 공부하는 데 필요한 더 많은 UDL 옵션을 보려면 Molloy와 Rodriguez(2008)의 사례와 함께 Wolf(2008)의 에세이 참조하기 바란다.

많은 사람에게 장애물이었다. 모든 학생을 포함시키기 위한 초기의 시도는 효과가 없었지만, Tim은 이와 같은 과정을 통해 전통적인 악기 프로그램에 존재하는 장애물에 대해 더 잘 이해할 수 있었다.

UDL 솔루션

Tim은 학생들이 악기를 연주하는 법을 배우는 동안 어디서 그리고 언제 장애물에 부딪히는지를 아는 전문가가 되었다. 헨더슨 학교에서는 학생들이 자기옹호자(self-advocates)가 되도록 가르친다. 그들은 동료들과 배우거나 참여하기 위해 그들이 필요한 것을 말할 수 있다. 이 문화는 학생들과 교사가 공동으로 장애물을 판별하고 해소할 수 있게 한다.

관련 지식으로 무장한 Tim은 계속해서 해결책을 찾았고 마침내 다양한 수준의 지원, 도전 및 자체 평가 기회를 제공하는 기술이 탑재된 키보드 세트를 발견하였다. 키보드를 사용하면 전통 악기가 갖고 있는 많은 장애물을 제거할 수 있을 뿐만 아니라 학생들이 합주 전에 스캐폴딩 지원 및 헤드폰을 이용해 개별적으로 기술을 발전시킬 수도 있다. 이 새로운 도구를 다감각적인 교육 방식에 포함시킴으로써 Tim은 더 많은 학생에게 악기 연주 기회를 제공하였다.

> 헤드폰을 사용하는 학생 옆에 서서 학생들이 무엇을 듣고 있고, 필요로 하는 지원이 무엇인지 이해할 수 있습니다. 어떤 종류의 평가나 연주 시험보다도 매우 빠른 개별화된 방법으로 피드백을 받을 수 있답니다. 정말로 그것은 더 많은 학생들과 일대일로 대화하는 것을 쉽게 만들었습니다.
>
> —Tim Archibald

학생들을 위한 다중의, 유연한 옵션 제공하기

다음은 헨더슨 학교에서 Tim과 함께하는 일반적인 키보드 수업에 대한 설명이다. 예시는 수업 발표 그리고 키보드 수업 중 학생들이 참여한 행동에 제공된 유연성과 선택을 보여 준다.

Tim은 음계(musical scales) 그리고 그들이 현재 작업하고 있는 노래인 「When the Saints Go Marching In」을 검토하기 위해 모든 학생들이 바닥에 앉은 상태에서 수업을 시작한다. Tim은 우리가 계단을 오르내릴 때 음표(note)가 어떻게 올라가고 내려가는지를 보여 주기 위해 무대 위에서 계단을 이용하였다. 계단에는 키보드에 적힌 음표에 해당하는 번호가 매겨진다. 자원봉사자가 Note 1을 연주했을 때 Tim은 학생에게 Step 1로 올라가도록 하였다. 그 학생은 자원봉사자가 음계에 따라서 음표를 연주하는 동안 계단을 올라갔다. 이것은 학생들이 음표가 음계의 위아래로 어떻게 움직이는지를 신체적 그리고 시각적으로 이해할 수 있도록 도와준다. Tim은 학생들의 도움을 받아 음표로 음계를 그려서 이 개념을 설명하였다. 따라서 학생들은 기초공학 수준에서 시각적·청각적·신체적인 음계 표상을 가지게 되었다.

학생들은 그들의 지원과 도전 수준에 맞추기 위해 세 가지 키보드 옵션과 조합, 즉 시각적 단서, 청각적 단서, 박자 조절 장치를 선택하였다. 예를 들어, 시각장애 학생들은 청각적인 신호와 함께 연주할 수 있다. 학습을 확장하기 위해 학생들은 키보드의 어떠한 지원 없이도 그 노래를 독립적으로 연주하는 것을 선택할 수도 있다. 또한 학생들은 다른 반 친구와 함께 피아노 연주를 시도함으로써 그들의 연주 수준을 높일 수도 있다.

지속적인 피드백 제공

수업 전반에 걸쳐 Tim은 다양한 수행 수준을 관찰하였다. 어떤 학생들이 빠르게 레벨을 통과할 때 다른 학생들은 박자나 운지법(fingering)에 있어서 그들의 능력을 증가시키기 위해 수업 시간 내내 한 레벨에 집중하며 앉아 있었다. Tim은 지속적으로 키보드를 넘나들며 그들의 참여를 증가시킬 수 있도록 개별적인 지원을 제공하였다. 어떤 학생들이 나머지 음악을 듣는 데 도움이 필요하다면, 그는 음악의 나머지 개념을 몸으로 표현하였다. 그리고 템포에 대한 도움을 필요로 할 때면, 키보드의 프롬프트에 맞춰 곡을 운지법으로 연주하면서 그와 함께 템포를 크게 말하도록 하였다.

Tim이 수업 중에 제공한 지원과 함께, 키보드도 학생들에게 피드백을 제공하였다. 유연성은 키보드의 주요 이점이다. 학생들은 키보드에 제시되는 점수를 통해 노래를 연주하면서 진행 상황을 모니터링할 수 있다. 학생들은 언제 연주에 대한 평가를 할 것인지 또는 언제 연습할 것인지도 선택할 수 있다. 그들이 평가를 선택했을 때, 키보드는 진행 상황을 측정하고 즉시 화면에 숫자로 나타내 준다. 키보드는 높은 점수에 대한 보상으로 불이 켜진다. Tim은 이 기능이 학생들의 참여를 실질적으로 증가시켰다고 언급하였다. 이것은 학생들이 비디오 게임에서 그들의 실력을 향상시키는 것과 비슷하다.

> 진정한 기쁨은 헤드폰의 잭을 뽑을 때라고 생각합니다. 우리는 그것을 뽑고 실시간으로 같이 곡을 연주합니다. 이 모든 것을 함께 연주할 수 있다는 것이 궁극적인 학습의 결과입니다. 아시다시피, 너무 크지도 혹은 너무 부드럽지도 않게 함께 표현하고 섞을 수 있습니다. 그리고 실수를 하더라도, 다시 따라잡고 계속할 수 있는 능력이 실시간으로 작동한다는 것은 상당히 고차원적인 사고 기술입니다.
>
> —Tim Archibald

학생들은 때로 기쁨과 실망으로 점수를 공유하였다. 키보드는 학생에게 기본적인 수준의 피드백을 제공하였기 때문에 Tim은 학생들에게 자신의 피드백을 개별화하고 수업에 공통된 도전 과제가 있는지 신속하게 확인할 수 있는 유연성을 더했다. 이와 같은 공유는 간헐적인 동료들의 충고와 교사들의 피드백을 위한 기회를 제공하였다. 수업이 끝날 무렵, 학생들은 자신들이 발견한 내용을 그룹 전체와 공유하였으며, Tim은 자원봉사자들에게 협주를 시도해 볼 것을 요청하였다.

전문성 개발 분야의 UDL 가이드라인

포괄적인 학습 환경을 조성하는 것은 원칙에 입각한 설계와 행동, 문제 해결 그리고 반응 교수(responsive teaching)의 지속적인 과정이다. 이 장에서 소개한 교육자들은 학생들이 자신의 실행기능을 개발하고 학습에 대한 자기결정을 내릴 수 있도록 다양한 참여 옵션과 지원을 제공하는 방법을 계속 탐구한다. 이와 같은 지속적인 탐구는 다양한 교육자, 전문가 및 학교 관리자들 사이의 협력을 통해 가능하며 또한 협력해야 한다.

사례를 통해 UDL 가이드라인(CAST, 2011)이 교육자와 학교가 교육과정 및 수업에서의 장애물을 판별하고 제거하는 보편적으로 설계된 옵션으로 이동하는 데 어떻게 핵심적인 역할을 할 수 있는지를 살펴보았다. UDL 가이드라인의 강점은 광범위한 경험과 관행에서 파생되었으며, 철저히 연구에 기초하고, 주제 영역 전반에 걸친 고품질의 교육과정과 수업을 제공한다는 것이다. UDL 가이드라인은 실질적으로 장애학생과 비장애학생 모두를 포함하는 다음 단계로 나아가기 위한 강력한 개념적 틀을 제공한다.

국제적인 예술 및 장애협회인 VSA*에서는 모든 학생을 위한 학습 옵션 확대에 대한 생각을 촉진하기 위해 교육과정 설계를 위한 전문성 개발의 일환으로 UDL 가이드라인을 사용하고 있다. 원래 특정 학생을 위한 수정에서 비롯되었을 수도 있는 교수 및 학습 전략이 선택에 의해 모든 사람이 이용할 수 있는 옵션으로 재고되고 있다. UDL 가이드라인은 전문 학습 커뮤니티에서 디자인 및 평가 토론을 위한 체크리스트로 사용되어 예술이 학습을 위한 추

---

*역자 주: 1974년 Jean Kennedy Smith 전 미국 대사가 창설하고 워싱턴 DC에 본부를 둔 국제 예술, 교육, 장애협회이다. Very Special Arts로 시작하였으며, 장애를 가진 모든 연령대의 사람들에게 예술을 통해 배우고 참여하고 즐길 수 있는 기회 제공을 목적으로 한다(wikipedia에서 인용).

가 옵션을 제공하는 방법과 콘텐츠가 다양하고 창의적인 방법으로 표상되고 표현되는 방법을 확인한다. 이 장에서 제시된 사례와 마찬가지로, UDL 가이드라인은 진행 중인 교육과정, 수업 및 평가에 대한 의사결정을 안내하는 분석 틀로 사용된다.

결론

이 장에서 우리는 예술 옵션이 학생들이 매력적이고 의미 있는 방식으로 높은 수준의 콘텐츠를 탐구하고 확장할 수 있는 풍부한 가능성을 가지고 있다고 주장하였다. 그리고 예술이 표현과 행동을 통해 내용을 표현하고 이해, 지식 및 기술을 나타내는 추가적인 옵션을 제공할 수 있는 방법을 보여 주기 위한 몇 가지 사례를 제시하였다. 교실을 보다 통합적으로 만드는 것이 UDL 원리, 지침 및 체크포인트에 의해 전문적으로 안내될 수 있는 지속적이고 대응력 있는 설계과정이라는 것도 보여 주었다.

참고문헌

Burnaford, G., Brown, S., Doherty, J., & McLaughlin, J.H. (2007). *Arts integration frameworks, research & practice: A literature review*. Washington, DC: Arts Education Partnership. Retrieved from http://www.aep-arts.org/files/publications/arts_integration_book_final.pdf.

CAST. (2009). VSA arts: *The UDL guidelines in teacher professional learning communities*. UDL Spotlight. Retrieved from http://udlspotlight.wordpress.com/category/vsa-arts.

CAST. (2011). *Universal Design for Learning Guidelines version 2.0*. Wakefield, MA: Author. Retrieved from http://www.udlcenter.org/aboutudl/udlguidelines.

Chaille, C. (2008). *Constructivisim across the curriculum in early childhood classrooms: Big ideas as inspiration.* Boston: Allyn & Bacon.

Glass, D. (2010). The design and evaluation of inclusive arts teaching and learning. In *The contours of inclusion: Inclusive arts teaching and learning.* Washington, DC: VSA. Retrieved from http://www.eric.ed.gov/ERICWebPortal/detail?accno=ED522677.

Molloy, T., & Rodriguez, A. (2008). Case example documentation. In *Contours of inclusion: Frameworks and tools for evaluating arts in education.* Washington, DC: VSA. Retrieved from http://www.eric.ed.gov/ERICWebPortal/detail?accno=ED507539.

Newmann, F. M., Lopez, G., & Bryk, A. S. (1998). *The quality of intellectual work in Chicago schools: A baseline report.* Chicago: Consortium for Chicago School Research. Retrieved from http://ccsr.uchicago.edu/publications/p0f04.pdf.

Portis, A. (2006). *Not a box.* New York: HarperCollins.

Volavkova, H. (Ed.). (1993). *I never saw another butterfly* (expanded 2nd ed.). New York: Schocken Books.

Wiggins, G., & McTighe, J. (1998). *Understanding by design.* Alexandria, VA: Association for Supervision and Curriculum Development.

Wolf, D. P. (2008). Building and evaluating "freedom machines": When is arts education a setting for equitable learning? In *Contours of inclusion: Frameworks and tools for evaluating arts in education.* Washington, DC: VSA. Retrieved from http://www.eric.ed.gov/ERICWeb-Portal/detail?accno=ED507539.

'Unplugged' 보편적 학습설계

−기초공학 환경에서 적용하기−

DAVID H. ROSE · JENNA W. GRAVEL · YVONNE DOMINGS

UDL에 대한 가장 기본적이고 지속적인 질문 중 하나는 다음과 같다. '현대의 많은 테크놀로지가 없어도 UDL을 실행할 수 있는가?' 이것은 몇 가지 이유에서 중요한 문제이다. 첫째, 현실적인 관점에서 UDL에 관심 있는 많은 교사는 테크놀로지에 대한 제한된 접근이나 사용을 고려하여 실제로 그것을 시행할 수 있을지 여부를 확신하지 못한다. 둘째, 이론적인 관점에서, 많은 교육자는 테크놀로지가 UDL 토대의 핵심인지, 아니면 UDL은 테크놀로지를 넘어서는 교육적 프레임워크로 유용한지 여부를 묻는다. 솔직히 UDL은 테크놀로지에 관련된 것인가, 아니면 교수(teaching)에 관한 것인가?

이 장에서는 이와 같은 문제들에 대하여 UDL 가이드라인을 구조적 틀로 사용하여 직접적으로 다룬다. 우리의 탐구는 현대 테크놀로지가 UDL의 구현과 정교화에 있어서 중요하지만 UDL 원리와 지침은 현대적인 테크놀로지 없이도 모든 학생의 성공적인 교수를 위해 적용될 수 있음을 보여 줄 것이다.

현대의 테크놀로지 없이 UDL을 구현하는 것이 더 낫다고 주장하는 것은 아니다. 그 반대이다. 처음부터 UDL은 현대 테크놀로지와 관련되어 있었다. 현대 테크놀로지의 힘과 유연성은 학습 경험을 개별화하고 최적화 능력을 크게 향상시킨다. 인쇄물과 같은 오래된 고정 기술이 표준화된 교수 및 학습을 요구하는 반면, 새로운 테크놀로지는 유연성과 다양성을 허용하고 조장한다. 그러나 이 장에서 UDL은 그 원리들이 실현되는 과거 혹은 현재의 테크놀로지가 아니라 교수와 학습에 초점을 둔 원리들을 제시하고 있음을 밝히고자 한다.

UDL 원리

이 책 전반에 걸쳐 언급했듯이 UDL의 세 가지 기본 원리(Rose & Meyer, 2002)는 다음과 같다.

I. 다양한 방식의 표상 수단 제공['무엇(what)'을 가르치고 배우는가]
II. 다양한 방식의 행동과 표현 수단 제공['어떻게(how)' 가르치고 배우는가]
III. 다양한 방식의 참여 수단 제공['왜(why)' 가르치고 배우는가]

UDL 가이드라인(CAST, 2011; Lapinski, Gravel, & Rose, 이 책 제2장 참조)은 이 세 가지 원리를 기반으로, 학생들은 상이하다는 것과 모든 학생의 성공적인 학습 활동을 설계할 때 고려할 특정 증거 기반 옵션과 대안을 판별하기 위한 틀을 제공한다. 이어지는 페이지들에서는 논의를 체계화하기 위해 이러한 가이드라인 및 그들이 권장하는 최상의 UDL 실제를 이용한다.

수업 사례: Seed Lesson

초점을 맞추기 위해 우리는 기본적으로 공학을 사용하지 않는 대부분의 초등학교 교사들에게 친숙한 단일 단원을 선택하여 UDL의 기초와 지침을 재검토한다.

이 단원은 학생들이 식물의 생활주기를 이해하고 명확하게 설명하는 데 도움이 된다. 씨앗을 드러내기 위해 몇 가지 다른 종류의 과일과 야채들을 잘라서 여는 것으로 시작한다. 학생들에게 말린 씨앗 몇 개를 보여 준다. 이 모든 예를 교실 주위의 탁자 위에 놓고 학생들이 씨앗의 모양, 느낌, 냄새 또는 소리를 탐구하도록 권장한다. 학생들에게 돋보기와 확인 점검표를 제공하여 반드시 찾도록 한다. 학생들이 탐험할 기회가 생기면 학생들에게 씨앗과 말린 씨앗 깍지를 그룹으로 분류하도록 한다. 또한 단어나 그림을 통해 일지에 관찰한 내용을 기록하도록 한다. 학생들은 식별할 수 있는 씨앗에 레이블을 붙이는 것을 도울 수 있으며 씨앗 박물관을 만들기 위해 함께 작업할 수도 있다. 집에서 씨앗 혹은 깍지를 모아 씨앗 박물관에 가져오도록 격려한다. 독서 시간 동안, 학생들은 여러 책에서 식물의 생활 주기에 대해 읽을 수 있다. 씨앗 심기를 위한 재료를 만든다. 해바라기나 콩과 같이 빠르게 자라는 다양한 씨앗을 포함한다. 식목과정을 설명하고 모델화한다. 텍스트와 그림에서 과정의 단계를 열거하는 괘도(wall chart), 수업과 관련된 새로운 어휘가 모두 표시되어 있는 단어 벽(word wall)도 가지고 있다. 그 후에, 모든 학생은 창문 근처의 식물 상자에 자신의 씨앗을 심을 수 있고, 다음 몇 주 동안의 과정을 단어로, 그림으로, 간단한 도표나 차트로 기록할 수 있다. 가능하다면 식물이 성장할 때까지 계속해서, 그들의 씨앗도 수확해서 박물관에 추가하고 식물의 전체 주기를 반영하도록 한다.

원리 I: 다양한 방식의 표상 수단 제공

Seed Lesson은 거의 모든 학습 활동과 마찬가지로 학습자를 위한 필수적인 정보를 포함한다. 그러한 정보는 정보 제공, 안내, 설명, 촉구, 지원, 피드백 제공, 추정 등 다양한 목적을 가지고 있다. 학생의 일부 또는 전체가 정보에 접근할 수 없다면 그러한 목적은 공평하게 달성할 수 없다.

정보가 그 목적을 달성하는지 여부는 정보의 정확성, 완전성, 권위, 조직화 여부에 따라 부분적으로 달라질 뿐만 아니라 정보가 제시되거나 표현되는 방식에 따라 결정된다. 효과적인 정보를 얻으려면 해당 목적을 위해 적절한 매체로 그리고 학생에게 적절한 매체로 정보를 표현해야 한다.

UDL 관점에서 볼 때, 정보를 표현할 수 있는 단일 방법이란 없으므로 이러한 두 가지 목표를 모두 달성할 수 있다고 가정한다. 즉, ① 다양한 모든 구성원에게 동등하게 전달되고, ② 모든 유형의 정보를 동등하게 나타낼 수 있도록 표현하는 단일 방법은 없다. 대신 UDL은 학습자의 전반적인 범위뿐만 아니라 학습 내용의 전체 범위에 걸쳐 효과적으로 활용할 수 있도록 표현 방법에 있어서의 옵션을 요구한다.

그러나 어떤 종류의 옵션이 필요한가? 표현 지침은 세 가지 광범위한 옵션을 인정한다. ① 감각적 · 지각적 옵션, ② 언어적 옵션 그리고 ③ 인지적 옵션. 동시에, 이 세 가지 종류의 옵션은 서로 다른 학생들이 전형적으로 직면하고 있는 대부분 또는 모든 문제와 다른 정보 요구 사항을 해결한다. 이들 각각에 대해 차례로 살펴보도록 하자.

지침 1: 인지 방법의 다양한 선택 제공

UDL의 관점에서 Seed Lesson은 '자연스러운' 장점을 가지고 있다. 그 정보는 다감각적 양식을 통해 접근 가능하다. 아이들은 씨앗과 식물을 보고, 만지고, 시음하고, 냄새를 맡으며, 심지어는 듣는 것으로 씨앗과 식물의 성장을 배울 수 있다. 이와는 대조적으로, 기존의 워크북 또는 교과서에 의한 동일한 수업을 제시하면 정보 채널을 단 하나의 형식으로만 국한시킬 수 있다. 이렇게 범위를 좁히는 경우 매우 부정적인 두 가지 결과가 나타난다. 즉, 배우는 것도 적고, 배우는 방법도 적다.

이 점들을 간단히 확장해 보자. 첫째, 워크북 또는 교과서는 시각적으로만 정보를 제공하기 때문에 씨앗 및 식물에 대한 정보에 접근하고 학습하는 방법을 감소시킬 수 있다. 예를 들어, 전맹, 색맹, 저시력 등 여러 형태의 시각장애 학생은 교과서에 있는 정보를 전체적으로 또는 거의 접근할 수 없다는 것을 알 수 있다. [Seed Lesson을 교과서적으로 표현(rendering)할 경우에는 언어적 또는 인지적으로 접근할 수 없는 다른 많은 학생이 있으며, 우리는 다음 절에서 그들을 다룰 것이다. 여기서는 수업의 감각적인 접근성만 고려한다.] 반면, Seed Lesson에서는 정보에 대한 대체 경로—후각, 미각 또는 청각(예: 모양, 크기, 질감, 경도, 온도 등)의 다양한 측면(예: 식물이나 씨앗을 흔들고 다루는 것)—가 존재한다.

마찬가지로 중요한 것은, 감각 양식의 축소는 또 다른 장애를 부과할 수 있다는 것이다. 교과서 버전에서는 어떤 학생이든 배울 점이 적다. 씨앗과 식물의 많은 특성, 또는 우리가 살고 있는 세계의 다른 측면은 시각만을 통해 적절히 표현되거나 배울 수 없다. 수선화, 양파 또는 바질(basil)의 냄새, 면의 짜임새, 시큼한 레몬의 맛이나 단풍 설탕(maple sugar)의 맛은 시각적으로 표현할 수 없는 식물의 특성이다. UDL 관점에서 또는 발달론적 또는 문화론적 관점에서 볼 때, 감각적 속성의 감소는 지식에의 접근 감소를 의미한다. 더욱이 씨앗에 대해 탐구하고 그것을 갖고 실험하는 것보다 씨앗에 대해 읽는 것은 우리가 '과학'이라고 부르는 것을 아는 방법에 대한 접근을 줄이는 것이다.

지침 2: 언어, 수식, 기호의 다양한 선택 제공

수학적 표현 및 기호

Seed Lesson은 직접적인 감각적·지각적 경험이 풍부하지만 실제 수업의 대부분은 언어와 기호를 통해 전달되는 정보로 이루어진다. 수업을 통해 교사는 말하기와 쓰기 모두 자신의 언어를 사용하여 정보를 제공하고, 정교화하며, 강조하고, 안내하고, 명확히 하고, 피드백을 주고, 나타낸다. 더구나 이 수업에서 비판적인 언어를 사용하는 유일한 원천이 교사만 있는 것은 아니다. 수업에 참여하는 학생들의 관찰, 질문 및 설명(어조뿐만 아니라 전염성 있는 언어적 열정!)은 학습이 시작되고 확장되는 방법에 있어 중요한 요소이다.

그러나 모든 학생이 교사의 언어에 똑같이 쉽게 대응할 수 있는 것은 아니다. 어떤 학생들에게는 이 언어가 기본 언어가 아니다. 학생 개별마다 어휘 발달의 폭과 깊이, 통사론적 능력, 관용구와 표현에 대한 지식, 활자화된 텍스트(읽기)에서 언어를 추출하는 능력 그리고 수업에 사용되는 언어의 다른 많은 측면에서 언어적 능력과 장애는 크게 다르다.

다행히도 Seed Lesson은 언어, 표현 및 기호에 대한 UDL 가이드라인의 여러 측면을 통합한다. 이 옵션은 일부 학생에게 중요한 접근 경로를 제공하고 많은 사람에게 언어 학습의 기회를 풍부하게 해 준다. 여기서는 사용되는 언어의 한 가지 측면인(그리고 가이드라인에서 언급된) 어휘만을 고려해 보자.

언어를 통해 정보를 획득하는 데 있어 주된 장애물 중 하나는 필요한 어휘의 숙달이다. 학생들은 사용하는 어휘의 영역이 일부 또는 전체에서 매우 다양하다. 즉, 그들이 가정에서 사용하는 어휘, 지역사회에서 지배적인 문화가 사용하는 어휘, 특정 학교 환경에서 사용하는 어휘 및 영역별 특정 어휘(이 경우에는 과학, 생물학 또는 생태학의 어휘)는 각기 다르다.

교육적으로, 첫 번째 본능은 종종 '단어를 하향 평준화(dumb the vocabulary down)'하는 것, 즉 일반적인 어휘의 수준을 '최소 공통 분모(lowest common denominator)'로 낮추는 것이고 또는 새로운 어휘의 도입을 제한하여 가장 어려움을 겪고 있는 학생도 접근할 수 있도록 하는 것이다. 이것은 일반적으로 최선의 선택이 아니다. 언어학적으로 가장 진보한 아동으로부터 가장 제한적인 아동까지, 모든 아동은 전반적인 어휘력 개발을 적극적으로 계속해야 하며, 풍부한 어휘가 수업에서 축소되거나 제거될 때 발달은 촉진되지 않는다. 또한 특정 영역별 어휘(우리의 경우에는 씨앗, 식물 및 생물학에 관한 어휘)의 발달은 종종 새로운 지식 영역에서 역량을 구축하는 데 중요하다. 새로운 단어와 그들이 나타내는 개념은 종종 학생들이 '무엇을 찾아야 하는지(what to look for)'와 '무엇을 학습해야 하는지(what to learn)'를 안내하는 구조적 토대가 된다.

이러한 이유로, 최적의 수업은 풍부하고 확장된 어휘를 지속적으로 통합한다. 이런 측면에서 Seed Lesson은 언어 학습에 도움이 되는 다양한 옵션을 제공하는데, 심지어 새로운 단어를 습득하는 데 있어 가장 기초가 부족한 학생들에게도 마찬가지이다.

처음부터 Seed Lesson의 새로운 어휘는 관련성 있고 의미 있는 활동에 소개되고 내장되었는데, 인지과학이 보여 준 진정한 맥락은 고립된 '어휘 형성(vocabulary-building)' 과제나 사전 찾아보기 연습보다 새로운 단어의 인식, 습득 및 기억을 훨씬 더 잘 수행할 수 있게 한다는 것이다. Seed Lesson은 기본적으로 여러 매체를 통해 개념을 보여 주는데(예: 실질적인 씨앗, 식물 그리고 도구 자체), 이는 UDL 가이드라인에서 제안된 주요 어휘인 '다중 표상' 중 하나이다.

그러나 일부 학생에게는 이와 같은 지원이 충분하지 않을 수 있다. 교사는 교실의 '단어 벽'과 학생들이 만든 사전을 수업 시간 동안과 수업이 끝난 후에 눈에 띄는 곳에 전시되는 단어 포스터에 담아 제공한다. 이러한 옵션과 UDL 가이드라인에 포함된 다른 옵션은 '하향 평준화'가 아닌 어휘 발달을 '개선(smarten up)'하도록 설계되었다.

많은 수업은 다른 형태의 표현이 더 효과적임에도 너무 많은 언어를 사용하기 때문에 이해하기 어렵다(따라서 배우기도 어렵다)는 사실을 간과하지 않는 것이 중요하다. UDL 프레임워크는 교육자가 두 가지 이유로 여러 미디어를 통해 설명할 것을 상기시킨다. 첫째, 어떤 교실의 일부 학생에게 언어는 불완전하거나 사용 불능인 매체이다. 둘째, 학습할 가치가 있는 많은 것이 언어를 통해 가장 직접적으로 또는 설득력 있게 전달되지는 않는다. Seed Lesson의 많은 지식은 직접 탐구와 실험을 통해 접근할 수 있으며, 이는 과학에 기초한 수업에서 특히 유용하다.

지침 3: 이해를 돕기 위한 다양한 선택 제공

Seed Lesson에서 교사는 체크리스트를 작성하여 학생들이 무엇을 찾아야 할지 안내하고, 학생들의 이해를 위한 스캐폴딩을 지원한다. 보다 구체적으로 교사는 UDL 가이드라인 지침 3에서 권장하는 옵션 중 하나인 '정보 처리, 시각화 및 조작을 안내하기'를 위한 스캐폴딩을 사용하고 있다. 이는 무엇을 의미하는가?

Seed Lesson의 관찰과 같은 과제에 직면했을 때, 숙련된 학습자는 새로운 지식을 배우기 위해 선수지식을 사용한다. 즉, 이전에 배웠기 때문에 무엇을 찾아야 하는지, 주의를 집중시키는 방법, 가장 두드러진 특징을 찾는 방법을 알고 있다. 이에 반해 그러한 경험이 부족한 많은 학생은 관련성이 없거나, 중복되거나, 중요하지 않은 많은 정보를 수집한다. 체크리스트를 제공함으로써 교사는 학생의 정보 처리를 안내하기 위한 스캐폴딩으로 선수학습을 사용한다.

교실의 다양성을 고려할 때, UDL 가이드라인은 체크리스트에 몇 가지 옵션을 제공할 것을 권장한다. 예를 들어, 매우 도전적이며 가장 탐구심 많고 지식이 풍부한 학생들을 안내하는 데 사용할 수 있는 체크리스트가 있다. 식물학에서 인류학에 이르기까지 대학원생 및 과학에 종사하는 학자들조차도 그러한 관찰 체크리스트의 이점을 누리게 된다. 여러 단계의 복잡성 수준에서 체크리스트를 제공하면 경험이 가장 부족한 학생부터 가장 진보된 학생에 이르기까지 모든 학생이 필요로 하는 과제를 발견하고 지원할 수 있다.

Seed Lesson에는 우리가 강조하고 싶은 '정보 처리 안내(guide information processing)'에 대한 또 다른 옵션이 포함되어 있다. 몇 가지만 언급한다면, 전문적인 학습자는 새로운 학습에 필요한 사전 정보 및 경험의 양뿐만 아니라 새로운 정보를 체계적으로 탐색하는 전략, 새로운 정보를 구성하고 오래된 정보와 비교하기 위한 전략, 그리고 새로운 정보를 의도적으로 기억하기 위한 전략(기억술)의 활용 가능성 측면에서 초보자와는 다르다. 효과적인 교사는 지속적으로 그러한 전략을 모델링하여 학생들이 자신의 생각을 볼 수 있도록 한다. 예를 들어, Seed Lesson에서 교사는 무엇을 해야 할지 설명하면서 모델링 혹은 '소리 내어 생각하기'로 시작할 수 있다. 예를 들어, 교사는 이렇게 말할 것이다. "식물이 어떤 종류인지 알기 위해 식물을 처음 보았을 때 나는 먼저 잎을 본답니다. 나는 전반적인 모양이 어떤 것인지, 얼마나 둥근지 혹은 뾰족한지, 얼마나 넓은지 혹은 좁은지를 보려고 한답니다. 여기, 나뭇잎을 볼까요? 무엇이 보이나요?" 이와 같은 모델링과 멘토링은 모든 영역에서 초보자를 위한 중요한 스캐폴딩 옵션이다.

또한 Seed Lesson은 이해를 위한 스캐폴딩인 지침 3의 또 다른 옵션—패턴, 핵심 부분, 주요 아이디어 및 관계 강조하기—을 설명한다. 대부분의 교사는 씨앗이나 식물의 특징적인 부분을 지적한다. 이 특정 식물을 다른 식물과 구별하는 특징(예: 나뭇잎의 패턴, 줄기의 높이, 씨앗의 크기와 모양)에 주의를 기울인다. 또는 잎의 특유한 잎맥 구조를 강조하기 위해 돋보기를 사용한다. 그러나 이 수업에는 중요한 기능을 강조하기 위한 보다 적극적인 옵션이 있다. '씨앗 박물관'과 씨앗을 판별, 비교, 명명하기, 분류하기 등과 같이 이에 수반되는 활동은 중요한 특징을 강조하기에 적합하다. 이러한 활동에 참여함으로써 학생들은 범주, 관계, 그리고 심지어는 생물 분류학(taxonomy)에 대해서도 많은 것을 배우기 시작한다. 이 옵션의 장점은 복잡성 수준이 크게 다른 씨앗(예: 색상, 밀도, 부피, 종)을 분류하는 데 실제로 여러 가지 방법이 있다는 것이다. 결과적으로, 각 학생은 과제에 접근하고 완전히 참여할 수 있는 동시에 적절한 수준의 도전에 참여할 수 있다.

지금까지 설명한 이해를 위한 스캐폴딩 옵션은 모두 여러 가지 방법으로 정보를 표시하는 보기에 해당한다. 이들의 가치는 단순히 수업에 보다 쉽게 접근할 수 있도록 하는 것에 그치지 않고, 모든 학생이 필요로 하는 지식 구축에 도제(apprenticeship)를 제공하는 데까지 확장된다.

원리 II: 다양한 방식의 행동과 표현 수단 제공

학생들은 지식을 쌓을 필요가 있을 뿐 아니라 지식을 효과적으로 표현하는 방법에 대해서도 배워야 한다. 따라서 UDL 프레임워크는 광범위한 표현 옵션을 제공하는 것이 매우 중요하다는 것을 강조한다. 대부분의 교실에서 일반적으로 발견되는 좁은 범위의 옵션에는 두 가지 단점이 있다. 학습한 것을 표현할 수 있는 양식이 제한적이고, 그와 같은 표현 양식을 배울 수 있는 방법도 거의 없다는 것이다. 이하에서는 이 두 가지 점을 간략히 살펴보도록 하자.

첫째, 특정 행동이나 표현 수단에 대한 능력에 있어 학생들 사이에는 엄청난 개인차가 존재한다. 최적의 표현 수단은 무엇일까? 한 학생에게 적절한 방법이 다른 학생에게는 비효율적이거나 불가능한 수단일 수 있다. 결과적으로, UDL 지침은 수단과 목표를 분리하는 것의 중요성을 강조한다. 모든 학생은 표현에 대한 높은 기대치나 목표를 가져야 하지만, 그러한 목표를 달성하기 위한 수단은 다를 수도 있고 또 달라야 한다. 또한 기술 개발에서 한 학생에게 최적의 다음 단계는 다른 학생에게는 너무 어려울 수 있고, 또 다른 학생에게는 너무 초보적이거나 지루할 수도 있다. 결과적으로 UDL 가이드라인은 교육자들에게 초보자부터 전문가에 이르는 전문적인 수준이 다른 학습자들을 적절하게 지원할 것을 상기시킨다. 이를 통해 모든 학습자가 학습에 있어 지원을 받고 도전을 받을 수 있다.

둘째, 각 매체가 효과적으로 표현할 수 있는 것에는 차이가 있다. 학교는 단지 몇 가지 표현 형식, 주로 문자로 된 표현(written expression)에만 집중하는 경향이 있다. 그러나 실생활에서의 의사소통은 점점 더 다양한 매체, 즉 텍스트, 이미지, 비디오, 사운드, 운동 기록, 시뮬레이션 등에서의 읽고 쓰는 능력을 요구한다. 이 새로운 세계에서 문자로 된 표현에만 집중하는 것은 학생들로 하여금 그들의 미래를 위해 충분히 준비되지 않은 채로 남겨 두게 한다.

개인의 다양성 그리고 더 다양해진 매체에서의 읽고 쓰는 능력과 같은 두 가지 문제를 모두 해결하기 위해 UDL 가이드라인은 교실에서 표현 옵션을 확장하기 위한 프레임워크를 제공한다. 이는 교육자들이 다음과 같은 세 가지 범주에서 더 광범위한 표현 옵션을 고려하도록 권장한다. 운동 및 신체적 요구 사항의 옵션, 표현과 의사소통에 사용되는 특정 미디어에 대한 옵션, 표현을 위한 행정적 · 조직적 요구사항에 대한 옵션. 이러한 옵션에 대해 차례로 살펴보도록 하자.

지침 4: 신체적 표현 방식에 따른 다양한 선택 제공

대부분의 학교 기반 학습 경험에서 유일한 필수 신체 활동은 책 페이지를 넘기거나 연필 또는 펜으로 글씨를 쓰는 것이다. 그러나 Seed Lesson은 씨앗을 물리적으로 분류하고, 씨앗 심기, 구멍 파기, 이랑 파기 등을 위해 땅을 준비하여야 하며, 물이나 비료를 운반하고, 키가 자란 큰 식물들을 묶는 것 등 적정 수준의 운동 활동을 필요로 한다. 이들 중 어느 것도 특별히 대부분의 학생들에게 어려운 것은 아니지만 일부 학생, 특히 지체 및 운동 장애학생들에게는 특별한 도전을 부과한다. 이것은 좋은 것인가, 나쁜 것인가?

그것은 수업목표를 얼마나 분명히 하였는가에 달려 있다. 수업에 대한 접근 가능성을 높이는 가장 좋은 방법은 운동과 신체적 요구를 줄이거나 없애는 것이라고 가정한다. 그러나 UDL 관점에서 볼 때, 도전 과제를 충족시키는 방식으로 옵션을 제공함으로써 학생들이 다양한 전략을 개발할 수 있도록 돕는 것이 좋다. 실제로, 적절한 '신체 활동을 위한 옵션'이 있는 Seed Lesson은 운동이나 신체적 장애가 있는 학생들에게 적절한 종류의 학습 기회를 제공할 수 있는데, 이는 분리된 물리치료 혹은 작업치료 세션에서는 만들기 어려운 기회이다. Seed Lesson은 본질적으로 육체적 활동, 운동 조정 그리고 심지어 손재주가 필요하기 때문에 특히 지체 및 운동 장애학생들에게 가치가 있다.

그러나 중요한 것은 충분한 옵션을 제공하는 것이다. 모든 학생이 어떤 활동의 신체적 요구로부터 배우는 것에 참여할 수 있도록 하기 위해 UDL 가이드라인은 두 가지 종류의 옵션을 제안한다. 이와 같은 종류들 중 하나인 도구 및 보조공학에 대한 접근성 최적화에 대해 고려해 보자.

Seed Lesson의 장점 중 하나는 대부분의 활동에 특수 도구(돋보기, 삽 또는 흙손, 호스 또는 물뿌리개, 끈 또는 기타 고정 장치 등)가 필요하다는 것이다. 이러한 도구는 모든 사람의 능력을 확장하고 이를 사용하는 방법을 배우는 것이 우리 문화에 유능하게 되기 위한 중요한 부분이다. UDL 가이드라인은 우리에게 운동장애 학생도 같은 것을 필요로 한다는 것을 상기시켜 준다. 학교 작업치료사 또는 물리치료사와 같은 전문가의 도움을 받는 중도장애 학생들에게도 Seed Lesson에 적합한 효과적인 도구를 제공할 수 있다. 수동 공구의 경우, '쉬운 그립(easy grips)'과 같이 특별히 설계된 버전도 있으며, 다양한 신체적 능력을 가진 개인의 역량을 향상시키기 위해 신중히 설계된(많은 경우, 보편적으로 설계된) 다른 도구도 있다.

이러한 옵션을 제공하는 것이 중요한 것은 지체장애 학생들이 미래의 삶을 준비하는 과정에서 숙달해야 하는 옵션의 종류라는 것이다. 그들이 도구를 선택하고 사용하는 법을 배우는 가장 좋은 방법은 격리된 치료 세션이 아니라 신중한 멘토링 및 지원을 통해 조직적이고 체계적인 방법으로 자신의 역량을 향상시키는 법을 배우는 실질적 과제를 통해서이다. Seed Lesson에서 자연적 도전 과제를 제거하는 것은 새로운 도구를 연습시킬 수 있는 기회는 제공하는 반면 미래를 준비시키지 않는 것이 된다.

지침 5: 표현과 의사소통을 위한 다양한 선택 제공

Seed Lesson에서 학생들에게 일지에 자신의 식물의 진전 상황을 기록하고 도표화하도록 요구한다. 이 수업의 중요한 강점은 그렇게 할 때 '표현과 의사소통을 위한 선택'을 제공한다는 것이다. 다른 옵션 중에서도 이 수업은 '의사소통을 위한 다중 매체'를 제공하는 것이다. 학생들은 관찰한 내용을 '단어, 스케치, 그림, 간단한 그래프 또는 차트'로 표현하고 전달하도록 독려된다. 이러한 옵션을 제공하면 많은 교육적 이점이 있다. 학생들은 표현할 필요가 있는 것을 위해 최선의 매체를 사용하는 법을 배울 수 있고, 개별 학생들이 자신의 강점과 약점에 가장 적합한 대안을 찾을 수 있게 해 준다. 그리고 교사는 각 학생의 학습 내용을 보다 정확하게 평가할 수 있다.

그러나 이러한 매체 관련 옵션은 UDL에 대한 중요한 우려를 불러일으킨다. 학생들에게 자신을 표현할 수 있는 선택의 여지가 많은 경우, 그들이 힘들어 하는 어려운 기술을 개발할 것인가? 모든 학생, 특히 작가로서 어려움을 겪고 있는 학생들은 계속 글쓰기를 배워야 한다. 그들은 글쓰기 연습을 하지 않으면 더 나은 작가가 될 수 없다. 핵심적인 딜레마는 다음과 같다. 작가 지망생은 Seed Lesson과 같은 수준 높은 콘텐츠 영역 수업에 어떻게 참여할 수 있는가? 또한 자신의 글쓰기를 향상시키는 데 필요한 연장된 치료 연습에도 참여해야 하는가? UDL 관점에서 볼 때 이 해결책은 익숙할 것이다. 학생들이 글을 쓰는 방식으로 옵션을 제공하는 것이다. 하지만 어떤 종류의 옵션이 제공되어야 하는 것인가?

도움이 될 수 있는 옵션의 종류는 UDL 가이드라인의 '연습 및 수행에 대한 단계별 지원을 통한 수준 높은 유창함 구축'에 강조 표시되어 있다. 유창해진다는 것은 뭔가를 원활하고 쉽게 할 수 있다는 것이다. 이것은 말하기, 읽기, 쓰기와 같은 학교에서의 모든 기술에 적용될 수 있지만, 모든 종류의 매체에 표현을 포함하도록 확장될 수도 있다.

일부 학생은 기본 기술이 이미 유창하고 잘 발달되어 있기 때문에 스캐폴딩이 거의 혹은 전혀 필요하지 않을 수 있다. 반면, 의미 있는 참여를 계속하기 위해서는 상당한 스캐폴딩이 필요한 학생도 있다. 각기 다른 개인의 과제를 해결하기 위해서는 다양한 옵션이 필요하다.

Seed Lesson에서는 다양한 수준의 스캐폴딩을 쉽게 상상할 수 있다. 학생들이 컴퓨터를 사용하여 글쓰기를 하는 환경에서 맞춤법 검사기 및 문법 검사기부터 단어 예측 및 대화형 개념지도에 이르기까지 많은 유용한 스캐폴딩을 사용할 수 있다. 그러나 앞서 살펴본 Seed Lesson에서 교사는 이미 도움이 되는 무공학(non-technology) 또는 기초공학 스캐폴딩 옵션을 제공하였다. 예를 들어, 단어 벽은 초보 작가에게 의미 및 철자 지원을 모두 제공한다. 학생들이 관찰에서 무엇을 찾아야 하는지 알 수 있도록 고안된 체크리스트는 조직자(organizer) 또는 '미리 알림(reminders)' 기능을 통해 작문 구조를 이중으로 개선할 수 있다. 여기에 더해 교사들은 학생들이 자신의 생각을 시작하고 정리하는 데 도움을 줄 수 있는 많은 구조적인 지원을 (학생 일지나 보조 가이드 또는 템플릿으로 직접) 제공할 수 있다. 문장을 부분으로 나누는 구조적 템플릿, 개념 지도 등. 물론, 교사와 동료 교사 모두 주요 스캐폴딩 기회를 제공할 수 있다.

Seed Lesson에서 스캐폴딩을 위해 이와 같은 옵션을 제공하는 것은 실제로 교사들 사이에서 종종 충돌하는 두 가지 매우 다른 목적에 도움이 된다. 첫째, 기본적인 기술에 어려움을 겪는 학생들은 Seed Lesson의 실질적인 과학에 보다 충분히 참여할 수 있다. 둘째, 학생들은 졸업한 견습을 서면으로 찾아서 기본적인 기술을 익힐 수 있다. 고군분투하는 작가들에게 과학적인 글쓰기에 완전히 참여할 수 있는 더 좋은 기회를 주는 스캐폴딩 선택은 그들이 작가로서 연습하고 발전하는 데 필요한 기회를 줄 수 있다.

지침 6: 실행기능을 위한 다양한 선택 제공

Seed Lesson의 가장 까다로운 측면 중 하나는 실행기능에 대한 요구 사항이 거의 완전히 숨겨져 있거나 암시적으로 존재한다는 것이다. '실행기능(executive functions)'이란 다른 인지과정을 통제하고 관리하는 인지과정의 체계로 전략, 계획 그리고 행동 통제를 담당하는 일련의 과정으로 정의된다. 수업에 참여하기 위해, 모든 학생은 어떤 면에서 임원처럼 행동하여야 한다. 참여하는 동안 다양한 목표를 설정(또는 채택)하고 행동이나 활동 순서를 계획하고, 자원을 정리하며, 진행 상황을 모니터링해야 한다. Seed Lesson이 의도한 것과 같이 아동들은 그러한 실행기능을 수행할 수 있는 능력이 거의 없다. 실제로 현대 신경과학은 그러한 기능에 가장 크게 기여하는 뇌 영역이 청소년기 말이나 성인기까지도 성숙에 이르지 못한다는 사실을 보여 주었다.

결과적으로, 모든 문화는 아동기 동안에 실행기능을 위한 외적 스캐폴딩과 지원을 제공할 필요를 인식하고 있다. 아동들은 독립적인 집행자로 간주되지 않지만 교사나 학부모, 교육과정이 제공하는 구조, 교실 활동이나 환경의 외부 조직에 크게 의존한다. 학생들이 상당한 나이가 되면 '실행기능'이 내재화되어 독립적으로 행동할 수 있을 것으로 예상되지만, 아직 확실하지는 않다. 그리고 당연한 것이지만, 모든 연령대에서 실행기능과 관련한 능력은 학생들 사이에서 매우 다양하다.

다행히도 Seed Lesson은 이미 많은 외적 스캐폴딩을 제공한다. 실제로, 스캐폴딩의 많은 측면은 교실에 들어서자마자 즉각적으로 드러날 것이다. 각 영역마다 적절한 자원과 도구가 있는 독특한 기능 영역으로 구성되어 있다. 벽에는 주제와 관련된 차트, 다이어그램 및 모델이 있다. 화이트보드나 이젤에는 일정과 순서가 있다. 이와 같은 각각의 기능은 실행기능을 외부에서 지원한다. Seed Lesson에 참가하는 학생들은 많은 정보를 독립적으로 관리하고 조직할 준비가 되어 있지 않다. 그들의 작업기억 용량은 고학년 학생들에 비해 훨씬 제한적이다. UDL 가이드라인은 이러한 옵션이 모든 어린 학생들에게 중요하지만 많은 고학년 학생에게도 중요하기 때문에 '정보 및 자료 관리 지원' 옵션 제공을 권장한다. 중학교 이상부터, 학생들 사이의 차이를 가져오는 주요 원인 중 하나는 실행기능 혹은 효과적으로 문제를 해결하고 의사소통을 준비하는 능력을 의미하는 '메타인지(metacognitive)' 능력에 있다. 특히 학습장애 학생과 특정 전문 영역을 접하는 어리거나 초보자인 학생들이 취약하다. 이러한 학생들은 전형적으로 모든 실행 능력에서 미숙하고, 체계적이지 못하며, 건망증이 심한 듯 보인다. 효과적인 교사들은 그러한 학생들을 도울 수 있도록 교실에서 옵션을 제공한다. 앞에서 설명한 괘도와 다이어그램은 작업기억의 부하를 줄이는 필수 요소 중 하나이다. 본질적으로 학생들이 학습하는 동안 필요한 정보를 '파지(hold)'할 수 있도록 도와줌으로써 외적 기능으로 내적 기능을 보완한다. 다른 많은 옵션들은 전형적으로 학생들이 정보를 보유하고 정리하는 것을 돕기 위해 권장된다. 최고의 것은 앞으로서의 삶에서 생산성을 위해 그들을 준비시키는 것이다. 정보 기록을 위한 그래픽 조직자와 템플릿 제공, 학생들에게 메모를 작성하고 메모를 정리된 폴더 등에 보관하는 방법을 가르치는 것 등과 같은 활동이 이에 해당된다.

외적 지원이 없다면, 학생들은 종종 내용과 관련된 특정 지식이나 기술이 부족하다고 잘못 추측되거나 동기부여가 되지 않는다거나 참여하지 않는 것으로 간주된다. 대신, 그들이 부족한 것은 효과적으로 지식을 구성하고 표현하는 실행 기술 또는 전략이다. 그들은 종종 적시에 과제를 완료하지 못하는 경우가 있으며, 비조직화된 프로젝트를 제출하기도 하며, 조직, 계획 및 진전도 모니터링을 요구하는 활동에서 제대로 수행하지 못하는 경우도 있다. 이러한 실행 또는 조직 기술이 수업목표의 중심이 아니면, 많은 학생은 더 나은 결과를 달성할 것이며 실행기능을 위한 옵션이 가능할 때 더 많은 것을 배우게 될 것이다.

원리 Ⅲ: 다양한 방식의 참여 수단 제공

인식이 정보로부터 지식을 구성하는 수단이라면 동기는 엔진이다. 학습과학의 여러 분야의 연구자와 이론가들은 건설적인 학습에서 정서와 동기의 중요성을 점차 인식하고 있다. 학습자가 적극적으로 참여하지 않는 정보는 거의 지식으로 변환되지 않는다.

학생의 관심을 끌지 못하는 정보는 실제로 접근할 수 없다. 현재(관련 정보가 간과되고 처리되지 않음)에도 그리고 미래(관련 정보가 기억될 것 같지 않음)에도 접근할 수 없다. 이와 같은 사실을 알게 되었다면, 교사들은 학생들의 관심과 참여를 높이기 위해 상당한 노력을 기울여야 한다. 하지만 학생들은 무엇이 그들의 관심을 끌고 그들의 관심을 사로잡는지에 대해 상당히 다르다. 동일한 학생조차도 시간과 상황에 따라 다르다. 그들의 관심사는 새로운 지식과 기술을 개발하고 습득함에 따라 변하며, 스스로의 결정 가능 여부에 따라 청소년과 성인으로 구분된다. 따라서 개인 간 및 개인 내적 학습자의 차이를 반영하여 학생의 관심을 끌기 위한 대안을 제시하는 것이 중요하다.

전형적인 교실에서는 참여의 기회가 매우 드물다. 학생들은 모두 똑같은 것처럼 취급된다. 이처럼 제한된 옵션과 참여 기회는 부정적인 두 가지 결과를 초래한다. 학생들에게 동기를 부여하는 방법이 적고, 학생들이 스스로 동기를 부여하는 방법을 배우는 것도 적다는 것이다. 참여의 관점에서 Seed Lesson을 재검토해 보자.

지침 7: 흥미를 돋우는 다양한 선택 제공

탐구를 위해 Seed Lesson은 '주의 강탈자(attention grabber)', 즉 잘 익은, 다채롭고, 즙이 많은 과일을 활용하는 것으로부터 시작한다. 과일은 친숙할(학생들은 과일의 모양, 느낌, 냄새를 인식한다) 뿐만 아니라 예기치 못한 것(학교 수업은 실제로 즙이 많거나 맛있는 어떤 것으로 시작하지 않는다)이기도 하다. 이런 방식으로 수업을 시작함으로써 교사는 학생들의 관심을 끌기 위해 그리고 학생들을 사로잡을 수 있는 다양한 것으로부터 멀어지게 함으로써 학생들이 학습에 참여하기를 바란다.

이와 같은 흥미 유발은 교수(teaching)에서 가장 어려운 과제 중 하나이다. 사실 두 가지 문제가 있다. 한편으로는 학습 그 자체에 대한 흥미를 유발시키는 것에 대한 도전이 있다. 예를 들어, 많은 외적 보상이 주목을 끌기는 하지만 학습목표보다는 소위 'eye candy'*라고도 하는 보상의 매혹적인 품질에 매력이 있다. 반면에, 개인차에 대한 도전도 있다. 학생들은 학습의 다른 측면에서와 마찬가지로 흥미 혹은 관심사가 다양하다. 어떤 학생의 흥미 유발에 최상인 방법이 다른 학생에게는 효과적이지 않거나 관심을 끌지 못하는 방법일 수 있다.

이러한 과제를 해결하기 위해 UDL 가이드라인 지침 7에서는 여러 가지 옵션을 권장한다. 우리는 '위협과 산만함 최소화하기(minimize threats and distractions)' 옵션을 제공하는 것을 고려하고 있다. Seed Lesson에서 교사는 모든 학생이 안전하다고 느끼는 학습 환경을 조성하고자 한다. 앞서 설명한 것처럼, 학생들이 안전하고 편안하게 느끼도록 하기 위해 그리고 적절한 양의 지지와 도전을 느끼도록 하기 위해, 점차적으로 제거 가능한 스캐폴딩을 수업에 포함시킨다. Seed Lesson은 우리가 매우 효과적이라고 생각하는 방식으로 이 지침을 확장한다. 교사는 특정 위협과 산만함을 최소화시킬 뿐만 아니라 다른 사람들을 변화시키려고 노력한다. 다양한 위협과 산만함이 생산적인 전략인 이유는 무엇일까? 왜 교사는 교실에서의 위협과 혼란을 원하는 것일까? 이 질문에 대한 대답은 UDL의 핵심이다.

Seed Lesson은 과일, 야채 및 씨앗이 어떻게 보이고, 느끼고, 냄새가 나며, 소리가 나는지 탐구하도록 격려함으로써 시작된다. 많은 학생에게 씨앗을

---

* 역자 주: 눈으로 보기에만 좋은 것을 의미한다.

찾기 위해 토마토나 호박의 과육을 깊이 들여다보는 것은 매우 매력적이다. 더 지저분하고 과즙이 많을수록 좋다. 그러나 필연적으로 그런 식으로 참여하는 것을 주저하는 학생들이 있다. 정상분포곡선의 극단에는 '스펙트럼'(자폐증이나 아스퍼거 증후군) 학생들이나 새롭고 몰입적인 감각 경험이 과대 평가되어 위협적이라고까지 생각하는 촉각 방어력이 있는 학생들도 있다. 이런 방식으로 그들의 흥미를 유발시키려고 한다면 학습에 대한 진입보다는 장벽을 세울 수 있다. UDL 접근법은 다음과 같은 옵션을 권장한다. 그러한 학생은 일정한 거리(respectful distance)에서 다른 학생(또는 교사)을 볼 수 있게 한다. 학생들(또는 부모)이 집과 같이 덜 자극적인 환경에서 우선적으로 그것을 시도해 봄으로써 활동을 준비할 수 있도록 격려한다. 활동 템플릿을 그림이나 삽화와 함께 제공하여 예측 가능성을 높인다. 또는 안전한 환경에서 탐구를 수행할 수 있는 기회를 제공한다.

이 예는 극단적으로 보일 수 있지만 어려움은 매우 평이한 수준이다. 많은 학생에게(예: '부끄러움이 많은' 학생으로 낙인찍힌 학생들을 포함하여), 참여를 유도하기 위해 고안된 많은 활동—그룹별 브레인스토밍, 공개 시연회나 무대 공연 상연, 연극 출연, 개인적으로 관련된 일화들—이 오히려 참여하기는 전혀 이루지지 않고 위협적이거나 주의를 산만하게 하고 있다. 그러나 교육자의 임무는 그러한 위협과 산만함이 존재하지 않는 인공 환경을 조성하는 것이 아니라, 그들이 피할 수 없는 위협과 산만함에 대처하는 방법을 배우는 모든 아동에게 충분한 옵션을 제공하는 것이다. 우리가 직면한 과제는 학생들이 있는 그대로의 세상에서 살 수 있도록 준비시키는 것이다.

지침 8: 지속 노력과 끈기를 돕는 선택 제공

일단 참여하게 되면, 많은 학생은 Seed Lesson이 식물이 성장하는 데 필요한 자원에 대해 그들이 관심을 갖게할 만큼 충분히 설득력 있다는 것을 알게 된다. 다른 사람들에게는 식물이 성장하기를 기다리는 긴 주기, 혹은 그들의 식물 성장에 대한 저널쓰기 혹은 포트폴리오 작성을 유지하는 데 따른 추가적인 부담감, 혹은 식물의 성장을 반복적으로 측정하고 그래프로 표시하는 것이 그들의 열정, 인내심, 그리고 헌신에 과중한 부담을 줄 수 있다.

UDL 가이드라인 지침 8에서는 이(또는 다른) 프로젝트를 완료하는 데 필요한 지속적인 노력과 끈기를 뒷받침하는 몇 가지 종류의 옵션을 권장한다. 다른 지침과 마찬가지로 다음과 같은 두 가지 이유가 있다. ① 학생들이 기존의 능력으로 그러한 노력과 끈기를 유지할 수 있는 다양성에 대한 도전을 충족시키는 것, ② 모든 학생이 궁극적으로 스스로 사용할 수 있는 더 높은 수준의 전략을 연습하고 개발할 수 있도록 필요한 교육용 스캐폴딩을 제공하는 것.

지침 8은 네 가지 종류의 옵션을 제안한다. 목표나 목적을 뚜렷하게 부각시키기 위한 옵션, 난이도를 최적화하기 위한 요구와 자료들을 다양화하는 옵션, 협력과 커뮤니티를 육성하기 위한 옵션, 성취 지향적 피드백을 증진시키기 위한 옵션이 있다. 여기서는 첫 번째 것을 살펴보도록 하자.

Seed Lesson의 장점은 그 목표가 항상 명확하고 지속적으로 이용 가능하며 매우 '두드러지다(salient)'는 것이다. 성장 중인 식물은 눈에 매우 잘 띄며, 주요 학습목표—식물이 자라는 데 자원이 필요하다는 이해—를 지속적으로 상기시킨다. 만약 학생들이 다른 활동들로 인해 잊어버리거나 주의가 산만해진다면, 식물 자체가 물, 햇빛, 영양소에 대한 요구 사항을 명확히 밝히기 시작할 것이다. 마찬가지로 중요한 것은 이들이 자원에 대한 필요성뿐만 아니라 자원을 제공하려는 학생들의 목표를 학생들에게 상기시켜 주는 물리적 역할을 한다는 것이다. 이는 사소한 것처럼 보일 수 있지만 교실의 많은 활동에서 목표는 암묵적이거나 활동 초기에만 명시적으로 나타난다. 어떤 활동에 참여하는 일부 학생 그리고 장기간의 활동에 참여하는 모든 학생의 지속적인 노력과 참여를 위해서는 목표뿐만 아니라 그 중요성이나 가치를 주기적으로 또는 지속적으로 상기시켜야 한다.

어린 학생들과 초보자들에게 이러한 알림은 멘토나 환경에 의해 제공되는

외부의 것이어야 한다. 그러나 과정을 내면화하는 방법—그들의 목표와 보
상을 정기적으로 다시 시각화하는 방법, 어려움에도 불구하고 동기부여와 끈
기를 유지하는 방법, 산만함을 가져올 수 있는 매력적인 것들과 직면했을 때
그들의 목표를 두드러지게 하는 방법—을 배우는 것이 중요하다. UDL 가이
드라인은 모든 아동이 독립성을 유도하는 최적의 도제과정을 가질 수 있도록
여러 가지 스캐폴딩 옵션(스캐폴딩을 단계적으로 풀어 줄 수 있는 기회가 있는)을
권장한다.

지침 9: 자기조절 능력을 키우기 위한 선택 제공

Seed Lesson의 초점은 식물 생물학에 있다. 그러나 학교에서의 모든 수업,
모든 활동은 학생들이 정서적 성숙을 향한 장기간의 도제살이를 계속할 수
있는 중요한 기회인데, 이것을 종종 '자기조절(self-regulation)'이라고 부른다.
개별 학생들은 자기계발을 하는 데 있어 그들의 요구가 크게 다르다. 일부 학
생은 주로 Seed Lesson의 신기성 또는 사회적 측면과 같은 새로운 것에 참여
하는 데 따르는 불안감을 관리하는 방법을 배워야 한다. 다른 학생들에게 주
요 목표는 씨앗을 식물로 키우는 긴 프로젝트에서의 장애물과, 실망에서 오
는 좌절감을 관리하는 방법을 배우는 것일 수도 있다. 또 다른 학생들에게는
주요 목표가 그룹 프로젝트에서 다른 구성원들을 지배하거나 거부하지 않고
다른 학생들과 협력하는 방법을 배우는 것일 수도 있다. 이러한 목표를 달성
하기 위해 학생들은 각자 적절히 안내하고 지원할 수 있는 옵션 또는 스캐폴
딩을 사용하여 연장된 견습과정이 필요하다.

UDL 가이드라인 지침 9에서는 자기조절을 위한 세 가지 옵션을 권장한다.
학습 동기를 최적화하는 기대와 믿음을 촉진하기 위한 옵션, 극복 기술 및 전
략을 촉진시키기 위한 옵션, 자기평가와 성찰을 발전시키기 위한 옵션. 이들
중 하나를 간단히 살펴보자.

Seed Lesson에서 특히 협력적인 측면을 준비하는 교사를 상상해 보자. 대

부분의 학생은 협동을 필요로 하는 자기조절의 초보자이며, 이 분야에서 특별한 어려움을 가진 일부 학생도 있음을 알고, 교사는 미리 옵션을 준비한다. 자기조절의 한 가지 주요 측면이 자신의 성과를 모니터링할 수 있는 능력이라는 것을 아는 교사는 '자기평가와 성찰을 발전'시키기 위한 옵션을 제공한다.

구체적으로, 교사는 각 학생에게 공동 작업에서 자신의 참여를 평가하는 루브릭을 나눠주고 그룹 작업을 시작한다. 이러한 루브릭은 유치원에서 대학원에 이르기까지 교육에서 매우 일반적이다. 왜냐하면 초보자가 자신의 참여를 평가하고 반영하는 것을 가능하게 하기 때문이다. 이 루브릭은 하나의 기준과 4수준의 응답만으로 구성되어 있어 매우 간단하다:

- 1수준: 그룹을 돕기 위해 아무것도 하지 않거나 아무 말도 하지 않음.
- 2수준: 같은 그룹에서 일하지만 혼자 일함.
- 3수준: 다른 그룹 구성원과 협력하여 일함.
- 4수준: 모든 구성원은 각자의 책무가 있으며, 그룹은 협력하여 일함.

스캐폴딩과 같이 이 간단한 루브릭을 사용하면 경험이 가장 부족한 학생들조차도 자신의 성적을 반영하기 시작할 수 있다. 첫 번째 단계에 능숙해졌을 때, 교사는 루브릭을 확장하여 보다 효과적인 모니터링 및 자기조절을 안내하고 도전할 수 있다. 루브릭의 수준을 각 학생의 현재 수행 수준과 다르게 함으로써, 교사들은 모든 아동이 충분히 그리고 적절하게 성장하도록 보장할 수 있다. 이 작은 방법으로 Seed Lesson은 학생들의 미래를 준비할 수 있는 자연스러운 기회를 제공하는데, 미래에는 그들 자신의 행동을 모니터링하는 것이 성공적인 자기조절의 주요 측면이다.

결론

우리는 간단한 질문으로 이 장을 시작하였다. 현대의 테크놀로지 없이도 UDL을 구현할 수 있는가? Seed Lesson을 검토한 결과, UDL 가이드라인과 기준(benchmark)의 대부분 또는 전부가 특별한 테크놀로지 없이도 훌륭하게 구현될 수 있음이 밝혀졌다. UDL에서 요구하는 것은(그리고 이것은 매우 중요하다) 처음부터 잘 설계된 수업이다. 그리고 잘 설계된 수업이란 모든 학습자가 성공할 수 있도록 충분한 옵션(도전과 지원 모두에서)을 제공하기 위해 고안된 수업을 의미한다. 모든 학생들에게 충분한 옵션을 제공하는 교육과정을 설계하는 것은 현대 테크놀로지의 유연성과 추가적인 힘이 없으면 어렵다. 테크놀로지의 유무에 관계없이 UDL 접근법을 이용하는 것이 중요하다. 테크놀로지는 UDL의 목표가 아니다. 그것은 단지 그 수단 중 하나일 뿐이다.

이것이 이 장의 가장 중요한 요점이다. UDL은 주로 테크놀로지와 관련된 것이 아니다. 그것은 교육학에 관한 것이다. UDL의 가장 근본적인 측면은 테크놀로지에 대한 우리의 기대를 높이는 것이 아니라 교육에 대한 우리의 기대를 높이는 것이다. 전통적인 교육은 많은 학생에게 낮은 기대치를 설정하고 그들은 너무 장애가 많거나, 너무 불리하거나, 너무 다양해서 적절한 연간 진전을 이루지 못하는 경향이 있는 것으로 보는 반면, UDL은 근본적으로 다른 기대치를 제시한다. 이것은 우리의 교육과정이 너무 장애가 있거나, 너무 불리하거나, 너무 획일적이어서 정말로 중요한 목표를 달성할 수 없다는 것이다. UDL은 테크놀로지 과학(science of technology)이라기보다는 학습과학에 기초한 접근법을 제공하며, 모든 학생을 위해 높은 기대와 결과를 가진 학습 환경을 설계한다.

참고문헌

CAST. (2011). *Universal Design for Learning Guidelines version 2.0.* Wakefield, MA: Author. Retrieved February 23, 2012, from http://www.udlcenter.org/aboutudl/udlguidelines.

Rose, D. H., & Meyer, A. (2002). *Teaching every student in the digital age: Universal Design for Learning.* Alexandria, VA: Association for Supervision and Curriculum Development.

보편적 학습설계 실행을 위한 교사 양성

EMILIANO AYALA · HEATHER J. BRACE · SKIP STAHL

오늘날, 교실의 다양성을 다루기 위해 고안된 모든 체계적인 변화 중에서, UDL은 교육과정 자체의 목표, 방법, 평가 및 자료의 네 가지 구성요소의 장벽을 가장 명확하게 다루고 있다. 종종 일반교육 교육과정과 그에 수반되는 책무 시스템은 장애학생, 영어를 모국어로 하지 않는 영어 학습자 등을 포함하는 다양한 학습자의 성취 혹은 결과 측정을 위해 설계되지 않았다. 최근까지 이러한 학생들은 일반적으로 교육과정의 계획, 설계, 개발, 채택 또는 검증 등이 이루어지는 동안에 사전에 고려되지 않았다. 결과적으로 일반교육 교육과정은 다양한 학습자를 지도하고 평가하는 데 필요한 연구기반(research-based)의 대체 방법 및 자료가 부족하기 때문에 학습과정에 장애물이 될 수 있었다.

전통적으로 교사들은 교육과정을 수정하거나 교수 적합화(adapting)를 통해 다양성을 다루었다. 이러한 교수 적합화의 대부분은 체계적이지 않고, 연구에 기초하지 못하였으며, 교육과정이 원래 작성한 표준과 방법을 간과할 때도 있었다. 결과적으로 관련 평가 및 책무 시스템을 부주의하게 변경시킬 수 있다. 보다 효과적인 교육 책무 시스템을 만들 필요성이 증가함에 따라 일반교육 교육과정은 처음부터 모든 학생이 이용할 수 있도록 설계되어야 한다. 이것은 현재 존재하는 많은 양의 수정을 없애거나 상당히 줄일 수 있다.

학생들을 지원하는 디지털 미디어와 테크놀로지들은—컴퓨터, 모바일 기기 및 미디어 플레이어, 초고속 네트워크—교육의 팔레트를 확장하고, 학습을 위한 대체 경로를 제공할 수 있는 큰 잠재력을 제공한다. UDL 프레임워크에서 테크놀로지는 다음과 같은 효율적이면서도 정확한 세 가지를 제공한다.

① 대안적 정보 표상 수단(개념 등)—즉, 기존 또는 초기 표현이 접근 불가능하거나 도움이 되지 않을 때 접근할 수 있는 새로운 방법(예: 텍스트의 대체물로써 음성, 비디오 또는 그래픽 개념 지도)

② 대체 표현 수단—즉, 학생들이 활동하고 상호작용하며 그들이 알고 있는 것을 표현할 수 있는 대체 수단(예: 음성 입력, 그림, 대체 매체를 이용한 작문)

③ 대안적 참여 수단—즉, 지속적인 노력과 동기를 부여하는 여러 가지 수단(예: 다양한 신기성 또는 도전 수준)

UDL은 유연한 교육 자료, 기법 및 전략을 제공함으로써 다양한 학생이 유사한 학습목표를 달성할 수 있도록 교사의 노력을 재조정할 수 있다. UDL 프레임워크와 이것의 토대인 UDL 가이드라인(CAST, 2011)은 다음 세 가지를 수행하기 위한 증거 기반(evidence-based)의 세부 옵션을 제공함으로써 이를 달성한다.

① 정보 및 내용 제시(학습의 '무엇')

② 과제 수행 및 문제 해결(학습의 '어떻게')
③ 흥미와 주의집중 자극(학습의 '왜')

UDL 교육과정은 처음부터 최대한 많은 사용자의 요구를 충족시킬 수 있도록 설계되었으므로 비용이 많이 들지 않고, 시간이 오래 걸리지 않으며, 사후 변경이 필요하지 않다. 교사는 완전한 UDL 교육과정을 독립적으로 수립할 수는 없지만 일상적인 교육을 방해하는 교육과정에서의 장애물을 판별하고 최소화하는 방법을 알 수는 있다(Rose & Meyer, 2002).

다음 절에서는 2008년 연방「고등교육기회법(Higher Education Opportunity Act: HEOA)」에 UDL 용어를 포함시키는 것뿐만 아니라 미국 학교에 미치는 경제와 테크놀로지의 영향에 대해 살펴본다. 다음으로 캘리포니아주의 K-12 다양성 증가에 따른 캘리포니아 주립대학교의 교사 양성 프로그램에 UDL을 통합한 방법에 대해 설명한다.

변화하는 미국의 교실: 온라인, 모든 시간

미래를 보려면 경험의 거친 가장자리를 여행해야 한다.
－Harriet Rubin,『Fast Company』매거진(2001년 1월)

2007년 말에 시작된 경기 침체로 주의 수입 부족 현상이 심각해졌고, 이로 인해 일부 주와 교육구는 가치 유지를 위해 교육비를 삭감하였다. 증가하는 디지털 미디어와 네트워크 기술을 학교에서 논리적으로 적용함으로써 비용을 절감하고자 하는 두 가지 방법—일상적인 교육을 제공하기 위한 온라인 교육의 이용 증가 및 인쇄 교과서를 디지털 교과서로 대체—이 등장하였다.

Picciano와 Seaman(2009)은 2008년에 K-12 온라인 강좌에 1백만 명이 넘

는 학생들이 등록되었음을 언급하였다. 국립교육통계센터(National Center for Education Statistics) 데이터는 "평균적으로 온라인 학습 환경의 학생들은 얼굴을 맞대고 가르치는 학생들보다 나은 성취를 보였음"(Means, Toyama, Murphy, Bakia, & Jones, 2009, p. ix)을 보여 주었다. 전통적인 인쇄 기반과 공학 강화 수업(technology-enhanced instruction)을 비교할 때, 리터러시 분야의 새로운 연구 역시 테크놀로지 기반(technology-based)의 UDL 접근 방식이 기존의 텍스트 기반 접근법보다 더 많은 리터러시 향상을 제공할 수 있음을 보여 주었다(Coyne, Pisha, Dalton, Zeph, & Cook Smith, 2010). 이러한 경험적 증거를 근거로, 주와 학군들은 온라인 학습을 비용 절감을 위한 접근법으로 볼 뿐만 아니라, 학생들에게 수업 내용을 전달하고 진전을 안내하는 데 있어 더 효과적인 수단으로 간주하고 있다.

온라인 학습에 대한 교사의 유창성, 선호도와는 관계없이, 모든 온라인 기업은 UDL의 가능성을 확장시키는 디지털 미디어와 도구의 이용을 예언하고 있다. 디지털 미디어(텍스트, 그래픽, 비디오, 오디오)는 여러 양식의 정보 표현을 잘 이용한다. 온라인 환경은 스레드 토론(threaded discussion),* 포럼 그리고/또는 텍스트 채팅 옵션을 추가하여 학생들에게 다양한 표현 수단을 제공한다. 마지막으로, 온라인 학습은 학생들이 참여하는 시간과 장소 또는 수업 진행 순서의 시작을 선택할 수 있도록 함으로써 면대면 수업에서는 이용할 수 없는 다양한 방법으로 학생들을 참여시킬 수 있다.

디지털 강의 자료로 전환하면, UDL의 핵심 전제 조건인 강의실 학습 자원의 유연성이 크게 향상된다. 디지털 콘텐츠는 데스크톱 및 랩톱 컴퓨터, 저렴한 넷북, 그리고 (점점 더) 스마트폰 및 미디어 플레이어와 같은 모바일 기기에서 사용할 수 있다. 웹 기반 콘텐츠는 학교뿐만 아니라 가정에서도 접근할

---

*역자 주: thread란 인터넷의 토론 그룹 구성원들이 쓴 메시지가 일련으로 링크된 것의 의미가 있다. 이에 threaded discussion이란 일종의 게시판 토론 혹은 댓글 토론이라고 할 수 있다.

수 있다. 아직까지 학교에서 모든 디지털 교육과정 자료에 접근할 수 있는 것은 아니지만, 이러한 사안에 대해 관심을 기울이지 않는다면 학교는 연방 장애인 권리 및 특수교육법의 요구 사항을 충족시키기 위해 자료를 갱신하거나 재구입해야 할 수도 있다. 가장 많은 학생이 사용할 수 있는 자료를 선택하는 것과 같은 중요한 도전 과제를 교사들이 인식하게 하는 가장 좋은 방법은 무엇일까? 교사 양성 프로그램과 관련하여 2008년 재승인된 HEOA는 몇 가지 지침을 제공한다.

의무

HEOA(공법 110-315, 2008. 8. 14.)는 UDL 및 수업공학(instructional technology)의 이용과 관련된 모든 교사 양성 프로그램(특히 연방 기금을 받는 프로그램)에 특정 요구 사항을 추가하였다. 중요한 것은 HEOA법은 UDL을 정의하고 'UDL'과 'UD'를 구별하며, 후자의 용어는 접근성만 강조하는 반면, 전자는 학생의 학업 성취도 향상을 위한 서비스에 접근성을 통합한다는 점을 지적한다.

예를 들어, 캘리포니아주는 증가하는 캘리포니아주 K-12 학생 인구의 다양성을 다루기 위해 소위 '보편적 접근(Universal Access)'을 교육적 기대치에 포함시켰다. 다음 절에서 자세히 설명하듯이 캘리포니아는 학생의 성취를 제한할 수 있는 자료와 방법의 장애물을 능숙하게 판별할 수 있는 교사를 양성하는 데 더욱 중점을 둔다. 이 접근법은 교육과정은 학생들에게 적용되기 전에 학생들에게 우선 다가가야 한다는 것을 인정한다. 앞으로 5년 동안 교실에 들어오는 교사들은 주정부의 학업성취 기준을 다루는 데 초점을 두는 것에서 공통 핵심 표준으로 전환하게 되는 것을 경험할 것이다. 초보 교사는 각 연령대 그리고/또는 콘텐츠 영역에 대한 주별, 국가별 성취 기대 수준뿐만 아니라 지역별 성취 기준 및 평가를 이해하는 것도 중요하다.

학생들

미국 학교의 다양성이 증가하고 있다. 장애학생은 일상적으로 일반교육 교실에서 교육을 받고 있으며, 영어를 모국어로 하지 않는 학생 수도 꾸준히 증가하고 있다. 미국 내에서도 캘리포니아주는 학생들의 학습 잠재력 범위 증가, 문화 및 언어의 차이, 사회경제적 불일치 등이 가장 분명한 곳이다. 캘리포니아주는 대부분의 학생뿐만 아니라 장애학생, 가장 큰 집단인 영어를 모국어로 하지 않는 학생 그룹, 그리고 인종적 · 문화적으로 다른 학생을 교육한다. 더구나 이렇게 다양하고 차별화된 부류의 학생들은 지난 20년 동안 급속하게 출현하였으며, 교육적인 실천에 많은 변화를 강요하였다. 캘리포니아주의 학교에 들어오는 교사들은 최근 10년 전만 해도 교사들이 마주쳤던 학생들과는 현저하게 다른 상황에 직면하고 있다.

개정된 연방 교육법은 일반교육 및 특수교육 모두에서 캘리포니아주와 같은 수업에 대한 책무를 지속적으로 강화할 것이다. 양질의 교육을 제공하기 위해 캘리포니아주와 같은 주에서는 광범위한 학습자에게 교육 및 자료를 제공할 때 유연성이 필요하다. 또한 그들은 점점 더 이동성이 많아지고 상호 연결되는['바로 여기/바로 지금(right here/right now)'] 테크놀로지가 발달하는 문화에 대응하기 위한 유연성도 필요로 할 것인데, 이와 같은 문화는 일상적인 교육에 더 큰 영향을 미치고 있다.

정보에 대한 접근이 거의 어디서나 가능하기 때문에 오늘날 학생들의 요구는 이전 세대의 요구와는 현저한 차이를 보인다. 현재 학생들의 대다수는 언제든지 거의 모든 분야의 정보에 접근할 수 있다. 또한 지식 공유 허브에 거의 즉각적으로 접근할 수 있으며 더 중요한 것은 서로에게 접근할 수 있다는 것이다. 점차적으로 교사의 역할은 정보와 의견을 분배하는 것보다는 학생들에게 학습 방법을 안내하는 데 더 중점을 둘 것이다. 앞서 언급한 바와 같이, 유연성은 성공을 위한 핵심 요구 사항으로, 개별 학습자의 필요에 맞게 조정할 수 있는 교수 환경에서 기능할 수 있을 것이다. 이것이 UDL 프레임워크에 의해 예상되는 환경이다.

변화하는 캘리포니아 학생의 요구 충족시키기

캘리포니아주는 미국의 다른 주보다 공립학교에서 더 많은 학생에게 서비스를 제공한다. 2010~2011학년도 동안 주 전체에 걸쳐 K-12 학교에 620만 명의 학생이 등록되었으며 증가세는 계속되고 있다[California Department of Education(CDE), 2011]. 학교 등록률의 증가와 함께 문화 및 언어적으로 다양한 그룹의 구성원인 학생들은 학생 현황의 전형적인 구성을 크게 바꾸어 놓았다. 문화적·언어적으로 다양한 학생이 1980년 학생 인구의 44%를 차지했지만 2010~2011년까지 이 그룹은 73%를 차지하여, 캘리포니아주를 미국에서 가장 다양한 학생이 있는 곳으로 만들었다(CDE, 2011). 이러한 통계치는 캘리포니아주 학생의 약 1/4이라는 사실과 결합되어 있으며, 특수교육 등록률은 지난 27년 동안 88% 증가하였으며, 50%가 넘는 학생들에게 무료 또는 할인 급식 프로그램을 이용할 자격이 주어졌기 때문에, 주 전역의 교사들은 증가하고 있는, 그리고 다양한 학생의 요구를 충족시키기 위한 엄청난 어려움에 직면하고 있는 것이 분명하다.

이에 따라 캘리포니아주는 변화하는 학생들의 요구를 충족시키기 위한 교사 양성에 주력하고 있다. 캘리포니아에서 주목받고 있는 개념 중 하나는 '보편적 접근'이다. 주 교육과정 프레임워크와 모든 일반교육 및 특수교육 교사 양성 프로그램 표준에 포함된 보편적 접근은 미래에 교사가 전체 학습자를 지원하는 방법에 대한 캘리포니아의 비전을 구체화하는 중심적인 교육 접근법이다. 주에 의해 정의된 것처럼, 보편적 접근은 모든 학생이 그들의 차이에 관계없이 교육과정에 대한 접근 권한이 있다는 개념이다. 이와 같은 기본적인 교육평등은 포괄적인 학습 자료 및 환경을 구매 그리고/또는 설계하고 실행함으로써 달성된다. 학생들이 보편적 접근의 혜택을 누리려면, 주정부는 교사가 적절한 계획을 세우고 교육과정을 차별화하며, 특별히 고안된 영어 학습 계획을 제공하고, 그룹화 전략을 효과적으로 사용해야 한다는 것을 인정해야 한다(Commission on Teacher Credentialing, 2009). 보편적 접근을 계획하는 데 유용한 교육 전략에는 진행과정 모니터링 평가, 공동 계획 및 조직, 필요한 경우 차별화, 유연한 그룹화 전략 사용, 테크놀로지 또는 기타 교육용 기기에 대한 고찰이 포함된다.

예비교사 양성: UDL에 보편적 접근 관련짓기

캘리포니아주의 예비교사 양성이 고등교육 기관에서 이루어지는 경우, 각 대학은 프로그램 표준 및 특정 교육과정 내에서 보편적 접근의 개념을 다뤄야 한다. UDL과 보편적 접근의 두 개념은 철학적 근거를 공유하고 있기 때문에, UDL은 보편적 접근의 핵심 원리와 일치하는 명확한 프레임워크를 제공한다. 보편적 접근의 중심적인 원리는 모든 학생이 핵심교육과정에 동등하게 접근할 자격이 있다는 믿음이다. 이는 교실에서 디지털 미디어의 사용 증가 그리고 효과적이고 유연한 수업설계를 통해 효율적으로 이루어질 수 있다.

마찬가지로, UDL의 핵심 이념은 적절히 설계된 교육과정—높은 학업 수준을 유지하는 동시에 풍부한 학습 지원을 촉진하고 접근 장벽을 낮추는—은 모든 학생이 더 큰 성공을 경험할 수 있게 할 것이라는 믿음이다. 보편적 접근, UDL 및 현재 그리고 떠오르는(emerging) 교육공학들에 대한 검증은 소노마 주립대학교(Sonoma State University: 이하 SSU)와 같은 기관에서 미래의 캘리포니아 교사가 다양한 학생을 만날 수 있도록 준비시킬 때 중요한 역할을 한다.

교사 양성과정에서 UDL 실행하기

UDL의 개념은 SSU 교사양성 프로그램의 예비과정 중 하나인, 협력적 파트너십 및 특수교육(Collaborative Partnerships and Special Education, EDSP 422)에서 공식적으로 다루어졌다. 과정의 목표는 예비교사가 전체 학습자의 요구를 충족시키기 위해 수업을 조직하고 관리하는 방법에 대한 지식을 입증하는 것이다. 특히 예비교사는 차별화 교수를 통해 내용에 접근할 수 있는 강의 계획을 개발할 수 있어야 한다.

EDSP 422의 UDL 강좌는 ① UDL 소개, ② 구조화된 토론 및 안내된 연습 그리고 ③ UDL 적용의 세 단계로 구분된다. 필독서로 지정된 책 읽기, 강의, 웹 기반의 자원, 대집단-소집단 토론, 학습지도안 표본(sample) 준비 등과 같은 강좌의 다양한 구성요소가 실제에서 UDL 원리를 활용하는 데 도움이 되는 지식과 실연을 지원하는 데 사용되는데, 이는 실제로 UDL 원리를 실제 수업에 적용하는 방법에 대한 교사의 새로운 지식을 통합한다. 과정(course)에서의 UDL 사용은 준비와 전달 과정 모두에서 UDL 실제를 반영하고 모델로 하고 있다.

1단계: UDL 소개

사전에 지정된 필독서 및 학급에서의 후속 활동을 통해 UDL은 UDL의 세 가지 원리의 관점에서 구성되며(CAST, 2011; Lapinski, Gravel, & Rose, 이 책 제2장 참조), 효과적인 교육학 실제에서는 다음을 포함해야 함을 강조한다.

- 다양한 학습 양식을 지닌 학생들에게 정보와 지식을 습득하는 다양한 방법을 제공하기 위한 다양한 표상 수단
- 다양한 학생에게 그들이 배운 것을 증명할 수 있는 대안을 제공하기 위한 다양한 행동과 표현

• 다양한 학습자의 관심사를 활용하고 적절하게 도전하며, 학습하도록 동기를 부여하기 위한 다양한 참여 수단

이 프레임워크는 EDSP 422과정에 등록한 예비교사들에게 특수교육 대상 학생뿐 아니라 모든 학생에게 본질적으로 유연하고, 학습상의 장애물을 줄일 수 있는 교육과정을 만드는 방법에 대해 생각할 수 있도록 한다. 중요한 것은, 그들은 또한 이 원리들이 어떻게 세 가지 뇌 기반 학습 네트워크와 직접적으로 관련이 있는지를 배운다는 것이다(Rose & Meyer, 2002; [그림 10-1] 참조).

① 인지적 네트워크: 정보를 받아들이고 분석하도록 설계된 특수 처리장치
② 전략적 네트워크: 작업을 계획하고 실행하도록 설계된 특수 처리장치
③ 정서적 네트워크: 평가 및 우선순위를 설정하도록 설계된 특수 처리장치

CAST(2011)에서 언급했듯이, 세 가지 신경 네트워크는 새로운 정보를 수집, 표현, 평가하고, 이미 획득한 지식과의 결합을 위해 유기적으로 작동한다. 세 가지 UDL 원리는 특히 학습과정에서 활성화되는 각각의 신경 네트워크에 초점을 두도록 특별히 조정되었다. 또한 예비교사들은 이와 같은 원리

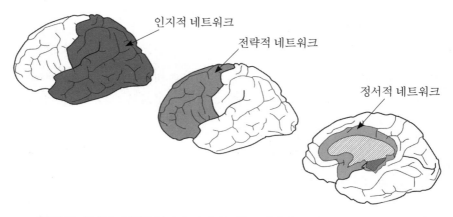

[그림 10-1] UDL 원리와 뇌의 세 가지 네트워크: 인지적 · 전략적 · 정서적 네트워크
출처: CAST (2011). 허락하에 게재

들이 모든 학생에게 존재하는 개인차를 다루기 위해 표현, 행동/표현 및 참여 영역에서 유연성을 보장하는 것의 중요성을 어떻게 강조하는지를 조사한다.

마지막으로, 예비교사들은 어떤 미디어를 다른 형태의 미디어로 즉시 변환 (텍스트를 음성으로, 이미지를 텍스트로 변환 등)할 수 있는 능력을 갖추고 있어야 하기 때문에 UDL을 지원하기 위해 선호되는 디지털 미디어의 유형을 고려한다. 학생들에게 표현을 위한 다양한 미디어 유형(텍스트, 오디오, 비디오, 이미지 등)을 제공하기 위해 그리고 흥미로운 방법으로 관심과 의사소통을 지속시키기 위해(Rose & Meyer, 2002). UDL에 대한 소개는 학생들이 실습에까지 이르기 위한 몇 가지 기본 단계를 거치는 동안 견고한 기초를 제공한다.

2단계: 구조화된 토론 및 안내된 연습

사전에 지정된 필독서에 대한 간략한 복습 및 위에서 논의한 UDL의 토대에 대한 시험을 치른 후, EDSP 422 예비교사들은 소그룹에 배정되어 전통적인 수업 계획 형식과 결합되었다면 놓쳤을 수도 있는 기회 및 잠재적 장애물에 대한 적절한 UDL 솔루션을 파악하기 위해 협업한다.

UDL 솔루션 워크시트(http://www.cast.org/teachingeverystudent/tools/udlsolutionstemplate.cfm)의 예에서는 학습에서의 장애물과 기회 손실을 최소화하는 세 가지 뇌 기반 네트워크(인지적 · 전략적 · 정서적) 각각의 잠재적 테크놀로지 기반 지원, 미디어 및 교수 전략을 판별한다. 예비교사들은 이 시트를 지침으로 사용하여 수업 계획의 맥락에서 표현, 행동/표현 및 참여의 유연한 방법을 고안한다. 샘플 솔루션은 이전에는 고려되지 않았던 편의를 제공하기 때문에, 많은 학생에게 매우 유익하다고 생각되는 테크놀로지에 중점을 두고 있다. 또한 예비교사들은 과거에 자신들이 교실에서 겪었던 경험을 바탕으로 잠재적 장애물과 기회 손실에 대해 브레인스토밍할 것을 요청받는다. 이것들은 UDL 이론을 실천과 연결시킬 때 그들에게 정착점(anchoring)을 제공한다.

UDL 과정의 현 시점에서 예비교사들이 선택하는 UDL 솔루션에 대한 면밀한 검토는 각 학생의 요구 사항에 비추어 비판적으로 검토된다. 또한 교수진은 EDSP 422 예비교사들에게 UDL 솔루션이 특정 학생을 염두에 두고 선정하기는 하였으나, 표상, 행동/표현, 참여라는 UDL 전략은 모든 학생이 이용할 수 있도록 제공되어야 한다는 것을 동일한 수준에서 강조한다. 이와 같이 구조화된 활동을 통해 예비교사들은 UDL 원리가 어떻게 개별 학생의 정보 습득 및 처리에 영향을 미칠 수 있는지 그리고 UDL이 어떻게 모두를 위한 효과적인 교육을 향상시킬 수 있는지에 대해 이해할 수 있다. 마지막으로, 예비교사들이 가르치는 데 사용되는 자료와 방법, 장애물 또는 기회 부족과 궁극적으로 가능한 UDL 솔루션 사이의 관계를 탐색하기 위한 템플릿을 제공한다.

대규모로 수업을 공유하는 동안, EDSP 422 예비교사들은 자신들이 확인한 다양한 UDL 솔루션에 대해 토론하고, 특정 학생 혹은 모든 학생에 대한 솔루션의 유용성 근거를 제시해야 한다. 중요 질문 및 협업 토론은 SSU 강의실 벽을 뛰어넘어 UDL 개념을 확장하는 수단으로 사용된다. EDSP 422 예비교사들은 폭넓은 교수 및 교실에서의 경험을 갖추고 있으므로 각자의 교실에서 장애, 비장애학생 모두의 학습 특성을 고려해야 한다. 현재의 교실 경험을 감안할 때 예비교사들은 다음과 같은 질문에 답해야 한다.

- 학생들의 학습에 대한 장애물/실책은 무엇인가?
- 현재 어떤 교육적 접근법/방법이 활용되고 있는가?
- UDL의 어떤 측면이 장애물/실책을 제거할 수 있는가?
- 어디서부터 시작하는 것이 바람직한가?

일반적으로, EDSP 422 수업에 이와 같이 구조화된 질문이 제시되면, 개별 학생을 위한 조정/수정이 제공되는 것과 교실 전체에서 UDL 실제가 제공되는 것 사이의 차이점에 대한 논의가 시작된다. 개인에 대해 UDL의 원리를 구현하는 것과 교실 차원에 적용하는 것의 차이점은 UDL에서 가장 도전적이고 두드러진 구성요소 중 하나이다. 많은 예비교사의 공통적인 의견은 UDL의 능동적인 특성과 특수교육 대상 학생 및 일반 학생 모두에 대한 개념의 보편적 유용성에 초점을 두고 있다. 치료적 조치 및 수동적 학습과는 대조적으로 보상 전략과 학생 중심의 학습 활동을 제공하는 것이 중요하다.

많은 UDL 솔루션이 테크놀로지 기반 전략을 권장하기 때문에, EDSP 422 예비교사들은 종종 K-12 뇌 기반 학습 교실에서 사용 가능한 테크놀로지와 그 효능을 연구하는 데 새로운 관심을 표명한다. 또한 전체 교육과정(예: 목표, 방법, 자료 및 평가)은 처음부터 의도적이면서 체계적으로 개인차를 다루기 위해 설계되었기 때문에 예비교사들은 UDL 프레임워크가 최적의 접근 방법임을 인식하기 시작한다. 학급 활동 및 관련 토론을 통해, 예비교사들은 UDL에서 '보편적(universal)'이라는 하나의 해결책이 모두에게 효과적임을 의미하는 것이 아님을 알게 된다. 보편적이란 '천편일률적인' 절차가 아닌 유연성과 대안을 의미한다.

이 시점에서, UDL은 UDL 실행을 둘러싼 다양하고 새로운 가정에 대한 비판적인 시험를 통해 SSU 학생들에게 더 맥락화된다.

- 장애학생의 학습 문제는 장애나 능력의 개별 범주가 아닌 다양한 학습 차이의 연속성에 의해 발생한다.
- 전형적인 수업은 매우 다양하다.
- 교사의 조정(adjustment)은 장애학생뿐만 아니라 모든 학습자에게 도움이 된다.
- 학생이 아닌 교육과정을 수정할 필요가 있다. 즉, 정해진 교육과정을 통해 배울 수 있도록 학생들을 교정하는 대신 교육과정이 학습자의 차이를 수용할 수 있도록 융통성 있게 조정되어야 한다.
- 교육과정 자료는 서책형 교과서 한 권에 초점을 맞추기보다는 디지털

및 온라인 자원을 비롯하여 유연하고 다양해야 한다.

- 일반교육 교사 및 특수교육 교사는 모두 교육과정을 계획하여야 한다 (즉, 교육과정 계획은 두 교사 집단 모두의 전문성을 활용해야 한다).

이 토론 단계에서 각 그룹에는 서로 다른 가정이 제공되며, UDL 원리를 통해 이러한 가정을 다룰 것을 요청한다. 그런 다음 각 그룹은 그룹 구성원의 아이디어를 구체화한 도표를 제출한다. 본질적으로 학생들은 '방법'에 대한 개요를 작성한다. 이러한 아이디어는 글머리 기호뿐만 아니라 위에서 언급한 가정을 포함한 UDL 원리의 도표와 그림 형태로 표현된다.

3단계: 적용

1단계와 2단계는 EDSP 422 예비교사들에게 UDL 모델의 개요를 제공하고 이 모델을 K-12 환경에 적용하는 데 필요한 지침을 제공한다. 3단계에서 예비교사들은 수업, 토론 및 활동을 통해 배운 내용을 적용하여 교실에서 공식적으로 구현할 UDL 수업 계획을 구안한다. 즉, K-12 교실의 UDL에 대한 이해를 높이기 위해 각 학생은 자신의 교실에서 사용할 수업 계획을 수립하는 것과 관련된 독립적인 응용 프로그램 활동에 참여한다. 이 적용 단계에서 학생들은 이론에서 실습으로 전환하는 스캐폴딩을 마련하기 위한 수단으로 CAST UDL Lesson Builder(http://lessonbuilder.cast.org)에 접근할 수 있다.

이 단계는 CAST의 미션(mission)과 일치한다. 그러나 이 단계에서는 학생들에게 CAST 웹사이트에서 쉽게 이용할 수 있고, 교육용으로 고안된 풍부한 자원 및 자료에 대한 오리엔테이션을 제공한다. 특히, CAST의 UDL Lesson Builder는 ① UDL 원리 및 관련 내용을 검토하고, ② UDL 수업 계획 모델을 탐색하며, ③ 자체 UDL 학습 계획을 만들 수 있게 한다. 예비교사들은 자신의 UDL 수업 계획을 개발할 수 있을 뿐만 아니라 나중에 사용할 수 있도록 저장하고 편집할 수 있도록 로그인(log-in)한다. 예비교사들은 일반적으로 전통적인 수업 계획(개요, 표준, 목표, 방법, 평가 계획 등)과 관련된 정보를 입력하고, Lesson Builder는 예비교사들이 자신의 수업을 향상시키고 UDL 프레임워크에 맞추기 위한 제안에 접근할 수 있는 '도움말(Help)' 프롬프트를 제공한다. 예를 들어, 예비교사들이 적절한 방법을 찾는 데 도움이 필요하면, 효과적인 교수 방법을 판별하는 방법을 더 자세히 설명해 주는 팝업 박스 형태의 아이콘을 클릭할 수 있다. 예비교사들이 UDL의 세 가지 원리를 지원하는 특정 방법에 대해 더 많이 배울 수 있는 Using UDL to Individualize Teaching Methods(http://www.cast.org/teachingeverystudent/ideas/tes/chapter6_2.cfm)와 같은 지원 문서로의 링크도 제공된다.

　디지털 테크놀로지와의 통합은 예비교사들에게 콘텐츠를 습득하고 발표할 수 있는 대체 수단을 제공하며, K-12 학생들에게는 콘텐츠를 완벽하게 숙달하였음을 입증하기 위한 옵션을 제공한다. EDSP 422의 예비교사들은 국립보편적학습설계센터(National Center on Universal Design for Learning, http://www.udlcenter.org/aboutudl/udlcurriculum)에서 제공하는 UDL 가이드라인에 따라 수업 계획을 수정하는 방법을 적극적으로 모색한다. 가이드라인은 연구 기반 사례 및 교육과정 설계 전략을 사용하여 표현, 행동/표현 및 참여라는 UDL 원리를 구체화하고 확장한다. 각각의 가이드라인은 자원과 수업 실제에 대한 구체적인 체크포인트를 제공하며, 디지털 미디어를 수업에 통합하기 위한 자원과 도구를 연결한다([그림 10-2] 참조).

　UDL와 관련된 지침의 다음 단계에 위치한 체크포인트에 대해 하위 항목으로 권장 사항이 제공된다. 이러한 권장 사항은 이전에는 고려하지 않았던 디지털 미디어에 EDSP 422 예비교사들을 노출시키기 때문에 중요하다. 특히 특수교육 분야에서 예비교사의 디지털 미디어 노출은 주로 장애학생(자폐스펙트럼, 지적 그리고 시각/청각 장애)에게 초점을 맞춘 보조공학 관련 고려 사항으로 제한되어 왔다. UDL의 틀 내에서 디지털 미디어를 제시하는 것은 예비교사들이 보조공학이라는 좁은 관점에서 벗어나 교육공학이라는 더 큰

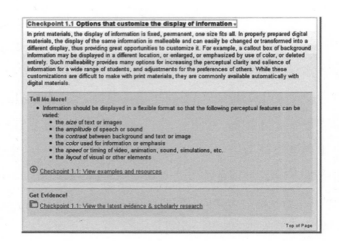

[그림 10-2] UDL 가이드라인 체크포인트 1. 정보 제시 방법을 최적화하는 옵션

출처: CAST (2011). 허락하에 게재

개념을 받아들일 수 있도록 한다. 다른 장애 또는 단점이 있는 학생들을 위한 테크놀로지의 적용 가능성을 확대하면 EDSP 422 예비교사들은 디지털 미디어가 중도장애 학생뿐만 아니라 모든 학생에게 이득을 준다는 것을 깨닫는다.

이 지식을 강화하기 위해 모듈 2: 수업 개발에 UDL 프레임워크 적용하기 (http://udlonline.cast.org)는 독립적인 연습 활동으로 할당된다. 이 모듈은 EDSP 422 예비교사들에게 UDL 프레임워크 내에서 수업 계획을 검토할 수 있는 기회를 제공한다. 이 온라인 도구는 학생들의 학습상 장애물을 비판적으로 검토하고, 디지털 미디어 및 기타 수정을 통해 이러한 장애물을 제거할 수 있는 방법을 권장한다. 가장 궁극의 토론 질문은 예비교사가 UDL에 대한 그들의 이해와 디지털 미디어가 다양한 학생의 콘텐츠 접근성을 증가시키는 데 사용되는 방법에 대한 그들의 이해를 종합하는 것을 필요로 한다.

UDL 수업은 SSU가 UDL 학습과 실행에 대해 예비교사를 지원하는 기초 역할을 하지만, 지원은 이와 같은 특정 수업을 넘어 확장된다. 사실, 학기 내내

EDSP 422 예비교사들은 K-12 교실에서 UDL에 대한 경험과 관찰 결과를 공유할 것이 권장된다. 그들은 일반적으로 교사가 다양한 학습 양식을 다루고 학생들의 선택을 포함하는 진정한 평가 방법을 사용하는 교실에서 학생들의 성공과 참여 수준이 높아졌음을 관찰한다고 보고한다. 예비교사들이 교실에서 UDL을 사용함으로써, 교사는 다양한 학습자에게 개인의 취향 및 관심에 부합하고, 학습에 대한 호기심을 지속적으로 유발시키는 옵션을 제공할 수 있음을 발견한다.

특수교육 환경에서
DSP 422 예비교사의 UDL과 공학의 통합[1)]

모든 교사는 교실의 효율성에 대한 질문에 직면해 있다. 교사로서, 제한된 시간에 최대한 많은 학생에게 최대한 많은 양의 정보를 전달할 수 있는 방법은 무엇일까? 어떻게 하면 최대 수의 개별적 요구를 충족시킬 수 있을까? 이러한 질문은 학습장애 학생의 상당 부분을 포함하는 교실에서 더욱 심각하다. 일부 환경에서는 같은 교실에서 능력 수준의 차이가 매우 크기 때문에 문제를 더욱 복잡하게 만들 수 있다.

UDL 원리는 모두를 위한 접근성의 문제를 다룬다. 특수교육 환경에서 학생들은 특정 감각 채널을 통해 이해하는 데 어려움을 겪을 수 있다. 일부 학생은 읽기를 통해 내용을 이해하는 것을 선호한다. 다른 사람들에게는 시각 채널이 정보를 얻는 데 가장 생산적이다. 필자가 작업하는 자원 전문가 프로그램 환경은 이러한 차이점을 확대해 보여 준다. 그러나 이와 같은 차이점은 어느 정도 모든 수업에서 발생할 것이다. 모든 학생은 정보 습득을 위한 최적

---

1) 이 절은 EDSP 422를 수료한 Nick Wilson에 의해 저술되었다.

의 환경 및 감각 조건을 갖추고 있다. 일부 학생은 자신의 학습 선호도를 분석했지만, 대부분의 사람은 이 문제를 심층적으로 고려하지 않았을 가능성이 높다. 그들은 단지 어떤 양식을 다른 것에 비해 선호한다는 것을 이해할 수 있다.

필자는 특수학급에서 테크놀로지 사용에 대한 옹호자가 되었다. 테크놀로지에 대해 크게 심취해 있기 때문이 아니라 다음과 같은 이유로 테크놀로지의 사용을 필수적인 것으로 보고 있는 것이다.

- 컴퓨터는 보편적 접근과 관련한 학생들의 요구 사항을 충족시킬 수 있다.
- 테크놀로지의 사용은 각 개인의 학습 능력에 맞춰질 수 있다.
- 대체로 사람들은 컴퓨터 사용에 대해 열정과 소질이 대단하다. 교사와 학생들은 학습 선호도를 활용하여야 한다.

학생들에게 시각적 정보가 필요함에 따라 교사는 컴퓨터에 연결된 LCD (Liquid Crystal Display) 프로젝터를 통해 투사된 시각 보조 자료를 사용하여 강의의 대부분을 강화한다. 이것은 교육과정을 대폭 확장시키고 학생들의 주의력을 증가시킨다. 필자는 테크놀로지의 사용이 학생들에게 열정적으로 받아들여지고 있음을 발견하였다. 이들은 컴퓨터 모니터, 휴대전화 및 iPod의 빛나는 스크린과 함께 성장한 세대이다. 사실, 그들은 매일 전원이 연결된 모니터에 표시되는 자료를 읽고 반응하도록 조건화되어 왔다. LCD 모니터는 수업 내내 워크북 페이지를 화이트보드에 투영하는 데 사용된다. 화이트보드 마커(whiteboard marker)는 학생들에게 수업과정을 지시하는 데 사용된다. 특정 수업이 끝나면, 학생 자원봉사자가 화이트보드에 투사된 페이지를 다른 학생들의 의견과 도움을 받아 작성한다.

시각 자료, 동영상, 오디오 클립 및 최신 뉴스 기사들이 특정 주제에 대한 이해를 보충하기 위해 수업과 통합될 수 있다. 언어 수업이 끝날 무렵, 교실의 불이 꺼지고 이전에 컴퓨터로 스캔된 소설이 화면에 투사된다. 학급 구성원은 인쇄된 텍스트를 통해서는 하지 않았던 방식으로 교사를 따라 소리 내어 읽기(oral reading)를 한다. 자(stick)는 읽고 있는 텍스트를 가리키는 데 사용된다. 장(chapter)의 끝부분에 학생들이 독립적으로 읽을 수 있도록 마지막 몇 페이지가 주어진다. 필자의 언어 수업은 학교에서 가장 낮은 읽기 능력을 가진 학생들이 수강한다. 일반적으로, 읽는 것을 자극하기 힘든 집단이다. 그러나 모든 학생들이 이런 유형의 읽기에 적극적으로 참여하고 있다고 해도 과언이 아니다. 몇몇 학생은 너무 열성적이어서 그들 스스로 도서관에서 직접 책을 집어 들었다.

이와 같은 수업은 일반적으로 UDL에 대한 필자의 견해를 잘 보여 준다. 이것은 가끔 'plugged into'될 수 있는 것이 아니다. 오히려 일상의 수업 절차에 통합된다. 성공적인 통합은 소수 학생의 개별적인 필요 사항을 해결하는 것 이상으로 학습시간을 증가시킨다. 다음은 시각적 정보를 많이 포함하는 수업을 설계할 때 얻을 수 있는 몇 가지 장점이다.

- 그것은 대다수의 학생에게 훨씬 더 매력적이다. 오늘날의 학생들은 디지털 미디어를 관련 미디어로 간주한다.
- 대화를 쉽게 확장할 수 있다. 예를 들어, 교과서에서 예술사에 대한 간단한 읽기는 웹에서 삽화로 보완될 수 있다. 이제 필자의 언어 수업을 듣는 학생들은 Diego Rivera, Alexander Calder, 그리고 몇몇 지역의 그래피티(graffiti)* 영웅들의 작품을 시각적으로 식별할 수 있다.
- 잘 준비된 수업에서 정보의 양은 몇 배 더 많을 수 있다. 또한 학생들의 이해력이 빨라지기 때문에 수업 속도도 빨라질 수 있다.
- 대안적인 양식에 대한 개별 학생들의 요구가 더 잘 충족된다.

---

*역자 주: 건축물 벽면의 스프레이 그림이다. 거리의 낙서라고도 불린다.

물론, 목록의 마지막 이유는 UDL에 대한 주된 정당화이다. 그러나 UDL의 완전한 구현은 훨씬 더 많은 결과를 낳는다. 감각이 풍부한 학습 경험을 창조하려는 아이디어의 예로, 필자는 향후 모든 교과서는 캠퍼스의 모든 컴퓨터에서 쉽게 사용할 수 있는 오디오적인 요소를 갖출 것을 요청한 일부 영어 교사와 대화를 시작하였다. 필자의 수업을 듣는 학생들은 책을 읽어 주는 것을 듣는 동안 책을 읽고 싶어 한다. 학생들 사이의 이와 같은 인기는 특정학습장애로 진단받은 학생들만 받아들일 수 있는 것보다 더 많은 학생이 그것을 받아들일 것이라는 것을 증명한다.

UDL과 테크놀로지 간의 인터페이스: 교실에서의 예

UDL이 새로운 교육공학에 어떻게 내재되었는지를 보여 주는 한 가지 예는 교실 기반 증폭 시스템(classroom-based amplification systems)의 이용이다. 강의실 수업이 듣기와 말하기에 크게 의존한다는 점을 감안할 때 모든 형태의 의사소통을 분명히 들을 수 있다는 것의 중요성은 과소평가될 수 없다 (Edwards, 2005). 교실에 음장 증폭 시스템(sound-field amplification system)이 설치되면 교사의 음성과 교실의 다양한 공학 기기(TV, 컴퓨터, DVD/MP3 플레이어)의 오디오 채널이 작은 휴대용 소형 마이크에서 일반적인 실내 소음보다 높은 소리 수준으로 음성을 증폭시키는 교실 전체에 위치한 스피커로 전송된다. 교사의 음성 및 미디어 사운드가 이러한 방식으로 증폭되면, 좌석 위치나 교사가 보고 있는 방향과 관계없이 모든 아동(농 혹은 중증의 난청은 제외)에게 평등한 기회가 제공된다(Millett, 2008). 음장 시스템(sound-field system)의 개념은 특수교육 분야에서 시작되었지만 연구자들은 이러한 시스템의 보편적 이점을 확인하였다.

- 학생의 주의집중 증가: Smaldino와 Crandell(2000)은 강의실 증폭의 이점이 학생들의 주의집중과 주의집중 시간 모두에 있었다고 보고하였다.
- 학생 듣기 및 청각 분석 능력 증가: Wilson, Marinac, Pitty와 Burrows(2011)는 음향적으로 적합한 교실에서 학생의 듣기와 청각 분석에 작지만 통계적으로 유의한 향상을 발견하였다
- 전반적인 학업성취도 향상: Gertel, McCarty와 Schoff(2004)의 종단 연구에 따르면 표준화된 성취도 테스트에서 증폭된 교실의 학생이 증폭되지 않은 강의실의 학생들보다 10% 더 좋은 점수를 받은 것으로 나타났다.
- 영어를 모국어로 하지 않는 학생들의 수행 향상: 플로리다 대학교(Crandell, 1996)의 연구원들은 음장 시스템이 갖추어진 그리고 갖추어지지 않은 교실에서 20명의 스페인어 사용 학생의 단어 인지를 테스트했다. 그들의 연구결과에 따르면, 음장 시스템이 있는 곳에 배치된 학생들은 다른 교실의 학생들보다 최대 60% 더 잘 이해할 수 있었다. Nelson, Kohnert, Sabur와 Shaw(2005)도 영어를 모국어로 하지 않는 학생을 위해 증폭을 사용하는 것의 명백한 이점을 제시하였다.
- 교사 피로도 감소: Massie와 Dillon(2006), Morrow와 Connor(2011)는 음장 시스템이 교실 환경에 도입되었을 때 교사의 목소리 및 전반적인 피로감이 현저하게 감소하였음을 보고하였다.

교실에서 음장 시스템을 사용하면 강의실 오디오 성능을 향상시키고 명확하게 함으로써 다양한 학생을 수용할 수 있다. 모든 학생은 융통성 있고 통합된 테크놀로지의 혜택을 누릴 수 있으며, 결국 이러한 혜택은 UDL이 의도했던 바를 달성한다. 다음 사례 연구는 이와 같은 테크놀로지가 학습과정의 장애물을 감소시킬 뿐만 아니라 다른 교육적 이득을 제공하는 강력한 교육적 지원이 될 수 있는지를 보여 준다.

UDL-테크놀로지 인터페이스: 사례 연구

Ashley H.는 캘리포니아 소노마 카운티의 HV 초등학교 3학년 교사이다. Ashley는 2005년부터 교실에서 음장 시스템을 사용할 수 있는 기회를 얻었다. Ashley의 학생들은 학령기 학생들의 전반적인 특성을 반영한다. 2010~2011학년도에 그녀가 담당한 20명의 학생들 중에는 청각장애 및 난청(DHH)으로 확인된 세 명의 학생—학습상의 차이(언어 및 언어 지연, 읽기장애, 주의력 장애)가 있는 세 명; 영어를 모국어로 하지 않는 여러 학생—이 포함되어 있었다. Ashley는 음장 시스템이 그녀의 교실 수업에 미치는 영향을 고려해 보도록 요청받았다.

Ashley는 음장 시스템을 어떻게 사용했을까

Ashley는 그녀의 학교가 음장 시스템을 단계적으로 채택하였다고 하였다. 첫째 단계에서는 경도의 청각장애 학생을 지원하기 위한 시범 프로그램으로 몇 개의 강의실에만 음장 시스템을 설치하였다. 2년 후, 학교행정 담당자는 다른 학생들도 시스템의 혜택을 받았으며, 학교 전체에 더 많은 음장 시스템을 확보하기 위해 추가 자금을 추구하였다. 다른 교실에 시스템이 추가적으로 설치되면 DHH 프로그램의 학생들(농 학생 제외)은 일상적으로 이러한 장비가 갖추어진 교실에 배치된다. 이러한 배치가 건전한 교육적 결정을 기반으로 하지 않았을 수도 있음에도 불구하고, 교사는 배치가 학생들의 보조공학적 요구를 충족시켰다고 지적하였다. 이후, 관리자가 음장 시스템의 보편적 이점을 계속적으로 인식하면서 학교는 각 교실에 자체 음장 시스템을 갖추기에 충분한 자본을 확보하기 위해 대규모 기금을 모금하기 위한 노력을 시작하였다.

특수교육 대상 학생들을 위한 음장 시스템의 이점은 무엇인가

Ashley는 그녀의 음장 시스템이 장애학생에게 분명한 이점을 가지고 있음을 강조하였다. 경도의 청각장애 학생에게 시스템은 교사의 모든 수업 및 강의를 직접적으로 들을 수 있는 기회를 제공한다. Ashley는 "나는 교실 안 어디든 있을 수 있고, 학생들은 내 말을 들을 수 있다!"라고 말하였다. FM 시스템을 사용하는 중도 청각장애 학생의 경우, 기본 음장 시스템은 Ashley의 목소리를 충분히 증폭시키지 못할 수 있으나(이는 학생의 청력 손실 수준에 따라 다름), 그녀는 공학 시스템이 매우 잘 통합되어 있다는 것에 주목하였다. 몇 년 전이었다면, Ashley는 학생의 공학적 요구를 충족시켜 주기 위해 두 개의 마이크(FM 시스템용과 음장 시스템용)를 들었어야 했을 것이다. 이제 공학 시스템은 통합되고 유연하므로 모든 공학 기기를 완벽한 방식으로 음장 시스템에 연결할 수 있다.

다른 학생들에게 주는 혜택은 무엇인가

Ashley는 영어를 모국어로 하지 않는 학생도 시스템의 이점을 누리고 있다고 설명하였다. 그녀는 이 학생들이 올바른 발음과 억양을 포함하여 더 명확하게 수업과 일반적인 영어 사용법을 들을 수 있다고 밝혔다. 그러나 그녀는 이제 모든 학생이 그녀와의 의사소통에 있어 동일한 기회를 갖게 되었다는 점은, 모든 학생에게 사실임을 강조하였다. 즉, 모든 사람에게 '앞줄에 앉을 수 있는 기회'를 제공한다. 그녀는 시스템을 사용할 때 학생들은 그녀가 말하고 있는 것이 중요하다고 느끼고 있음을 알게 되었다. 최근 몇 번, 그녀는 배터리 부족으로 시스템을 사용할 수 없었던 기간에 학생들이 덜 참여적이었으며 관심이 별로 없는 것처럼 보였다고 언급하였다. 그녀는 추가적인 이득에 대해서도 언급하였는데, 수업에 참여하거나 질문에 대한 답변을 할 때 교실 전반에 걸쳐 '교사의 목소리'를 명확히 전달함으로써 학생들이 시스템 사용을 즐긴다는 것이다.

다른 혜택은 무엇인가

시스템에 대한 학생의 다양한 혜택 외에도, Ashley는 전형적인 하루가 끝날 때마다 이제는 에어컨의 소음, 다양한 교실 장비의 윙윙거리는 소리, 그리고 교실 내의 일반적인 윙윙거림과 같은 소음과 경쟁할 필요가 없어졌기 때문에 목소리가 덜 피곤하다고 언급하였다. 사운드 시스템을 사용하면 하루 종일 '교사의 목소리'를 명확히 전달해야 하는 필요성을 최소화할 수 있으므로 하루 종일 그녀의 에너지를 높은 수준으로 유지할 수 있다. 이것은 그녀가 음장 시스템 사용을 시작함으로써 생긴 기대하지 않았던 놀라운 이득임을 강조하였다.

Ashley의 학생들은 이 시스템의 도움에 대해 뭐라고 말할까

음장 시스템에 대한 학생들의 느낌에 대해 질문할 때, Ashley는 대부분의 학생은 유치원부터 그와 같은 테크놀로지에 노출되어 있었기 때문에 시스템이 없는 교실과 그렇지 않은 교실의 차이를 알지 못한다고 대답하였다. 그러나 그녀는 다른 학교에서 최근에 전학 온 한 학생(Kami)에게 교실의 음장 시스템에 대한 생각을 물었다. Kami는 이전에 이런 유형의 시스템을 본 적은 없었지만 그녀는 그것의 작동 방식이 정말로 좋다고 대답하였다. Kami는 Ashley가 앞서 언급하지 않았던 두 가지 이익을 구체적으로 언급하였다. 첫째, Kami는 음장 시스템을 통해 교사가 이야기를 할 때와 다른 학생들이 이야기를 할 때를 구분할 수 있다고 언급했다. 예를 들어, 교사가 "32페이지를 보세요."라고 말하면, 다른 학생이 아닌 교사가 말한 것임을 알게 된다. 둘째,

Kami는 교사가 이야기하고 있을 때도 과제를 계속할 수 있다고 언급하였다. 다른 교실에서는, 교사가 말할 때 계속 올려다봐야만 하였다. 그러나 이제는 음장 시스템을 사용하여 계속 과제를 수행할 수 있고 교사의 말도 놓치지 않을 수 있다.

Ashley는 음장 시스템을 사용하는 것에 대해 어떻게 생각하였나

Ashley는 이렇게 결론지었다. "학생들은 교실에 앉아서 창문의 자연 채광을 사용하여 읽을 수 있는데, 창문 가까이에 앉아 있는 학생들은 분명히 더 잘 볼 수 있을 것이다. 음장 시스템을 사용하는 것은 조명을 켜는 것과 같다. 누구나 자신이 읽고 있는 것을 훨씬 더 잘 볼 수 있다."

앞으로의 전망

우리는 미국 교육에서 특별한 시기에 있다. 이 시기는 미래의 학생들을 가르치기 위해 미래의 교사를 양성하는 데 있어 특별한 기회와 도전을 제공한다. 지금까지 살펴본 바와 같이, 현재의 경제적 압박은 도전적이기는 하지만 주와 교육구가 교육과정과 교육 방법을 비판적으로 검토할 수 있는 기회를 제공하였다. 점점 더 다양한 학생의 인구 구성과 증가하는 교육적인 공학 기기들이 모든 학생에게 비용에서 효율적이고 효과적인 교육을 제공하는 방법을 모색함에 있어 고려해야 할 요소이다. UDL은 오늘날의 K-12 학생의 학업성취 요구를 해결하기 위한 개념적 틀을 제공한다. 이런 기본 틀이 현재 교사 양성 프로그램과 관련하여 연방 HEOA에서 이 프레임워크를 참조하고 있다는 사실은 폭넓은 호소력에 대한 증거이다.

UDL 가이드라인은 교수적 연습에서 UDL을 구현하기 위한 실용적인 전략을 제공한다. 여기에는 내재된 유연성을 극대화하고 디지털 콘텐츠 및 미디어 간 풍부성을 극대화하기 위한 접근법을 포함한다. 모든 학생의 학업성취도를 높이기 위해 테크놀로지를 이용하는 것은, 소비자 문화로의 테크놀로지의 급속한 침투에 해당한다. 두 경우 모두, Web 2.0 공동 작업이 급속도로 증가하고 있다. 온라인 학습, 스마트폰 및 기타 모바일 기기를 통한 멀티미디어 제작 및 접근, 디지털 텍스트의 확산, 그리고 지배적인 매체인 인쇄물의 감소. 이러한 각각의 변화는 일정한 위험과 함께 엄청난 잠재력과 변화 가능성을 가지고 있다. 아마도 미래의 교육자를 훈련시키는 입장에서 가장 큰 도전은 유효하고 효과적인 프로그램의 개발이며, 의심의 여지없이 발생할 수 있는 지속적인 문화적 변화에 대한 높은 수준의 개방성을 유지하는 것이다.

21세기 교실에 있게 될 미래의 교사들은 점점 더 다양한 학생, 지속적인 교육과정 개혁, 그리고 교육공학의 급속한 발전에 직면해 있다. UDL 경험을 의미 있고 적절한 방식을 이용해 성공적으로 통합한 교사 양성 프로그램은 여기에 지원한 예비교사들이 모든 학생의 교육적 요구를 충족시키기 위해 노력할 때 이러한 요소들을 어떻게 고려하고 대처할 것인가에 대한 기본 틀을 제공한다.

참고문헌

California Department of Education (CDE). (2011). *Student and school data reports*. Sacramento, CA: Author. Retrieved February 24, 2012, from http://www.cde.ca.gov/ds/sd/sd.

CAST. (2011). *Universal Design for Learning Guidelines version 2.0*. Wakefield, MA: Author. Retrieved from http://www.udlcenter.org/aboutudl/udlguidelines.

Commission on Teacher Credentialing. (2009). *California standards for the teaching profession*. Sacramento, CA: Author. Retrieved February 24, 2012, from http://www.ctc.ca.gov/educator-prep/standards/CSTP-2009.pdf.

Coyne, P., Pisha, B., Dalton, B., Zeph, L. A., & Cook Smith, N. (2010, August). Literacy by design: A Universal Design for Learning approach for students with significant intellectual disabilities. *Remedial and Special Education*. Retrieved September 30, 2010, from http://rse.sagepub.com/content/early/2010/08/30/0741932510381651.

Crandell, C. (1996). Effects of sound field FM amplification on the speech perception of ESL children. *Education Audiology Monographs, 4*, 1-5.

Edwards, D. (2005). A formative evaluation of sound field amplification system across several grade levels in four schools. *Journal of Educational Audiology, 12*, 59-66.

Gertel, S. J., McCarty, P. J., & Schoff, L. (2004). High performance schools equals high performing students. *Educational Facility Planner, 39*, 20-24.

Higher Education Opportunity Act (HEOA). (2008, August 14). Public Law 110-315. Retrieved from http://www2.ed.gov/policy/highered/leg/hea08/index.html.

Massie, R., & Dillon, H. (2006). The impact of sound-field amplification in mainstream cross-cultural classrooms: Part 2. Teacher and child opinions. Retrieved January 23, 2011, from http://www.accessmylibrary.com/article-1G1-144351368/impact-sound-field-amplification.html.

Means, B., Toyama, Y., Murphy, R., Bakia, M., & Jones, K. (2009). *Evaluation of evidence-based practices in online learning: A meta-analysis and review of online learning studies.* Washington, DC: U.S. Department of Education.

Millett, P. (2008). Sound field amplification research summary. Retrieved January 23, 2011, from http://gofrontrow.com/files/documents/research/sound-field-amplification-research-summary.pdf.

Morrow, S. L., & Connor, N. P. (2011). Voice amplification as a means of reducing vocal load for elementary music teachers. *Journal of Voice, 25*(4), 441-446.

Nelson, P., Kohnert, K., Sabur, S., & Shaw, D. (2005). Classroom noise and children learning a second language: Double jeopardy. *Language, Speech, and Hearing Services in Schools, 36*(3), 219-229.

Picciano, A. G., & Seaman, J. (2009, January). K-12 online learning: A 2008 follow-up of the survey of U.S. school district administrators. The Sloan Consortium. Retrieved March 6, 2009, from http://www.sloanconsortium.org/publications/survey/pdf/k-12_online_learning_2008.pdf.

Rose, D., & Meyer, A. (2002). *Teaching every student in the digital age: Universal Design for Learning.* Alexandria, VA: Association for Supervision and Curriculum Development.

Smaldino, J., & Crandell, C. (2000). Classroom amplification technology: Theory and practice. *Language, Speech, and Hearing Services in Schools, 3,* 371-375.

Wilson, W. J., Marinac, J., Pitty, K., & Burrows, C. (2011). The use of sound-field amplification devices in different types of classrooms. *Language Speech, and Hearing Services in Schools, 42,* 395-407.

찾아보기

편저자 소개

Tracey E. Hall (PhD). 비영리 연구 개발 기구인 CAST의 선임 연구 과학자로, 멀티미디어 기술의 혁신적인 사용과 인지신경과학 분야의 현대적인 연구를 통해 모든 학습자의 교육을 향상시키는 일을 한다. CAST에서 교육과정중심 측정, 교사의 전문성 개발, 특별한 요구를 위한 수업 및 교육과정 설계, 진전도 모니터링, 전문적 요구 사항 모니터링 지침 및 대규모 교육평가 분야에서 20년 이상의 경험을 쌓아 오고 있다. 1999년부터 2004년까지, 국립일반교육과정접근성센터(National Center on Accessing the General Curriculum)의 교육과정 책임자였다. CAST에 합류하기 전에는 펜실베이니아 주립대학교(Pennsylvania State University)의 교육 · 학교심리 및 특수교육학과 조교수였다.

Anne Meyer (EdD). 공인된 임상심리학자이며 CAST의 교육설계 의장인 동시에 공동 설립자이다. 많은 연구논문은 물론 David H. Rose와 함께 세 권의 책—『A Practical Reader in Universal Design for Learning』『Teaching Every Student in the Digital Age: Universal Design for Learning』『Learning to Read in the Computer Age』—을 공동 집필하였다. 또한 David H. Rose 그리고 Chuck Hitchcock과 함께 『The Universally Design Classroom: Accessible Curriculum and Digital Technologies』의 공동 편집자이기도 하다. 장애 관련 테크놀로지 분야에서의 공로를 인정받아 전자교과서의 접근성에 관한 텍사스 태스크포스(Texas Task Force on Electronic Textbook Accessibility)에 참여하는 한편, Clinton 대통령의 교육공학 분야 패널이기도 하였다.

David H. Rose (EdD). CAST의 교육부 의장 겸 공동 설립자이다. 발달신경심리학자이면서 교육자로, 주로 학습을 위한 새로운 테크놀로지 개발에 주력하고 있다. 1984년 CAST를 공동 설립하였다. 25년 동안 하버드 대학교 교육대학원에서 강의하였으며 2009~2010년에는 미국 교육부의 전미교육공학계획(National Education Technology Plan) 수립에 참여하였다. 미국 교육부 및 국립과학재단(National Science Foundation)의 보조금에 대한 연구 책임자이며, 현재 전미수업자료접근성표준(National Instructional Materials Accessibility Standard)을 개발하고 시행하기 위해 신설된 두 개 국가 센터의 연구 책임자이다. 2004년에 조지 루커스 교육재단(George Lucas Educational Foundation)에서 발행하는 잡지인 『Edutopia』는 그를 교육계의 'Daring Dozen' 중 한 명으로 명명하였다.

집필자 소개

Emiliano Ayala (PhD). 소노마 주립대학교(Sonoma State University) 교육학부 교육 리더십 및 특수교육과 조교수 겸 학과장이다. 교육에서의 문화적 다양성, 특수교육에서의 협력과 법적 문제, 그리고 고등교육에서의 UDL에 대해 강의·연구하고 있다. EnACT~PTD 프로젝트 책임자이기도 하다.

Michael Barnett (PhD). 보스턴 대학교(Boston College) 교육대학원(Lynch School of Education)의 과학교육 및 테크놀로지학과 조교수이다. 또한 여러 휴렛팩커드 재단 프로젝트와 몇몇 매사추세츠 교육부 교사 전문성 개발 보조금에 대한 최고 개발자이기도 하다. 현재 『Journal of Science Education and Technology』 편집위원회에서 활동하고 있다.

Kati Blair (EdM). 매사추세츠의 VSA 예술교육 프로그램 관리자이다. 시각 예술가이기도 하며, 풀러 크래프트 박물관(Fuller Craft Museum), 소머빌 박물관(Somerville Museum), 에든버러 예술대학교(Edinburgh College of Art)에서 일하고 있으며, NPR 라디오 쇼에서 교육 프로그램 평가 고문으로 일하였다.

Heather J. Brace (PhD). 휘티어 대학교(Whittier College) 교육 및 아동발달학과 특수교육 조교수이다. 연구 관심 분야는 문화적·언어적으로 다양한 가정에서 자폐증을 가진 아동의 경험과 서비스 접근성의 영향에 관한 것이다.

Jacob Brookover (EdM). 2009~2011년까지 CAST의 소프트웨어 개발자였으며, UDL을 학습 환경에 통합하기 위해 노력하고 있다. 윤리 증진을 위해 컴퓨터 게임을 디자인한 하버드의 첨단 리더십 이니셔티브의 자문위원이었다. 하버드 교육대학원에서 대학원생 조교로 근무했으며, 고등학교 수학과의 학과장을 역임하였다.

Bridget Dalton (EdD). 밴더빌트 대학교(Vanderbilt University) 피바디 교육대학 언어, 리터러시 및 문화학과 조교수이다. 밴더빌트 대학교에서 근무하기 이전에는 CAST의 리터러시 및 테크놀로지 분야 수석 책임자를 역임했으며, 괌 대학교(University of Guam)의 조교수를 역임하였다.

Yvonne Domings (EdM).　　CAST의 교수 설계자이면서 연구원이다. 테크놀로지 기반 UDL 환경 개발과 연구에 참여하고 있다. 2008년 CAST 입사 전, 매사추세츠 교육구에서 자폐 스펙트럼장애 학생들의 학업적 · 사회적 · 행동적 요구를 포괄하는 정규 교육과정을 확대하도록 지원하였다.

Patricia Ganley (MEd).　　CAST의 정책, 연구 및 실제에서 UDL의 효과적인 시행을 지원하는 CAST 프로그램인 National Center를 운영한다. 또한 CAST의 선임 제품 개발 관리자로서 교사연수, 교실 수업과 교실 데이터 수집을 포함한 학교 기반의 연구 개발 프로젝트 이행을 지원한다.

Don Glass (PhD).　　2010~2011년 CAST와 보스턴 대학교(Boston College) UDL 연구원이다. 그 전에는 워싱턴 D.C.에 있는 공연예술을 위한 존 F. 케네디 센터(John F. Kennedy Center)에서 VSA 프로그램에 대한 결과 및 평가 감독을 역임하였다.

David Gordon (MFA).　　2004년부터 CAST의 Strategic Communications의 대표이다. 에머슨 대학교(Emerson College, 1998~1999년)에서 작문을 가르쳤고, 『Newsweek』 (1989~1997년)에서 연구원 스태프, 작가, 부편집장을 역임하였다.

Jenna W. Gravel (EdM).　　하버드 교육대학원(Harvard Graduate School of Education) 교육정책, 리더십 및 교육실습 프로그램 박사과정 학생이다. 2006~2010년까지 CAST의 UDL 가이드라인 개발에 중심적인 역할을 담당하였던 CAST의 연구원이었다. 매사추세츠 주 몰든에서 중학교 통합교육 전문가로 근무하였으며, PreK-12 특수교육 자격을 받았다.

Mindy Johnson (EdM).　　CAST 교수 설계자 겸 연구원이다. CAST에 합류하기 전까지는 노스캐롤라이나 주 채플힐의 고등학교 특수교사였다. 또한 보스턴 과학 박물관(Boston Museum of Science)에서 강사 및 멘토로 일하며 초등학생을 위한 과학 워크숍 및 활동을 계획하고 수행한다.

Scott Lapinski (MEd).　　CAST 연구원이다. 국립UDL센터에서 중요한 역할을 담당하며 보고서, 문학 리뷰 및 기타 웹사이트 콘텐츠를 작성하고 편집한다. 또한 가이드라인이 어떻게 사용되는지에 대한 질적 · 양적 데이터를 수집하고 분석하는 UDL 가이드라인 프로젝트를 지원한다. CAST 합류 전에는 매사추세츠에서 초등학교 교사로 근무하였다.

Elizabeth Murray (ScD). CAST의 선임 연구과학자 및 교수설계자이다. 수학 교육과정 및 교육에 UDL을 적용하는 데 중점을 둔 여러 연방 기금 프로젝트에서 공동 수석연구원을 역임하였다.

Jeremy Forest Price (PhD). 캘리포니아 대학교(University of California, Berkeley)의 로렌스 과학관(Lawrence Hall of Science) 박사후과정생이다. 이전에는 CAST의 학습 및 매체 전문가였으며 UDL 원리에 따라 구축된 디지털 환경 설계에 참여하였다.

C. Patrick Proctor (EdD). 보스턴 대학교(Boston College) 교육대학원(Lynch School of Education) 이중언어 및 리터러시학과 조교수이다. 이전에 이중언어 교실 교사였으며, 연구는 이민자 및 이중언어 가정의 어린이의 리터러시 개발에 중점을 두고 있다. 현재 연구는 2학년에서 5학년까지의 교육 방향에 영향을 미치는 교수적 실제를 염두에 두고 스페인어-영어 이중언어 및 영어 단일언어 학습자 간의 이해 및 어휘 지식에 대한 발달론적 관점을 취한다.

Kristin H. Robinson (MA, MPhil). CAST의 수업설계자 겸 연구원이다. 대학원 과정을 마친 후 합류하였으며, 미국학을 강의하고 있다. 그녀의 관심사는 테크놀로지 및 이해 멀티미디어 탐구 및 구성 그리고 지원되고 스캐폴딩되는 학습 환경 설계이다.

Skip Stahl (MS). CAST의 선임 정책 분석가이다. 또한 연방정부가 자금을 지원하는 NIMAS센터의 프로젝트 책임자이자 장애학생을 위한 중등교육의 접근 가능한 교육 자료 자문위원회 프로젝트 책임자이기도 하다. 접근 가능한 제품 디자인에 관해 소프트웨어 및 교육과정 출판사를 대상으로 컨설팅하였으며 전국적으로 인정받는 학술대회 발표자이다.

Ge Vue (EdM). CAST 교수설계자 겸 연구원이다. 읽기, 쓰기 및 평가를 지원하기 위해 UDL 디지털 리터러시 환경을 개발하는 사회 학습 테크놀로지 개발에 관심이 있다.

역자 소개

김남진(Kim Namjin)
동아대학교 사회학과 졸업
대구대학교 대학원 특수교육학과 졸업(문학석사)
대구대학교 대학원 특수교육학과 졸업(문학박사)
현 대구대학교 한국특수교육문제연구소 연구교수

〈주요 저서〉
교육에서의 보편적 설계(공역, 시그마프레스, 2010)
현장중심의 학습장애아동 교육(공역, 시그마프레스, 2010)
특수학생의 과학교육(공저, 볼록미디어, 2011)
특수교육학개론(공저, 학지사, 2015)
장애아 진단 및 평가(공저, 양서원, 2017)
특수교육공학(공저, 학지사, 2017)

김용욱(Kim Yongwook)
미국 오리건 주립대학교 전산학과 졸업
미국 네바다 주립대학교 대학원 특수교육학과 졸업(특수교육학석사)
미국 유타 주립대학교 대학원 특수교육학과 졸업(철학박사)
현 대구대학교 사범대학 특수교육과 교수

〈주요 저서〉
장애학생을 위한 특수교육공학의 활용(집문당, 2005)
교육에서의 보편적 설계(공역, 시그마프레스, 2010)
현장중심의 학습장애아동교육(공역, 시그마프레스, 2010)
수학학습장애아동 교육(공역, 시그마프레스, 2013)
난독증의 본질: 사정과 중재(공역, 시그마프레스, 2016)
특수교육공학(공저, 학지사, 2017)

보편적 학습설계 기반 수업
Universal Design for Learning in the Classroom

2018년 8월 25일 1판 1쇄 인쇄
2018년 8월 30일 1판 1쇄 발행

엮은이 • Tracey E. Hall · Anne Meyer · David H. Rose
옮긴이 • 김남진 · 김용욱
펴낸이 • 김진환
펴낸곳 • ㈜**학지사**

　　　　　04031 서울특별시 마포구 양화로 15길 20 마인드월드빌딩
대표전화 • 02-330-5114　　팩스 • 02-324-2345
등록번호 • 제313-2006-000265호

홈페이지 • http://www.hakjisa.co.kr
페이스북 • https://www.facebook.com/hakjisa

ISBN 978-89-997-1658-4　93370

정가 17,000원

역자와의 협약으로 인지는 생략합니다.
파본은 구입처에서 교환해 드립니다.

이 책을 무단으로 전재하거나 복제할 경우 저작권법에 따라 처벌을 받게 됩니다.

이 도서의 국립중앙도서관 출판시도서목록(CIP)은 서지정보유통지
원시스템 홈페이지(http://seoji.nl.go.kr)와 국가자료공동목록시스템
(http://www.nl.go.kr/kolisnet)에서 이용하실 수 있습니다.
(CIP 제어번호: CIP2018027803)

교육문화출판미디어그룹 학지사
심리검사연구소 **인싸이트** www.inpsyt.co.kr
원격교육연수원 **카운피아** www.counpia.com
학술논문서비스 **뉴논문** www.newnonmun.com
간호보건의학출판 **학지사메디컬** www.hakjisamd.co.kr